쉽게 하는 풍수공부

쉽게 하는 풍수공부

고제희 지음

동학사

머리말

인연(因緣)이 닿아야 만남이 이루어지듯 필자와 풍수와의 만남도 인생의 의미를 찾아야겠다는 잠복된 절박감이 배어 나온 것이 아닌가 싶다. 세월이 흐를수록 바쁘고 숨 돌릴 겨를 없는 직장 생활은 늘 깊은 허무감으로 다가와 필자를 목마르게 했다. 방황의 세월이 이어졌으나 불행히도 돌파구로 삼을 삶의 방향타는 찾을 수가 없었다. 그때, '무엇을 하면 좋을까?' 하는 화두에 소리없이 답해온 것이 산 속에 고즈넉이 자리잡은 무덤이다.

무덤은 한 사람이 이 땅을 살았다는 증표이며, 그를 기억하는 사람에겐 추모의 여지를 남겨주는 최소한의 유품이다. 덕망 높은 정치가도, 장군도, 문장가도 시공(時空)을 초월하면 나와 똑같이 삶을 버거워하며 살았던 사람들이다. 그들을 모른다는 이유 하나만으로 지나쳐버렸다. 마침내 필자는 5년이란 세월 동안 그들의 실체를 찾아 전국을 헤매다녔고, 결국 샐러리맨이라는 어려운 여건 속에서도 그들의 자취를 담은 역사 에세이, 『한국의 묘지 기행』이란 책을 출간하였다. 그 와중에 역사인물의 묘에는 간간이 풍수적 일화가 묻어 전하는 것을 알게 되었다.

당연히 '도대체 풍수가 뭘까?' 하는 의구심이 생겼고, 이 책 저

책을 읽기 시작했다. 하지만 그럴수록 풍수적 용어에만 익숙해질 뿐 정작 풍수의 본질은 먹구름 속에 가려진 태양처럼 그 실체를 드러내지 않았다. 그때, 필자를 풍수의 길로 안내해준 귀중한 인연은 박종득(朴鐘得) 선생과의 만남이다. 그분으로부터 풍수 이론 중에서도 가장 과학적이고 합리적인 삼합이기론을 전수받으며 간산을 다녔다. 패철의 응용을 기본 바탕으로 삼는 이기론은 인간과 자연이 조화롭게 살아갈 수 있도록 용진혈적(龍眞穴的)한 길지를 탐색하는 정통적인 계보를 갖춘 학문이다. 천·지·인이 조화로운 자연의 신비에 어느 정도 눈을 뜨게 되었다.

그런데 세상이 온통 정리 해고라는 소용돌이에 휩싸였고, 필자역시 예외가 아니었다. 세상을 살아갈 경쟁력과 방법에 대해 진지하게 고민하지 않을 수 없었다. 그 결과 자신의 인생을 사랑하고 창조적인 삶을 살아가기 위해 풍수 연구를 택했다. 풍수 이론뿐만 아니라 현장 풍수까지 겸비하여 정통풍수학을 계승하고, 아울러 분수에 맞는 장묘문화를 발전시켜 나가고, 전국에 산재한 역사인물의 묘를 참배하는 모임까지 운영하여 현대인이 조상의 얼과 정신을 배우는 체험의 장이 될 수 있는 연구에 심혈을 기울이고자 한 것이다.

풍수는 자연환경적인 경험을 바탕으로 기후의 변화와 땅의 이용에 따른 다양한 사례들을 일정한 확률로 통찰함으로써 보다 좋은 거주 환경(양택·음택)을 선택하고자 하는 일종의 자연과학이지 결코 미신은 아니다.

따라서 이 책은 지금까지의 풍수 이론서가 대개 형기론에 치우쳐 책을 읽고서도 산에서는 장님이 되어버리는 현실과 또 고루한 한문식 글로 현대인이 풍수를 어렵게 느끼는 것을 개선하는 데 주안점을 두었다. 그래서 풍수의 기본 원리, 한국의 풍수 현실, 풍수적 자연 공부, 그리고 이기론에 의한 길지의 선정과 장택법에 이르기까지 쉬운 글쓰기로 일관하여 풍수에 대한 개념을 이해하고, 또 다른 풍수서를 공부하는 데 보탬이 되도록 하였다. 죽음과 무덤에 대한 단상(斷想)들은 풍수가 발복만을 바라는 학문이 아니라, 자연 친화적인 학문으로 거듭나기를 바라는 마음에서 덧붙였다.

필자는 앞으로 매년 풍수와 관련된 책을 출간하여 술법화된 풍수를 객관성 있고, 설명 가능한 학문으로 현대에 계승코자 한다. 그리고 아는 것은 완전하게 전하고 모르는 것은 솔직하게 모른다고 전하여 풍수가 후학에 의해 학문적 토대를 굳건히 할 수 있도록 할 것이다. 그것만이 민족의 기층 사상인 풍수를 21세기에 세계적인 학문으로 거듭나게 할 것이라 굳게 믿기 때문이다.

한국의 민중 사상을 언제나 바르고 정확하게 밝혀 나가고자 애쓰는 동학사 유재영 사장님께 감사드리며, 대동풍수지리연구원 설립에 도움을 주신 여러 지인들께 고마운 마음을 드린다.

1998년 늦가을
고제희 올림

제3장 천당과 지옥의 차이는 30센티미터 · 101

제4장 패철에는 자연이 담겨 있다 · 165

제7장　답사유정 · 307

제1장

운명을 좌우하는 생기

명산에는 명당이 없다
―용/혈

눈은 산 정상과 하늘을 바라보고 오르되 이 순간 마음은 조용히 고개를 숙여 안으로 성찰(省察)하는 겸손을 지닌다. '인적 끊긴 곳에 돌을 베고 하늘을 보오, 구름이 가고, 있지도 않은 고향이 그립소.'

이 글은 김상용(金尙鎔) 시인의 「등산」이란 수필의 한 토막이다. 혼자서 산골을 걷다가 멈춰 따뜻한 마음씨로 자연을 바라보는 눈길이 느껴진다.

풍수에 관심 있는 사람이라면 누구나 명산에 오를 때마다 마음 한편으로 심마니가 산삼을 캐듯이 위대한 지도자를 배출할 명당 터가 자신의 눈에 띄기를 바랄 것이다.

"산삼은 워낙 영초(靈草)이어서 눈에 잘 보이지 않아. 모습을 이리저리 바꾸기 때문에 밟고 지나가도 몰라. 덕(德)을 쌓아야 캐는 거야."

열네 살부터 설악산 줄기를 누비며 심마니 생활을 했다는 79세

고령 백성봉(白成鳳) 할아버지의 말이다. 그는 현재 살아 있는 심마니 중 최고의 어인마니(고참 심마니)로 65년 동안 100뿌리가 넘는 산삼을 캐서, 농토와 살림을 장만하고 자식들 공부까지 가르쳤다고 한다.

산세가 웅장하고 기암괴석이 천태만상의 조화를 부린 설악산을 보면 자연의 위대함에 저절로 감탄사가 쏟아져 나온다. 심지어 신비롭기까지 하다. 문득, 산삼이 자랄 정도의 영산(靈山)이라면 산 속 어딘가에 큰 터(명당)도 있지 않을까 고개를 들어 이곳 저곳을 살펴보게 된다. 깎아지른 절벽에는 용 비늘을 덮어쓴 노송이 멋들어지게 걸터 서 있고, 깊은 계곡에는 맑은 물이 차고 넘친다. 그때, 이름 모를 암자에서 들려오는 독경 소리가 어느 사이 '명당 나 여기 있지' 하는 청아(淸雅)한 메아리로 변해 귀까지 솔깃해진다. 절경 속 어딘가에 꼭 명당이 숨어 있는 듯싶다. 심지어 신기루의 허상을 좇듯이 명당의 환상까지 보이기도 한다.

"산 속을 끝없이 헤매다가 산삼을 발견하고는, '심봤다!' 세 번을 외칠 때가 가장 가슴 벅찬 순간이야. 혼자 발견하면(독메) 눈에 들어오는 산삼마다 모두 표시를 하지. 그 다음에 동료들에게 '삼메보시오(산삼 캐시오)' 하고 나머지를 캐도록 하는 거야."

과욕(過慾)은 금물이다. 명당을 어디서나 흔하게 발견하리라는 기대 역시 마찬가지다. 평생을 하루같이 산에 오르는 심마니도 운 좋게 산삼을 발견하리라는 기대는 언감생심(焉敢生心)으로 여긴다. 부정하지 않은 날짜를 택하여 산에 오르고, 치성으로 산신령께 제물을 올린다. 산삼은 산신령이 꿈에 점지해준다고 믿기 때문에 잠을 자야 한다. 꿈을 위해서라면 허리가 끊어지듯 아파도 수고를 아끼지 않고 계속해서 자야 한다. 그런 노력에도 불구하고 꿈을 꾸지 못했다면 좋은 꿈을 꾼 사람에게 돈이나 물건을 주고 그 꿈을 사야

설악산 / 험준한 봉우리 속에 산삼은 있지만 명당은 없다. 『한국민족문화대백과사전』에서

한다. 산삼을 캐는 데도 이처럼 지극 정성이 필요한데 하물며 자자손손 부귀영화를 누릴 명당을 요행수로 찾으려 한다면 하늘도 성낼 일이다. 예로부터 명당은 3대에 걸쳐 덕을 쌓아야 차지한다고 하지 않았던가!

풍수 격언의 1장 1절은 '명산에는 명당이 없다'이다. 사람의 얄팍한 욕심을 넘어선 자연의 이치를 말했을 뿐이니, 무슨 소리냐고 따질 문제가 아니다. 그러니 물줄기가 굉음을 내며 쏟아지는 명산에 오를 때면 명당을 얻겠다는 생각은 애당초 접어두고 오로지 심신 수련에만 힘써라.

먼저 『설심부(雪心賦)』의 주장을 들어보자. 『설심부』는 당나라의 복응천(卜應天)이 지은 책으로 풍수 경전(經典)의 하나이다.

산이 험준하고 암석은 거칠고 물이 급히 쏟아져 흐른다면 어찌 참된 용(龍)이 있으리요(山峻石粗流水急 豈有眞龍).

'용'이란 산줄기를 가리키는 풍수적 용어로, 일어섰다 엎드렸다 하는 산줄기를 용이 꿈틀거리며 달려가는 모습으로 본 것이다.

'명산에 명당이 없다'란 말의 진실된 의미는 명산은 명당이란 열매가 달리는 가지의 끝이 아니라 열매를 맺게 하는 뿌리라는 사실을 깨달으면 간단하다. 수박이 달리는 위치를 살펴보면 쉽게 이해가 될 일이다. 수박은 넝쿨의 뿌리나 굵은 줄기에는 달리지 않는다. 굵은 줄기에서 나온 가지 끝에 새순이 돋고, 그곳에 꽃이 핀 다음에 수박이 열린다. 즉 뿌리에서 생성된 생기(生氣)라는 에너지는 줄기라는 통로를 지나서 가지의 끝에 모이고, 그 생기의 발산으로 꽃이 피고 열매를 맺는 것이다. 비단 수박만이 그런 것이 아니라 우리가 먹는 과일의 거의가 그렇다.

만물을 성장, 발육시키는 생기 에너지가 최대한도로 응집된 장소를 풍수는 혈(穴)이라 부른다. 명당은 혈을 포함한 주변의 평평한 땅을 일컫는 넓은 의미의 용어이다.

태조산(太祖山)은 혈의 발원이 되며 혈에서 가장 멀리 떨어져 위용이 빼어난 산을 가리킨다. 한국 전체를 하나의 국(局)으로 보면 ─ 국이란 혈을 둘러싼 자연 형세를 하나의 우주로 본 것이고, 혈은 그 우주의 중심에 해당한다 ─ 한국의 태조산은 백두산이다. 한 지방만을 이야기할 때면 설악산, 속리산, 칠현산, 지리산 등도 태조산이 될 수 있다. 중조산(中祖山)은 태조산에서 뻗어내린 산줄기가 ─ 풍수는 산줄기를 용맥(龍脈)이라 부른다 ─ 혈 쪽으로 내려오면서 태조산 다음으로 웅장함을 갖춘 산이다. 그리고 혈을 만들기 위해 최종적으로 생기 에너지를 응결시킨 입수(入首)가 있기 직전의 산을

용 / 산줄기를 가리키는 풍수적 용어로 일어섰다 엎드렸다 하는 산줄기를 용이 꿈틀거리며 달려가는 모습으로 보았다.

소조산(小祖山), 혹은 주산(主山)이라 부른다. 풍수에서 생기가 모여 발산하는 혈을 가정에서 쓰는 전깃불에 비유해보면,

    태조산＝ 발전소(수박의 뿌리)

    중조산＝ 변전소(수박의 넝쿨)

    소조산＝ 변압기(수박의 가지)

이고, 두꺼비집이라는 안전장치 – 풍수는 입수 – 를 거쳐 비로소 불이 들어온다. 전구가 바로 혈인 셈이다.

국립공원으로 지정된 명산은 대개가 중조산에 해당된다. 변전소의 전기를 가정에서 직접 쓰지 못하고 전압을 낮추어야만 쓸 수 있듯이 명산에서 발하는 생기 역시 혈로 흘러들어가기 위한 과정에 불과하다.

자연현상은 일정한 순환을 반복한다. 수박이 가지 끝에 달리는 이치는 과거에도 그랬고 오늘날도 그렇다. **따라서 생기 에너지가 모인 명당은 명산의 깊은 산 속에 숨어 있지 않고 용맥이 물을 만나 더 이상 진전하지 못하고 멈춰 선 그곳에 있다.** 그러니 명당을 찾아 나선다면 경관이 수려한 명산에 오르거나 혹은 바구니를 들고 산나물 뜯던 깊은 산 속으로 갈 것이 아니라 마을의 야트막한 뒷산이나 높은 산에서 논밭으로 내려뻗은 산줄기의 끝 지점으로 가야 할 것이다. 돌 치우며 가재 잡던 도랑물이 졸졸 흐르는 시내가 있는 앞산이거나 아니면 조 선달과 허생원이 봉평장에서 대화장으로 가며 걷던 그 길 어느 야산에 명당은 그 모습을 감추고 있다.

달은 지금 긴 산허리에 걸려 있다. 밤중을 지난 무렵인지 죽은 듯이 고요한 속에서 짐승 같은 달의 숨소리가 잡힐 듯이 들리며 콩포기와 옥수수 잎새가 한층 달에 푸르게 젖었다. 산허리는 온통 메밀밭이어서 피기 시작한 꽃이 소금을 뿌린 듯이 흐뭇한 달빛에 숨이 막힐 지경이다.

— 이효석「메밀꽃 필 무렵」중에서

은행나무 아비와 자식
― 생기

아아, 조용 적막한 묘지! 가늘고 긴 잡초가 소리도 없는 바람에 흔들거리고, 때때로 까마귀 우는 소리가 잠잠한 침묵을 깨치고 들릴 뿐인데 말없이 앉아 있는 조그만 무덤. 아아, 이 무덤! 이 무덤! 나를 낳으시고, 기르시고, 가르치시고, 사랑하시던 나의 어머니의 유해(遺骸)는 이 조그마한 무덤 속에 묻히어 있나이다.

여성의 자유와 개방을 부르짖던 스님 김일엽(金一葉)이 어머니의 무덤에 엎드려 통곡한 글로, 사바의 질긴 인연에 번뇌하는 모습이 애처롭기만 하다.

용인에 위치한 H미술관의 우측에는 S기업의 창업자인 L씨가 생전에 살던 한옥이 한 채 있다. 그곳은 일반인의 출입이 통제된 곳으로 연못 위쪽에 은행나무가 한 그루 서 있다. 이 나무는 본래의 거목이 죽자 그 죽은 나무 등걸에서 새순이 나와 사람 팔뚝 굵기로 자라났다. 보통 그 정도 굵기의 은행나무라면 은행이 열리지 않는데,

그 나무만은 은행이 주렁주렁 열린다. 왜 그럴까? 죽은 고목의 정기가 뿌리를 통해 갓 태어난 은행나무로 전해지기 때문이다. 고목과 새 나무는 뿌리가 동일하다. 비록 고목은 쓰러져 형체마저 문드러졌지만, 같은 뿌리에서 다시 싱싱한 새순이 돋았으니 그 삶은 영원히 지속되는 것이나 매한가지다.

인생에서 자식을 두는 의미도 그러할 것이다. 자신은 흙으로 돌아가지만 자신의 정기를 받은 후손이 계속 번성하니, 비록 자신의 형상은 사라졌으나 계속 살아 있는 셈이다. 고목이 뿌리를 통해 새 나무에 정기를 뿜어주듯이 조상 역시 유골에서 발하는 생기 에너지를 통해 오래도록 후손에게 영향을 미친다.

불가(佛家)에 '불생불멸(不生不滅)'이란 말이 있다. 생겨나지도 아니하고 없어지기도 아니한다는 뜻이다. 우주는 누구에 의해 창조된 것이 아니라 처음도 없고 끝도 없는 뫼비우스의 띠와 같은 것이다. 따라서 나타나는 것은 전부터 나타나게끔 오랫동안 준비된 것이 드디어 사람의 눈에 보일 뿐이다. 사람의 죽음도 없어지는 것이 아니라 육체가 쇠하여 변화된 것에 불과한 것이니 애당초 지상에 있는 모든 것은 변하는 일은 있어도 사멸(死滅)하는 일은 없다는 것이다.

풍수의 출발은 생기가 땅 속에 존재하며 이것이 모든 생물의 운명을 좌우한다고 믿는 데서 시작된다. 생기의 위력을 믿는다면 글을 더 읽을 것이며, 믿을 수 없다면 책을 덮어야 한다. 이는 하느님이 있느냐 없느냐의 논쟁과도 흡사한 문제이다. 기독교에서도 하느님을 알려면 "알기 위해 믿어라"라고 말하지 않는가.

태초에는 기(氣)가 한 덩어리로 뭉쳐 있어 그 형체를 분간할 수 없었다. 이를 구약성서는 '땅이 혼돈하고 공허하며 흑암이 깊음 위

은행나무 / 고목은 쓰러졌지만 같은 뿌리에서 새 가지가 났으니 삶은 영원히 지속되는 것이다.

에 있고'라고 설명한다. 동양학에서 말하는 태초의 기는 우주와 자연을 변화시키고, 천지 만물을 창조하고, 사람의 운명을 지배하는 원동력이다. 풍수는 이 기를 생기라고 부른다. 생기는 일단 음양(陰陽)으로 나뉘어지고, 음양이 다시 오행(五行)인 목(木), 화(火), 토(土), 금(金), 수(水)로 되어 활동함으로써 비로소 만물을 성장시키는 역할을 하게 된다.

생기에 대하여 풍수론의 원전격인 『장경(葬經)』은 다음과 같이 설명한다.

음양의 기가 함께 어울리면 바람이 일고 이 기가 공중으로 상승하면 구름으로 변한다. 그리고 상승한 기가 하강하면 비가 되어 땅 속을 흐른다.

이때 비가 되어 떨어진 물은 땅 속으로 스며들어 만물을 성장시키는 중요한 역할을 담당한다. 따라서 생기는 물을 품고 있는 흙에 한정되어 존재함을 기억해야 한다. 좋은 기운인 생기가 많이 모인 흙 위엔 초목이 무성하게 자라고, 반면 물이 스며들지 못하는 암석이나 바위는 생기를 품을 수 없기 때문에 초목이 자라지 못한다.

어떤 풍수가는 용맥을 타고 흐르는 생기가 바위를 만나면 강력하고 재빠르게 흐르고, 흙을 만나면 천천히 흐른다고 주장한다. 하지만 생기가 바위에서 강하고 재빠르게 흐른다는 주장은 생기가 만물을 성장시키는 기운이란 본질을 모르고 한 말인 것 같다. 바위에는 초목이 무성하게 자랄 수 없다. 그것은 생기가 바위를 재빠르게 흘러가서 생기를 품어줄 시간적 여유가 없어서가 아니라 생기 자체가 애당초 없기 때문이다.

간혹 바위틈으로 초목이 자라기도 하지만 그것은 생기를 품은 흙이 바위틈 사이에 조금이나마 묻어 있기에 가능한 일이지, 바위 자체의 생기를 받은 것은 아니다. 만약 가뭄이 계속 이어지면 바위에 얹힌 흙이 제대로 생기를 공급받지 못하여 그곳에 뿌리를 내린 초목은 다른 곳의 초목보다 훨씬 빠르게 말라죽어버린다. 장사를 지내면서 광중(구덩이)에 바위나 돌이 있으면 다른 곳을 찾아 시신을 모시는데, 이것 역시 바위나 돌에는 생기가 없음을 생활 경험적으로 체득한 결과이다.

생기란 생물을 성장시키는 빛, 온도, 산소, 양분, 물이 혼합된 에너지를 뜻하며, 흙 속엔 빛을 제외한 생기의 모든 요소가 포함되어 있다. 자연적인 상태라면 생기는 흙을 따라 흐르고 머문다. 따라서 기암괴석이 조화를 이룬 설악산이나 금강산 같은 명산은 단순히 생기 에너지가 생성되어 발산되는 곳이지 결코 생기가 뭉쳐져 있는 곳이 아니다. 그래서 음양이 조화를 이루어 좋은 생기가 뭉친 혈(혹은 명당)은 명산에는 없고, 그곳에서 끊어질 듯 이어지고 끊어질 듯 이어지며 뻗어나온 산줄기가 물을 만나 끝나는 지점에 있다. 생기를 이해하는 것이 중요하기 때문에 다시 한번 덧붙였다.

생기의 개념을 잘못 이해한 일제가 우리 산하에 저지른 짓은 생각만 해도 웃음이 절로 나온다. 일제는 우리 민족의 정기를 말살할 목적으로 전국의 명산에 수십 개의 쇠말뚝을 박아놓았다. 해마다 광복절이 되면 일제가 박아놓은 쇠말뚝 제거 운동이 벌어진다. 국토의 정기를 회복하고 민족의 자존심을 바로 세우자는 의미 있는 작업이라고 생각된다. 그러나 여기서 일제가 쇠말뚝을 박아놓은 장소들을 한번 살펴보자.

양양군 현남면 전포매리 배산바위, 정선군 임계면 낙천1리 뒷골 바위, 춘천시 칠전동 모란산 부흥사 우측 돌산, 삼척시 미로면 상사 전리 장할봉 정상 바위 등 20여 곳이다. 이곳들은 생기가 흐르는 통로이거나 생기가 응집된 혈과는 다른 지점이다. 일제는 쇠말뚝을 국토의 정기를 말살하겠다는 음흉한 의도로 그만 암석에 꽂았다. 그러나 생기는 누차 설명했지만 용맥을 덮은 흙을 따라 흐르지 암석을 따라 흐르지는 않는다. 그런데 쇠말뚝을 흙이 아닌 암석 위에 박아놓았으니 번지수를 잘못 찾은 것이다. 생기가 없는 엉뚱한 지점에 쇠말뚝을 박았으니 그로 인해 국토의 정기가 끊어지거나 막히는 일은 없다.

그러나 생기 자체를 이해 못한 일제의 실수라고 웃어넘길 문제만은 아니다. 끊어졌든, 끊어지지 않았든 정기를 끊겠다며 저지른 일제의 엄청난 만행을 어찌 웃어넘길 수 있겠는가. 여기서 더더욱 화가 나는 일은 쇠말뚝을 잘못 박은 일제가 정확하게 백두대간에서 뻗은 정맥의 곳곳은 정확하게 파헤쳐 기맥(氣脈)을 끊어놓은 점이다.

풍수는 생기가 흐르는 용맥을 중요시한다. 사람의 몸에 병이 있으면 얼굴에 병색이 나타나듯이 용맥의 꿈틀거림과 산지 사방으로 뻗은 산줄기를 보면 생기의 모양을 알 수 있다. 용맥이 겹겹으로 산자락을 벌린 채 꿈틀거리면 생룡(生龍)이나 왕룡(旺龍)이라고 부르며, 팔등신 미인이 건강미를 자랑하는 포즈와 같이 요염하면서도 생기 왕성한 것을 제일로 친다. 반대로 꿈틀거림이 없이 일자(一字)처럼 뻗었거나 곳곳에 맥이 끊어져 있으면 사룡(死龍) 혹은 병룡(病龍)이라 부르며 생기가 충분하지 못한 용맥으로 본다. 이는 병색이 완연한 사람이 쓰러져 누워 있는 것처럼 추한 몰골을 하고 있다.

일제는 경부선 철도를 가설한다는 명분 아래 동해안에서 내륙으로 치고 들어온 백두대간의 정맥들을 수없이 끊고 또 끊어놓아 용맥의 곳곳을 사룡이나 병룡으로 만들어놓았다.

백두대간의 중추에 해당하는 추풍령의 맥을 끊어놓은 것이며, 여수행 철도를 놓으면서 공사하기 쉬운 평지를 버리고 굳이 어려운 공사 구간을 택해 정맥의 머리 부분에 해당하는 산허리를 끊어놓기도 하였다.

전 국토의 산줄기와 물줄기를 근간으로 질서와 체계를 가지고 해석한 백두대간의 원리와 개념은 우리나라만의 자랑스런 지리 인식의 개념이다. 백두대간은 민족의 정기가 흐르는 정맥일 뿐만 아니라 가장 핵심적인 자연 생태계의 보루이다. 그런데 근현대사를 거쳐오면서 우리의 국토는 경제 개발이라는 미명 아래 무수히 망가지고 파괴되었다. 현재도 지리산 양수 발전소, 태백산 한·미 공군 훈련장, 점봉산 한전 발전소 등이 건설되면서 자연 생태계는 물론 백두대간이 무참하게 훼손되고 있다. 지역 이기주의와 개발 이익 때문에 철저하게 파괴되는 우리 산하를 돌아보면 풍수 학인의 한 사람으로서 가슴이 아파온다.

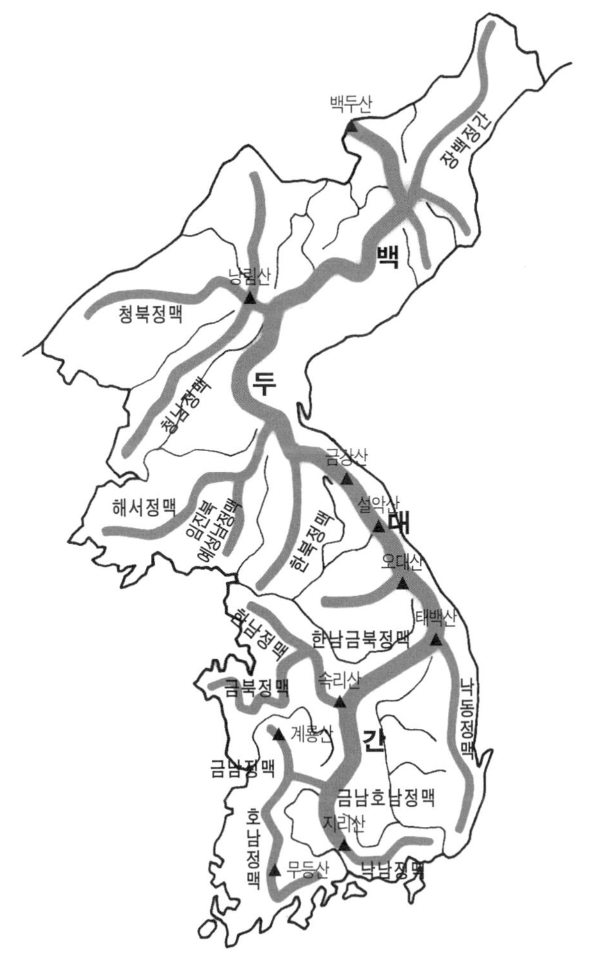

백두대간 /「산경표」를 바탕으로 그린 우리나라의 산줄기 · 물줄기 지도이다.

나라를 잃으면 사람만 고통을 당하는 것이 아니라 그 사람을 잉태한 국토마저 모진 시련을 당함을 우리는 역사 속에서 배웠다. 생명을 잉태하는 생기의 터전인 국토를 사랑하고, 복구하고, 보존하

는 일이 우리가 후손에게 남길 수 있는 최상의 유산이 아닐까 하고
풍수는 생각한다. 왜냐하면 자연은 원상 회복이란 말을 모르기 때
문이다.

뼈다귀들의 상봉
— 동기감응론

인간 세계의 생사병고(生死病苦) 같은 모든 괴로움이 나를 시켜 승방(僧房)으로 몰아넣고서 영생과 탈욕을 속삭이게 하였던가. 대체 왜 나는 중이 되었나? 중이 되어가지고 무엇을 하였나? 무엇을 얻었나? 그래서 인생과 사회와 시대에 대하여 어떠한 도움을 하여 왔나?

이 글은 한용운(韓龍雲) 선생이 「나는 왜 중이 되었나」란 수필에서 비록 출가는 했어도 세상에 대해 인연을 버리지 못하는 자신을 되돌아본 한 토막이다. 즉 번뇌의 늪에서 헤매는 사바 세계와 부처님의 세계에 어떤 끈이 서로 이어져 있음을 알 수 있다.

풍수학은 산 사람에게 보다 쾌적한 생활 환경을 제공하는 양택론(陽宅論)과 죽은 사람의 기(氣)를 통해 후손의 발복을 추구하는 음택론(陰宅論), 그리고 사람들이 집단적으로 거주하는 마을이나 도읍지를 정하는 지표로 삼는 양기론(陽基論)으로 분류된다.

얼마 전, 풍수의 신비를 벗기겠다는 의도로 TV에서 희한한 실험을 한 적이 있다. 조상의 유골에서 나오는 생기가 후손에게 영향을 미친다고 믿는 풍수의 동기감응론을 과학적으로 규명하려는 시도였다. **동기감응론은 풍수론 중 음택론의 본질에 해당하며 이를 부정할 경우 풍수는 더 이상 학문으로 존립할 수도, 풍수라는 이름표를 달고 다닐 수도 없다.**

한 교수가 세 명의 건장한 남자들에게서 정자를 추출하여 각각의 시험관에 담았다. 추출된 정자는 시험관에 담긴 채 세 명의 남자들로부터 멀리 떨어진 자리로 보내졌다. 그리고 카메라는 시험관과 그 시험관에 추출된 정자의 주인을 양분하여 비추었다. 이윽고 교수가 사람 A를 뒤에서 턱 하고 쳤다. 그 순간 A에게서 추출한 정자가 심한 파문을 일며 떨렸다. 계속해서 사람 B를 쳤더니 역시 B에게서 추출한 정자가 시험관 안에서 파문을 일으켰다.

교수는 컴퓨터 모니터를 보면서 실험 결과를 코멘트하였다.

"사람과 정자가 서로 기(氣)로써 감응하고 있다고 이 실험 결과는 말하고 있습니다."

동기감응론에 대해『장경』에 씌어진 이야기를 소개한다.

중국 한나라 때에 미앙궁(未央宮)에 동(銅)으로 만든 커다란 종이 있었는데 이 종은 서쪽에 있는 동산(銅山)에서 캐낸 동으로 만들었다. 하루는 종이 저절로 울렸다. 황제가 너무 이상하여 동방삭(東方朔)에게 그 원인을 물었더니 대답하기를 "서쪽에 있는 동산이 무너졌다"라고 말했다. 과연 얼마 되지 않아 동산이 붕괴되었다는 보고가 들어왔고 산이 무너진 때가 바로 종이 울린 때였다. 황제가 동방삭에게 그 연유를 물으니 "이 종은 동산에서 캐낸 동으로 만들었기 때문에 동질(同質)의 기(氣)가 서로 감응을 일으켜서 발생한 일입니다" 라고 말했다. 그때 황제가 감탄하며 말하기를 "미천한 물질도 서로 감응을 일으키는데 만물

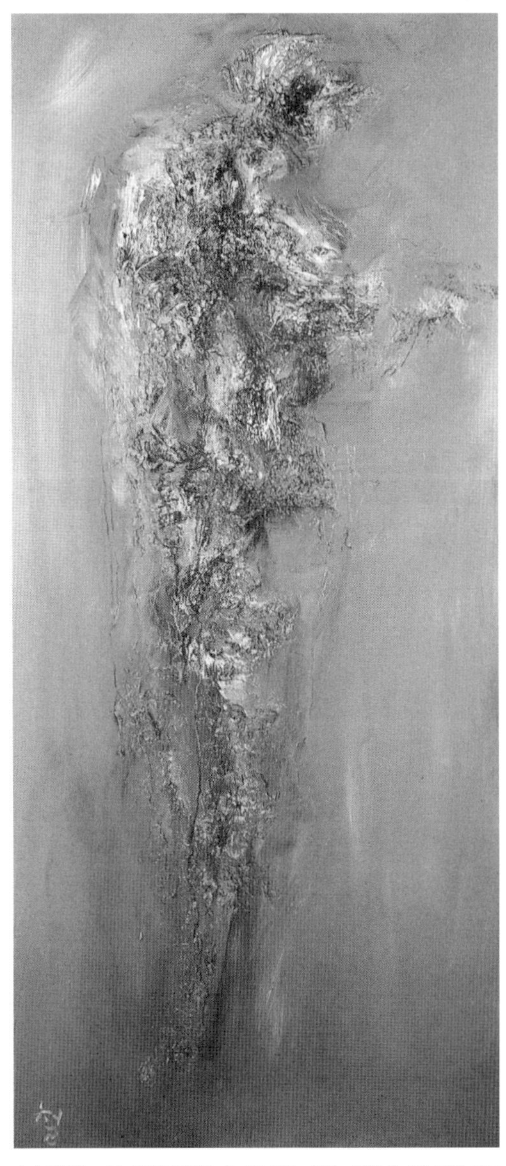

넋 / 권순철 그림. 울퉁불퉁하고 차가운 빛을 내쏘는 진창 속에서 길을 잃고
헤맨다.

의 영장인 사람은 조상과 후손 사이에 얼마나 많은 감응을 일으키겠는
가 "라고 말했다.

시신을 땅에 묻으면 피와 살은 곧 썩어 흙으로 돌아가고 - 이를
풍수는 육탈(肉脫)이 되었다고 한다 - 사람의 정기가 응결된 뼈만
남아 서서히 산화된다. 뼈를 구성하는 원소는 생체 에너지와 독특
한 진동 파장을 가지고 있는데, 유골이 산화될 때에 고유의 에너지
파장(氣)을 공중으로 발산한다. 공간 속을 떠다니던 에너지 파장,
즉 기가 동종의 기를 만나서 서로 감응을 일으키는데 이것을 동기
감응론이라 한다.

이 감응은 기가 서로 잘 통하는 후손, 즉 가장 동일한 에너지 파
장을 가진 후손에게 직접적이고 신속하게 영향을 미친다. 부모와
자식 간이 가장 강하고 다음은 조부모, 그 다음이 증조부모인데 혈
육의 간격이 멀수록 약해지며 미치는 영향도 적다. 명당이라면 500
년 동안 영향을 미치고 보통의 터라면 100년 안팎으로 영향을 미친
다고 한다.

**무덤의 위치나 환경이 유골이 소골되기에 최적의 조건이면 여기서 발생하는 좋은 기
가 동질의 후손 기와 감응하여 복을 주고, 물 속이거나 벌레나 나무 뿌리가 침범해서 나
쁜 기가 발산되면 후손이 화를 당한다.**

땅 속에서 발생한 에너지 파장이 어떻게 지상의 사람에게 영향을
미치는가는 요즘 논란이 되는 수맥파(水脈波)에 대한 주장에서도
찾을 수 있다. 수맥파는 수맥이 흙 또는 암반에 부딪칠 때 발생하는
일종의 에너지 파장으로 고층 아파트, 비행기, 동식물 등 지구상 모
든 물체에 영향을 미친다. 특히 수맥파는 미세한 전기 기장을 보유
한 사람의 몸에 민감하게 반응하여 각종 질병을 일으키는 원인이
된다고 한다. 한 아파트는 특정 라인에 사는 입주자들만, 잠을 자도

피로가 풀리지 않고 암환자가 많아서 조사를 해보았더니 문제의 라인 아래로 큰 수맥이 감지되었다고 한다. 주로 피로감과 만성두통, 집중력 저하 등을 호소하는 사람들이 수맥파를 차단하고는 증상이 완화되었다는 연구결과가 나왔다.

반면 동기감응론을 부정하는 사람도 만만치가 않다. 일부 사람들에게 풍수가 미신이나 잡술로 여겨지는 이유도 바로 풍수의 동기감응론이란 원리 때문이다. 정약용은 『여유당 전서』에서 다음과 같이 말했다.

> 영웅호걸의 권위는 천하를 거느릴 수 있지만 그 후손의 병고는 막을 수 없다. 이런데 광중의 유골이 산세의 기를 받는다고 해도 어찌 그 후손에게 복을 전하는가? 그저 풍수가가 치부를 위해 사람들을 희롱하는 것일 뿐 진짜 길지라면 왜 지관 자신의 어머니를 장사지내지 않는가.

하지만 동기감응론은 동양 철학이 모두 그러하듯이 점차 과학적인 시도들을 통해 객관적으로 증명되어지고 있다. 근래에 들어 눈에 보이지 않는 기(氣)의 연구는 신과학운동으로까지 발전하였고, 수련을 통해 기를 발산하는 기공사(氣功師)들이 전국적으로 몇 만 명에 이르고 있다. 특히 중국의 한 기공사는 2천 킬로미터나 떨어진 상태에서 기를 쏘아보내 환자의 병을 치료한다고 한다. 이것으로 아무리 거리가 멀다 하여도 공중으로 기가 전달될 수 있음을 엿볼 수 있지 않을까. 이는 조상의 유골에서 발산된 기가 멀리 떨어진 후손의 기와 감응할 수 있다는 가능성을 설명해준다.

물론 동기감응론의 초현실성이 학문적인 이론으로 체계가 잡혀 있지는 않다. 그것은 어떤 자연과학도 원인과 결과를 객관성 있고 명쾌하게 보여주지는 못하는 것과 같다. 자연과학적 색채가 강한 지리학의 다른 분야 즉 기후학, 지형학, 지질학 등도 마찬가지이다. 어떤 과학자는 물리학도 본질적으로 미래 예측에 관계한다고 말했다.

"사실 어느 면에서는 물리학도 일정의 점(占)이다. 단지 좀더 신뢰할 만한 점이라고 말할 수 있다."

따라서 풍수에만 유독 합리성과 실증을 강요할 까닭은 없는 것이다. 종교학에 비하면 풍수는 몇 십 배는 더 자연과학적인 경험철학으로 객관성 있는 설명이 가능하다.

우리가 조금만 관심을 가지고 주변의 자연현상을 관찰하면 동기가 감응하고 있음을 여러 곳에서 발견할 수 있다. 추운 겨울이 지나고 따뜻한 봄이 되면 앙상하던 가지에서 새싹이 피어난다. 왜일까? 그것은 봄날의 따뜻한 기운과 나무가 감응한 결과이다. 또 창고에 저장한 곡식일지라도 봄이 되면 싹이 튼다. 모두 온기끼리 서로 감응하는 본성이 있기 때문이다. 영혼이 없는 초목도 동기가 감응해 서로 영향을 미치는데, 하물며 만물의 영장인 사람에게 있어서는 같은 유전인자를 가진 조상과 후손 사이에 어찌 같은 기의 감응이 없겠는가?

운명을 좌우하는 생기
—풍수의 목적

그의 소리는 맑았다. 잡념이 끼여들지 않았으며 혼신을 다한 어떤 열정과 영혼의 속삭임이 있었다. 소리 끝마다, 못생긴 촌년이, 소리잠 한다고 부끄럽소 하는 소리가 곁들여졌다. 그 소리 또한 재미있었다. 된장 속에 묻은 고춧잎, 혹은 마늘종 마냥. 소리 명창 따로 귀 명창 따로라는 말이 있거니와 그의 소리의 미덕은 귀 명창이라는 다소 현란한 수사의 말을 필요로 하지 않았다. 소리를 듣는 순간 그 소리가 노니는 들과 강과 산으로 우리의 귀를, 시간을, 신명을 저절로 끌고 갔다.

곽재구(郭在九) 시인이 진도에 사는 칠십 객 명창 조공례 할머니의 육자배기를 들은 감회이다. 그의 윗입술에는 양쪽에 떨판이 붙어 있는데 이 떨판은 그의 남편이 소리에 미친 그녀의 입술을 돌로 짓찧어 생긴 상처라고 한다. 그의 소리는 영혼의 생기를 품은 채 오늘도 칼칼하게 터져나와 듣는 이로 하여금 오금을 저리게 한다. 생기의 충만한 떨림이다.

풍수는 음양오행론을 바탕으로 자연과 사람이 조화롭게 살아가는 방법을 모색하는 일종의 자연과학이다. 복(福)을 구하고 화(禍)를 피한다는 목적 때문에 다소 초현실적인 요소가 가미되어 있지만, 본질은 자연환경적 경험을 바탕으로 기후의 변화와 땅의 이용에 따른 다양한 사례를 일정한 확률로 통찰함으로써 보다 좋은 거주 환경(양택·음택)을 선택하자는 진보된 학문이지 결코 미신은 아니다.

앞장에서 풍수가 세 종류로 적용됨을 설명한 바 있다. 유교 사상이 뿌리깊은 우리나라는 충효를 사람이 지녀야 할 가장 커다란 덕목으로 여겼기 때문에 음택론이 발전하고, 화장이 일반화된 일본은 양택론이 발전하였다.

동기감응론을 설명하면서도 언급했듯이 주택 풍수(양택론)보다는 묘지 풍수(음택론)가 사람의 운명에 한층 직접적이며 밀접한 영향을 미친다. 다시 말하면 묘지는 조상의 거주지이고 주택은 후손의 거택으로, 하나는 땅 속에 있고 하나는 땅 위에 있다. 조상과 후손의 관계는 마치 뿌리·줄기와 가지·잎의 관계와 같다. 가지와 잎이 번성하려면 그 자체에 영양분을 공급하기보다는, 뿌리와 줄기에 영양분을 공급해야 한다. 지엽(枝葉)에 해당하는 주택이 후손의 행복에 기여하는 효과보다는 근간(根幹)에 해당하는 조상의 묘지를 길지에 정함으로써 그 발복(영향력)이 보다 직접적이고 신속하게 후손에게 미친다는 뜻이다.

풍수는 동기감응론을 바탕으로 해서 주거 환경이나 묘터를 인위적으로 바꾼다면 개인의 운명까지도 바꿀 수 있다고 말한다. 동기감응론을 일으키는 기, 즉 운명을 지배하는 생기를 인위적으로 이용하여 불행한 운명을 수동적인 자세로 받아들이지 않고 능동적으로 바꾸고자 하는 풍수는 그래서 적극적인 운명 개척론이기도 하다.

97년 9월, 한 일간지에 난 기사를 읽고 풍수를 공부하는 학인으로서 매우 괴로웠던 기억이 난다.

서울 고법 판사직을 그만두고 지난달 25일 개업한 P변호사는 95년 노모가 위암을 진단받은 뒤 부인과 둘째 동생마저 잇달아 암 선고를 받았고 자신도 지난해 대장암이란 통보를 받았다. 1년간 휴직계를 내고 항암치료를 한 그는 자신과 가족 3명의 치료비를 대기에 판사 봉급은 역부족이었기에 사표를 쓴 것. 그는 중 3때 학업을 중단할 정도로 어려운 가정 환경을 딛고 검정고시로 대학을 들어간 뒤 81년 사법 고시에 합격, 83년 임관한 입지전적인 인물이어서 더욱 주변의 안타까움을 샀다.

암은 의학적으로 병균에 의해 전염되는 병이 아니다. 그런데도 일가족 전원이 소화기 계통에 잇달아 암 선고를 받았다는 사실은 믿어지지 않는다. 남보다 열심히 살아온 사람에게 하늘이 너무 가혹한 시련을 준 것은 아닌가! 그러나 불행한 가족사 앞에서 하늘과 숙명만을 탓하고 앉아 있을 수는 없다.

풍수는 이런 경우 생기가 부족하거나 생기를 받지 못한 결과라고 말한다. 우리는 예로부터 차가운 북풍이나 수해를 피하고, 연료와 물 그리고 곡식을 채취하기 쉬운 땅을 택하여 살았다. 모두 비슷한 자연 환경에서 자라고 또 비슷한 음식을 먹고 살았다. 그렇지만 각 개인의 능력이나 건강은 각양각색이다. 같은 부모의 자식이라도 생기를 받는 정도에 따라 그 운명은 천차만별로 달라진다. 이러한 의문을 풀기 위해 각종의 사주팔자론과 관상론 등이 세상에 횡행하지만 모든 의문을 설명하지는 못하고 있다.

풍수는 어려서 죽는 사람은 성장의 원동력인 생기의 누림이 적고, 오래 사는 사람은 생기의 누림이 크다고 설명한다. 사람이 귀하거나 천하거나, 부자이거나 가난하거나, 건강하거나 병드는 것 역시 생기를 받는 과소(過小)에 따라 일어나는 현상으로 본다.

98년 6월, 미래의 전기공학도를 꿈꾸던 C씨가 전깃줄로 목을 매숨진 채로 발견되었다. 그는 명문대학에서 전기공학 석사학위를 받고 한국과학기술원에 입학한 인재로 가을 학기부터는 박사과정에 들어갈 예정이었다. C씨의 아버지는 경찰 조사에서 아들이 가난을 비관하여 자살한 것이라며 눈물을 흘렸다.

경기 불황으로 동네 단골손님을 상대하던 양복점 운영이 힘들어지고 고등학교를 마친 뒤 일자리를 얻어 가계를 돕던 둘째 아들까지 실직해 맏아들인 C씨에게 공부를 그만두고 취직할 것을 권유했다는 것이다.

장래가 촉망되던 젊은이의 죽음을 '가난의 비관'으로만 돌리기에는 너무도 안타깝고 슬프다. 친구의 말에 따르면 그는 가난 때문에 목숨을 끊을 만큼 나약한 성격도 아니었다고 한다.

평소 아르바이트로 학비를 스스로 조달하면서도 집안 사정을 내색하지 않고 조용히 공부만 하던 성실한 친구였다는 것이다.

풍수는 그의 생기가 사라져 목숨이 다했다고 말한다.

사람에게 필요한 생기는 공기, 영양소, 물 등과 같은 생리적 요소도 있지만 꿈과 야망, 그리고 영감(靈鑑) 같은 형이상학적인 요소도 있다. 동물 중에서 자살을 하는 동물은 오직 사람뿐이다. 즉 다른 생명체는 생리적인 조건만 갖추어지면 성장하고 번식하나 영혼을 가진 사람만은 신령적인 생기까지 갖추어야 살 수가 있다. 그런 의미에서 그의 영혼에 끊임없이 에너지를 공급하던 생기가 언제부터인가 끊어져 그런 결과가 초래됐다고 말할 수 있다.

J씨는 유능한 교사로 늘 자신을 '복받은 사람'이라고 생각했다. 아름다운 아내 P씨는 동네에서도 소문난 살림꾼으로 한 푼 두 푼

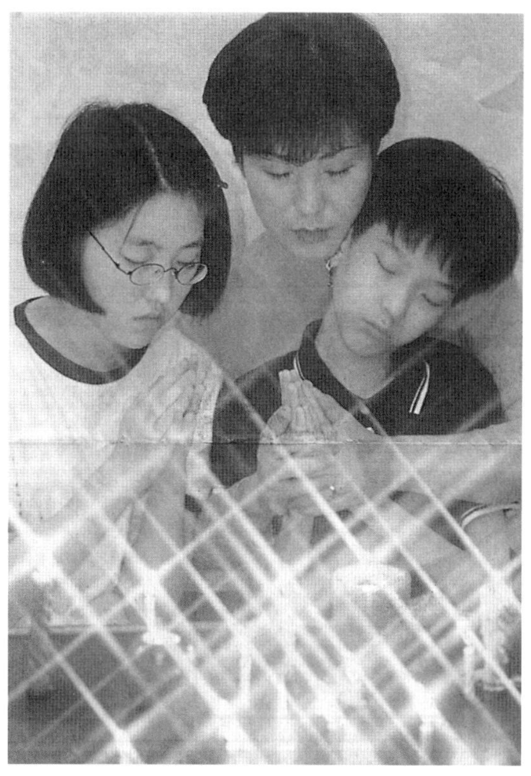

기도 / '소뇌신경위축증'에 걸린 J씨 일가족이 간절한 기도를 올리고 있다. 『경향신문』에서

알뜰하게 모아 결혼한 지 6년만에 집도 마련하였다. 밝은 성격의 딸은 공부도 곧잘 했고, 4대 독자인 아들은 잔병치레 한번 하지 않았다. 큰 부자는 아니지만 J씨의 집엔 늘 웃음이 떠나지 않았다. 그러던 어느 날 느닷없이 들이닥친 '병마'가 단란했던 가정을 산산조각 냈다.

아침에 일어난 J씨는 자꾸 눈을 비볐다. 어른어른한 게 바로 앞의 물건도 잘 보이지 않았다. 혹시 눈곱이 끼었나 하고 눈을 씻어

보았지만 마찬가지였다. 신경과에서 정밀 진단을 받은 J씨는 담당 의사로부터 충격적인 얘기를 들었다.

"소뇌신경위축증입니다. 소뇌에서 내려오는 모든 신경이 마르는 증세입니다. 먼저 시력을 잃고 점점 중추신경에까지 영향을 미쳐 끝내는 서지도 걷지도 못합니다."

현대 의학으로는 고칠 수 없는 불치의 병으로 발병할 확률은 백만 분의 일이지만 실제 국내에서는 한번도 발병한 적이 없는 희귀병이었다. J씨는 아내와 함께 전국의 유명한 한의원을 다 찾아다녔다. 하지만 병세는 오히려 더욱 악화되어 시력을 상실하더니 끝내는 멀쩡하던 다리마저 못 쓰게 됐다. 그렇게 2년이 흐른 뒤 초등학교 1학년이던 아들이 학교 칠판이 보이지 않는다며 울면서 집으로 돌아왔다. 설마 하며 병원으로 달려갔더니, 아버지와 같은 병인 '소뇌신경위축증'이라는 것이었다.

그때부터 앓기 시작한 아들마저도 지난해 시력을 완전히 잃었다. 그리고 성장까지 멈추었다. 모 대학 한의대 교수와 학생들이 그들의 딱한 처지를 듣고 의술을 펼쳤지만 속수무책이었다. 확률상 백만 분의 일인 병에 가족 4명 중 2명이 걸렸으니 더 이상 발병할 확률은 없다고 믿었다. 그러나 확률은 거짓말이었다.

어려운 환경 속에서도 열심히 공부하고, 명랑한 목소리로 집안의 분위기를 살리던 큰딸마저도 같은 병에 걸린 것이다. 체념이 몸에 밴 아내 P씨가 울음 섞인 목소리로 말했다.

신은 과연 있는 것일까요. 이름이 좋지 않다고 해서 두 아이의 이름도 바꾸었습니다. 증조부, 조부의 묏자리도 옮겼습니다. 전생의 업보(業報) 때문이란 얘기가 있어 아들을 2년간이나 절에 보내기도 하였습니다. 모두 헛일이었습니다. 저도 매일 성당에 나가 기도를 했습니다.

생기를 인위적으로 이용해 식물을 성장시키는 것이 수경 재배이다. 생명을 유지하기 위해선 빛, 온도, 공기, 물 등이 필요한데, 사람은 흙 없이도 수경 재배를 통해 생기를 적절히 공급함으로써 식물의 성장과 발육을 인위적으로 조정하는 방법을 알았다. 과일의 출하 시기를 앞당기려고 온도를 높이거나 계란을 얻기 위해 밤새 닭장에 불을 밝히는 경우도 이에 해당된다. 사람의 운명도 마찬가지이다.

생기가 왕성한 땅에 거처를 정하면 좋은 생기를 받아 인생이 행복할 것이고 쇠잔한 운명도 다시 일어서고 병든 생명도 건강을 되찾을 것이다. **지리학이 산에서 연료와 곡식을 구하기 위한 학문이라면, 풍수는 산과 물에서 사람의 행복과 번영을 찾는 학문이다.** 증조부, 조부의 묏자리를 옮겼다 하나 과연 그곳이 생기가 있는 곳인지는 모르겠다. 만약 옮긴 자리마저도 생기를 받을 수 없는 곳이라면 그것 또한 이 가족의 운명인가! 세상이 미궁에 빠지면 빠질수록 풍수는 할 일이 더 많아진다.

아기씨는 종놈의 차지다
― 괴혈 / 발복

모 일간지에 인기리에 연재되는 「내 무덤에 침을 뱉어라!」에서 장택상 가(家)와 박정희 가(家)의 뒤바뀐 가운(家運)을 다룬 적이 있다.

1930년 당시 박정희 집안은 칠곡에 사는 장택상 집안의 소작농으로, 그것도 비가 오지 않으면 농사를 짓지 못하는 천수답(天水畓) 다섯 마지기를 소작하며 살았다. 어느 가을 박정희의 둘째형이 지게에 쌀가마를 싣고 소작료를 내러 가는데, 지게 위에 닭 한 마리가 새끼줄에 묶여 있었다. 둘째형의 아들이 퉁명스럽게 물었다.

"아부지예, 닭은 와 가져갑니꺼?"

"소작료 검사하는 사람한테 줄 거야."

소작료 검사하는 장씨네 하인에게조차 뇌물(?)을 바쳐야 될 정도였으니, 박씨네의 신분이 얼마나 미천하였는가 알 수 있다. 가을마다 소작인들이 싣고 온 쌀가마니가 십만 석에 이를 정도로 부자였던 장씨네와 일개 소작농에 불과한 박씨네는 그 후 일제 식민지와 동족상잔을 거치면서 영화가 역전되었다. 한 사람은 대통령이 되어 부국강병을 부르짖다가 부하의 흉탄에 숨지고, 한 사람은 정치에 투신했다가 재산을 모두 거덜내고 쇠락의 길을 걸었다.

당대 최고의 부자로 떵떵거리던 장씨네는 본가(本家)마저 지키지 못하고 빚에 넘어가고 말았으니 인간사는 그 무엇 하나 장담할 것이 못된다. 그 후 미국에 사는 장씨의 딸이 칠곡의 본가를 다시 사들이려다 돈이 터무니없이 부족해 눈물만 떨구고 돌아갔다는 일화도 전한다. 지금 그 집은 남화사(南華寺)란 절로 바뀌었다.

반면 일개 미천한 소작농의 집안인 박씨네로부터 일국의 대통령이 나온 것을 두고 풍수 연구가 C씨는 박 대통령의 조모 묘를 '호랑이가 잠을 자는 명당〔宿虎形〕'에 모셔 그렇다고 주장한다.

풍수 설화 중에는 종놈이 조상의 묘를 명당에 써 나중에 주인댁보다 더 훌륭한 가문을 이루었다는 이야기가 많이 전해진다. 운명학이나 점성술은 사람의 길흉화복을 미리 알아보는 것에 그쳐 운명에 소극적인 대처인 반면, 풍수론은 사는 터와 조상의 묘터를 길지에 정해 그 발복으로 개인의 행복과 번영을 꾀하자는 운명 개척의 적극적인 모색이기도 하다.

풍수에 괴혈(怪穴)이란 것이 있는데, 이는 명당이 갖추어야 할 제반 조건을 갖추지 않았음에도 불구하고 생기가 응결된 진혈(眞穴)을 말한다.

암석으로 이루어져 풀 한 포기 자라지 않는 돌산에 시신 한 구를 안장할 만한 고운 흙이 갑자기 나타난다거나, 첩첩산중 산봉우리 속에 느닷없이 평지가 나타나며 아래쪽에 물이 고여 있다면 그 위쪽을 바로 괴혈로 본다.

괴혈은 후손에게 발복의 폭이 클 뿐만 아니라, 그 힘도 매우 강력하여 어떤 풍수가는 괴혈만을 찾아 산천을 헤맨다고 한다. 하지만 괴혈은 인위적으로 얻어지는 것이 아니다. 아주 우연히 얻어지는 터로 괴혈로 인해서 변변치 못한 집안에서 훌륭한 자손이 나오는 경우가 종종 있다. 지주 집안은 선영에 조상을 정성스럽게 모시지만, 땅 한 평 가지지 못한 머슴은 부모의 시신을 지게에 얹고 주인 없는 바위산을 찾아갈 수밖에 없다. 만약 그곳에 시신을 묻을 한 평의 흙이라도 있다면 무조건 봉분도 없이 평장을 해버렸다. 그런데 우연찮게도 그곳이 괴혈이라 발복을 하게 된 것이다.

충남 서천의 한산에는 한산 이씨(韓山李氏)의 조상 묘〔祖墓〕가 있다. 이 묘는 사환이던 사람이 조상의 뼈를 길지에 묻어 그 후손 중에 고관이 많이 배출된 것으로 유명하다. 고려 때의 일이다. 한산 이씨의 조상은 가난하고 신분이 낮아 관아의 심부름이나 하면서 근근히 생계를 이어갔다. 그런데 관아에는 연중행사처럼 행해지는 일이 있었다. 관아의 대청마루에 깔아놓은 널빤지가 해마다 썩어 늘 새 나무로 바꿔 끼우는 일이었다.

매년 반복되는 일이다 보니 사람들은 이상하게 생각하지 않았으나, 그만은 유독 그 이유가 궁금하였다. 그래서 어느 날 학식 있는 사람을 찾아가 이유를 물었다.

"관아의 터는 길지로 널빤지가 썩는 자리가 바로 땅 속의 생기가 흘러서 넘쳐 나오는 자리이다."

그 말을 듣고 그는 곧바로 조상의 뼈를 남몰래 관아의 마루 밑에 암장하였다. 그 후로 한산 이씨 가문은 번성하였다. 훗날 한산 이씨 후손이 그 지방을 순찰하던 도중 관아의 마루 밑을 파보았더니 소문대로 진짜 유골이 발견되었다. 그는 즉시 관아를 다른 곳으로 옮기고 그 자리를 한산 이씨의 시조 묘로 삼았다. 이처럼 괴혈을 차지한 관아 심부름꾼의 후손은 자자손손 부귀영화를 누렸다.

풍수의 효과가 실증되지 않았다면 민간신앙에 불과했을 것이다.

하지만 조선시대에 들어 풍수가 널리 보급된 것은 고려시대에 이미 풍수의 소용을 직접 눈으로 확인하였기 때문이다. 이론보다는 법술의 실제적 가능성, 즉 효과가 있다는 실증에 의하여 풍수가 민간의 사상에 뿌리박게 된 것이다.

풍수에 '작대기 풍수'라는 말은 나무꾼이 명당을 잘 잡는다는 뜻에서 유래된 말이다. 머슴이라면 으레 농번기에는 논밭에서 일하고 겨울이면 나무를 하러 산을 돌아다닌다. 산을 헤매던 도중 한겨울에도 온기가 가시지 않아 눈이 쌓여도 곧 녹아버리는 장소를 점찍어 두었다가 훗날 조상을 모셔 발복하는 것이다. 괴혈을 차지하여 머슴의 집안에서 일약 사업가의 가문으로 변신한 일화가 현대에도 전한다.

충북 괴산의 제월리에는 두 기의 묘가 이상한 형태로 자리잡아 눈이 휘둥그래진다. 아래 묘가 위쪽의 묘에 바짝 붙여 자리잡았는데, 맨 위쪽에는 아래 묘가 이장되면서 파진 웅덩이가 그대로 남겨져 있다. 위 묘는 모 기업 회장인 K씨의 고조 묘이고, 아래 묘는 Y씨의 조상 묘이다.

K씨의 조상은 대대로 Y씨 집안에서 머슴살이를 했는데, K씨의 부친은 대단히 부지런하고 성실했다고 한다. 그는 매일같이 산으로 나무를 하러 다니다 Y씨 소유의 산 속에서 천하의 명당 터를 발견하였다. 하루는 주인에게 간곡한 부탁을 드렸다.

"저의 증조 할아버지의 묘를 이장하고 싶은데, 그곳으로 이장을 하도록 허락해주십시오."

"그래, 그래라."

주인은 별 생각 없이 허락을 하였고, K씨의 부친은 그날 밤으로 증조부의 묘를 미리 점찍어 둔 곳으로 이장하였다. 그 후부터 발복이 시작되었다. 머슴의 자식들은 승승장구하면서 출세 가도를 달리

K씨의 고조 묘 / 충북 괴산군 제월리에 있으며, 아래는 Y씨의 조상 묘이다.

더니, 한 아들은 사업으로 성공하고 한 아들은 중앙정보부의 간부까지 되어 주인집의 위세를 저만치 뛰어넘었다.

뒤늦게 그 터가 명당임을 알아 챈 Y씨는 조상의 한 분을 K씨 고조 묘의 위쪽에 쓰고는 발복을 기다렸다. 그런데 발복은 깜깜 무소식이었다. 설상가상으로 가세까지 점차 기울어가는데, 머슴이던 K씨네는 날로 번창해가고 있었다. 배가 아프고 속이 뒤틀렸음은 인지상정이다. 참다 못한 Y씨가 K씨에게 고조 묘를 파 옮기라고 요구하자, 이 사건은 급기야 법정 소송으로까지 번졌다. 그러나 유전명당 무전흉지(有錢明堂 無錢凶地)이다. K씨 측은 동네 노인들을 증인으로 출석시켜 유리한 증언을 얻어냈다.

"K 머슴이 Y 주인에게 묏자리를 청하자 Y씨가 흔쾌히 '그곳에 써라' 라고 했다는 말을 어렸을 적에 들었습니다."

묘를 이장하기는커녕 도리어 K씨 집안의 묘터에 대한 연고권만

인정해준 셈이 되었다. 약이 바짝 오른 Y씨는 즉시 위쪽의 조상 묘를 다시 K씨 고조 묘의 아래쪽으로 이장했는데, 진혈에 좀더 가까이 가고자 머슴의 발 아래에 주인이 머리를 조아린 꼴이 되고 말았다. 현재 K씨 조상 묘는 봉분도 근사하고 묘비까지 위엄 있게 서 있어 후손이 명당의 덕을 톡톡히 보고 있는 것처럼 보인다. 하지만 Y씨 조상 묘는 여전히 초라해 보여 간절히 바라는 발복은 아직도 나타나지 않은 것 같다.

이 실화는 명당의 위력이 어떠한가를 실감나게 보여주는 이야기이다. 아마도 K씨 집안 후손들은 예전에는 쳐다볼 수도 없었을 양가댁 규수를 부인으로 맞이했을 것이니, '아기씨는 종놈의 차지'라는 옛 말은 헛된 소리가 아니다.

제 2 장

반풍수 집안 망치네

닭의 날개가 없다
─ 물형론의 한계

식음과 수면을 거의 전폐하고 비 내리는 날 밤에 여인 몸 넋 빠진 모양으로 넓은 정원을 구석구석 돌아다니며 동무 찾아 목메어 슬피 우는 단장곡(斷腸曲)은 차마 듣지 못할러라.

개에게 짝이 물려 죽자, 남은 거위가 슬퍼하는 모습을 가슴 아린 눈으로 그려낸 「짝 잃은 거위를 곡하노라」에 나오는 대목이다. 이 글에서 오상순(吳相淳) 씨는 호소할 길 없는 자기의 설움을 거위에 빗대서 통곡하고 있다. 현재 한국의 풍수가 처해 있는 현실도 안타깝기는 마찬가지로 누구 하나 상의할 사람조차 없는 적막강산과 같다.

풍수 중에서 음택론은 생기가 응집된 혈(穴)을 찾는 방법에 따라 세 가지 유파로 나뉜다. 산세의 모양이나 형세상의 아름다움을 유추하여 생기가 응결된 혈을 찾는 형기론(形氣論)과, 패철(나경)로 측정한 수구(水口)의 - 수구는 혈에서 보아 물이 최종적으로 빠지는 지점을 가리키는

금계포란형 / 물형론에서 닭이 알을 품고 있는 형상이라 주장하는 산도(山圖)이다.

풍수적 용어이다 - 방향으로 혈의 국(局)을 정한 다음 혈로 내려오는 산줄기와 - 풍수는 이를 내룡(來龍)이라 한다 - 물의 길흉을 판별해 혈을 정하고 묘의 좌향을 잡는 이기론(理氣論)이 있고, 산천 형세를 사람과 동물 등의 형상에 빗대어 당(堂)의 이름을 정하는 (예:금계포란형, 와우형 등) 물형론(物形論)이 있다. 물형론은 산천의 겉모양과 그 안의 정기는 서로 통한다는 전제하에 보거나 잡을 수 없는 정기를 구체적인 형상에 비유하여 표현하는 것이다.

현재 한국의 풍수는 99퍼센트 이상이 물형론에 치우쳐 있다. 따라서 마치 물형론이 풍수의 전부인 것처럼 많은 사람의 입에 오르내리고 있으나 이는 전통 풍수서나 지리서에는 전혀 나타나지 않는 이론이다. 물형론은 예로부터 명당의 모양새를 인습적으로 쉽게 부르기 위한 방법에 불과할 뿐이지 결코 혈을 잡는 정통적인 풍수 이론은 아닌 것이다.

물형론은 명당을 이해하기 쉽게 설명하여 많은 사람이 풍수를 접하게 만든 공로는 있으나, 몇 가지 비논리성으로 인해 풍수에 대한 신뢰성을 실추시키기도 하였다.

첫째, 같은 장소를 두고 주변의 산천 형세를 사람이나 동물에 비유하다 보니 보는 사람에 따라 해석이 주관적이다.

다시 말하면 똑같이 생긴 장소를 두고 보는 입장에 따라 이현령비현령(耳懸鈴鼻懸鈴) 하는 식으로 말이 다르다. 어떤 사람은 금계포란형이라 하고, 어떤 사람은 장군대좌형이라 주장한다. 또 산에 올라가 보면 그 동안 배운 풍수 이론은 이론대로 산천은 산천대로 따로 있음을 절감한다. 이론과 현장을 서로 대비시켜 혈을 잡기란 참으로 어렵고도 당황스런 일이다. 만약 곁에서 누가 설명이라도 해보라고 재촉하면 등에서 식은땀이 줄줄 흐를 것이다. 한국의 풍수가 중에서 40퍼센트는 자신도 믿지 않으면서 먹고 살기 위해 남의 무덤 자리를 잡아준다는 통계까지 나와 있는 실정이다.

이럴 때 애매 모호한 산천 형세를 인물금수(人物禽獸)의 형상을 빗대어 그 길흉화복을 설명하면 풍수를 전혀 모르는 사람도 비교적 쉽게 이해할 뿐만 아니라 흥미까지 느끼게 된다.

강원도 춘성에 있는 평산 신씨(平山申氏)의 시조 신숭겸(申崇謙)의 묘터를 돌아본 한 물형론자의 탄성을 들어보자. 신숭겸은 고려 왕건을 도와 후백제와 싸우다가 전사한 고려조의 개국 공신이다. 그 묘터는 '조선의 8대 명당'의 하나로 손꼽힌다고 한다.

형국은 나는 용이 여의주를 희롱하는 격〔비룡농주형(飛龍弄珠形)〕으로 춘천 시내에 있는 봉의산이 조산이 되니 그야말로 용과 봉황이 서로 즐기는 모습이다. 이런 형국은 임금을 장사지낼 땅이다.

　이처럼 물형론은 이론 풍수의 난해한 풍수적 해석과는 비교할 수 없을 정도로 재미있게 형세를 이해시킨다. 반면 논리 정연한 설명을 간과하여 다소 비과학적이라는 단점도 있다. 어쨌든 이런 편의성 때문에 물형론은 발전하였고, 나이가 지긋한 사람이라면 누구나 풍수를 말하게 되었다.

　순국선열이 묻혀 있는 동작동 국립묘지를 두고 저명한 풍수가 S씨는 '공작이 날개를 펴서 날아가는 모양'이라 하고, L씨는 '봉황이 알을 품고 있는 형국(금계포란형)'이라 하였다. L씨는 국립묘지는 혈이 와혈(窩穴)을 이루고 가운데에 돌혈(突穴)이 솟아 있으니 금계포란형이라 주장하고, 멀리서도 명당을 판별하는 신안(神眼)을 가졌다는 S씨는 한눈에 '공작이 날아가는 형세'라고 말하였다. 같은 장소를 두고도 이처럼 풍수의 대가라 자칭하는 분들이 서로 다르게 설명하니 누구의 말이 옳은지 혼란스럽다.

　또 비슷한 경우가 있다. 남원시 대강면 풍산리에 있는 황희 정승의 할아버지 묘를 두고 하는 말들이다. 이곳의 형상을 물형론에선 홍곡단풍형(紅谷丹楓形: 붉은 골짜기에 단풍이 드는 형국)이라 한다. 그런데 모 출판사에서 나온 지명 안내서와 S씨는 컨닝을 잘못하였는지 그만 '홍곡단풍형(鴻谷丹楓形 : 기러기 골짜기에 단풍이 드는 형국)'이라 하였다. 이를 두고 또다른 풍수지리가 C씨는, "홍곡단풍형은 한문 어법상 문맥이 안 맞아 상식적으로 이해가 되지 않고 풍수 서적에서도 찾아볼 수 없는 형국"이라 주장하며, "기러기가 한가롭게 울며 날아가는데 한 줄기 바람에 바짝 긴장을 하며 몸을 약간 트는 형국(명홍조풍(鳴鴻遭風))"이라고 전혀 다른 말을 하고 있다. 그런데 단풍이 붉게 들든, 기러기에 단풍이 들든, 아니면 기러기가 날아가든 왜 그곳이 명당이 되는지 누구나 납득할 수 있는 객관적 설명은 빠져 있다.

현재의 제주 관사 부근은 지형이 개젖통 형국이어서 19대가 과거에 급제하고 24대에 걸쳐 태평을 누릴 것이다. 그러나 지금까지 젖꼭지에 해당하는 터를 아무도 찾지 못했다.

이 역시 왜 개젖통 자리가 풍수 이론에 맞추어 명당이 되는지와 또 어떤 이유로 19대에 걸쳐 급제를 하고 24대에 걸쳐 태평을 누리는지는 알려주지 않았다. 명당에 대한 물형론의 설명은 대개가 그런 식이라고 이해하면 틀림이 없다.

둘째, 물형을 똑같이 보았다 하더라도 보는 사람에 따라 생기가 응집된 혈을 달리 잡는다.

물형론에서 생기가 모인 혈은 힘을 쓴 곳이나, 긴장을 한 곳이나, 정신을 집중한 곳이라 한다. 그런데 그 혈의 정의가 애매 모호해서 보는 사람에 따라 다르다. 예를 들어 어부가 낚시를 드리운 물형이면 고기를 잡기 위해 낚시찌를 유심히 바라보기 때문에 찌의 자리가 혈이라 하기도 하고, 어부의 눈동자 부위가 혈이라 하기도 한다. 금계포란형의 물형에서도 사람에 따라 의견을 달리한다. 어떤 사람은 닭도 새이니 날개에 혈이 있다 하고, 어떤 사람은 알 자리가 명당이라 하고, 어떤 사람은 닭도 먹어야 사니 부리 부분에 생기가 모였다고 한다. 모두들 제각각이다.

게다가 일부 물형론자들은 자신의 주장을 합리화하기 위해 산천의 형상을 제멋대로 산도(山圖)에 그려 넣는 경우까지 있다. 천안의 은석산에 있는 어사 박문수(朴文秀)의 묘 터를 '장군들이 모여 작전 회의를 하는 형국(將軍對坐形)'이라 말하는 사람이 있다. 장군대좌형이 되기 위해서는 북, 깃발, 창, 칼, 말, 병졸 같은 형상을 닮은 암석이나 산봉우리가 주위에 있어야 한다.

은석산에 박 어사 묘를 모신 사연이 '독립기념관' 건립과 관계되

박문수의 묘 / 천안 시내가 한눈에 내려다보이나 주변에는 장군에 소용되는 형상의 산은 없다.

어 전해진다. 본래 박 어사의 묏자리는 현재 '독립기념관'이 있는 천안군 목천면 흑성산이었다. 그런데 한 지관이 묏자리를 보고 말하기를, "흑성산의 풍수를 보면 그 맥과 혈이 금계포란형에 해당되는 길지입니다. 한양의 외청룡에 해당되고, 본명이 검은성(儉隱城)으로 '좌우동천승적지(左右洞天勝敵地)'입니다. '좌우동천승적지'란 석천리의 승적골〔勝敵谷〕과 지산리의 승적골을 말하는데, 석천리 승적골은 5목(덜목·재목·칙목·사리목·돌목) 사이로 사람 살기가 좋은 땅이며, 지산리 승적골은 매우 아늑하여 예로부터 피난처로 알려져 있습니다. 그러니 흑성산에 묘를 쓰면 반드시 2~3백 년 뒤에 나라에서 이 산을 요긴하게 쓸 일이 생겨 이장할 처지가 되니 미리 이 자리보다는 10리 남쪽 모처에 묘를 쓰시오."라고 하여 후손이 그곳에 모셨다고 한다.

그런데 박 어사의 묘에서 주변을 아무리 둘러보아도 깃발이나 창, 칼을 닮은 뾰족한 산은 보이지 않는다. 그저 병천 시내를 비롯하여 멀리 천안까지 한눈에 시원하게 내려다보일 뿐이다. 이런 경우 일부 술사(術士)들은 실제의 산천 형상을 무시하고 창과 깃발을 닮은 산봉우리나 암석을 마구잡이로 산도에 그려 넣어 장군대좌형이라는 자기의 주장을 합리화시킨다.

심지어 금계포란형의 경우는 실제로는 닭의 날개 부분이 없는데, 자신의 주장을 합리화시키기 위해 스스로 날개를 닮은 산을 그려 넣고는 닭이라고 우기기도 한다. 이는 곧 지록위마(指鹿爲馬: 사슴은 말이다)의 격으로 잘못을 강요하여 상대를 함정에 빠뜨리기 위한 술수이다.

『설심부』에서도 이를 경계하여, 다음과 같이 지적하고 있다.

> 호랑이는 사자와 비슷하고 기러기는 봉황과 다르지 않게 보이지만 만일 조금만 차이가 있어도 지록위마의 잘못을 범하는 꼴이다.

이처럼 일부 풍수가들이 현장은 답사하지 않은 채 그저 이론만 가지고 제멋대로 형국을 논하니 참다운 학인의 발길은 어디에 두어야 할지 모를 일이다.

풍수는 음양오행론을 바탕으로 천문에 속하는 이기(理氣)와 지리에 속하는 산천 형세를 종합적으로 연구하는 전통 자연과학이다. 그럼에도 불구하고 현대에 와서는 풍수의 신비적 요소만이 부각되어 잡술로까지 전락되었다. 일부 풍수가의 사기성 터잡기로 사회적 폐해 또한 막중하다는 보도가 심심찮게 흘러나온다. 풍수는 이론적으로 연구되고, 객관적으로 검증되는 학문적 체계를 갖추어 가야 하는데 일부 몰지각한 사람들로 인해 점점 미신 쪽으로만 흐르니 안타까운 일이다.

맨흙에 엉덩이를 붙여라
— 한국 풍수의 현실

묘터로 예정된 자리의 맨 흙 위에 엉덩이를 붙이고 오로지 돌아가신 분만 생각하며 한 시간만 앉아 있으라. 그 터가 죽은 자와 맞는 자리인지 아닌지는 본능과 직관으로 전달이 온다. 다시 말해 땅이 그 효성에 감응하여 죽은 자를 받아들일 것인지 아닌지에 대한 의사 표명을 해올 것이다. 좌향은 고인이 좋아하실 방향을 골라 그것으로 삼으면 되며 이것이 정통의 풍수가 가르치는 음택 선정의 최선의 방법이다. 풍수의 논리나 이론을 개입시키지 않은 채, 즉 풍수를 전혀 모르는 사람이 오직 본능적으로 어떤 터가 어머니 품안같이 편안하다고 느끼면 바로 명당이다.

이 글은 풍수 연구가 C씨가 묘터와 좌향(坐向)을 - 풍수에서 좌는 시신의 머리 방향이고, 향은 발의 방향을 가리킨다 - 잡는 술법을 소개한 글이다.

하지만 이 술법은 정통 풍수에서 기본으로 삼는 산, 물, 방향, 사람에 대한 모든 요소가 무시되어 있다. 일신의 복을 구하기 위해 풍수가 이용되는 세태를 염려하여 한 말이지만 자칫 오해를 살 소지가 있다. 묘터를 잡기 위해 수천 년간 쌓여온 풍수 이론은 깡그리 잘못되었다는 판단을 가지게 할 수 있기 때문이다.

중국과 우리나라를 막론하고 유명한 명풍수는 모두 당시 최고층의 엘리트였다. C씨 역시 많은 풍수서를 저술하고, 또 당대 최고의 풍수 학인으로서 이름을 떨치고 있다. 특히 풍수가 우리 민족에게 많은 영향을 미쳤음에도 불구하고 정리된 이론이나 분석·해석한 연구서가 하나도 없음을 안타깝게 여겨 문헌을 근거로 하여 풍수의 내용과 이론을 집대성한 글을 발표하기도 했다. 그러나 그 책에는 옥에 티처럼 현장감이 결여되어 있다. 그 이유를 그는 '오늘날 지관의 대부분이 산소자리 잡는 일만을 본령(本領)으로 하고 있기 때문에 풍수의 원초적이고 기반적인 내용 정리에는 오히려 왜곡된 영향을 미칠 가능성이 판단되었기 때문에 오직 문헌에만 의존하였다' 라고 설명한다.

풍수 이론을 개입시키지 말고 오직 본능과 주관에 의지하여 묘터를 잡으라는 주장은, C씨의 의도와는 달리 또 다른 폐단을 가져올까봐 염려스럽다. 객관적 검증이 없는 풍수가 위험천만하다는 사실은 새삼 논의할 필요도 없을 것이다.

언젠가 기(氣)를 가지고 명당을 잡는다는 분을 만난 적이 있다.

"산에 올라 정신을 집중시키면 생기가 모인 지점이 느낌으로 손에 전달이 와요."

"풍수는 경험 과학인데 이론의 바탕 없이 오로지 느낌만으로 혈을 잡는다면 자신의 직감에 확신이 섭니까?"

"물론 백 퍼센트 확신은 없지만, 그렇게 터를 잡은 경우 한 번도 물이나 돌이 나온 경우는 없었어요."

"단순히 물이나 돌이 없다고 생기가 모인 혈이라 말할 수는 없잖아요. 그 터가 왜 좋은가 하는 객관적인 설명을 타인에게 할 수 있어야 하잖아요?"

"나는 풍수 이론을 몰라 객관적으로 설명은 못해요. 다만 내 느낌만을 믿을 뿐이죠."

"호남에서는 열 집 가운데 아홉 집이 지관 노릇을 한다는 말이 있는데 노인들이 참견하지 않아요?"

"간혹 시골 영감들이 저 자리가 좋아 보이는데 왜 이 자리로 정했느냐고 덤비면, 호통을 치면 돼요. '이 영감탱이야, 당신 말을 듣고 저 자리에 묘를 쓰면 일주일 안에 큰아들이 죽어. 당신 말대로 묘를 쓸까?' 이렇게 말하면 슬금슬금 도망을 가지요. 왜냐하면 영감의 말대로 묘를 썼다가 진짜 큰아들이 죽으면 그 영감은 모든 책임을 뒤집어써야 하니까요. 지관을 해먹으려면 사람 다루는 방법부터 배워야 해요."

"풍수는 자연과학적인 학문으로 계보를 중요시 합니다. 따라서 경전을 많이 읽은 다음 풍수 이론을 산천에 적용하는 능력을 키워야 합니다. 확신 없이 남의 묘터를 잡아주다 보면 백골에 악(惡)만 쌓아 결국 본인에게 해가 미칩니다. 앞으로 풍수한다고 말하지 마십시오."

현재 우리나라에는 풍수가가 3만 명은 족히 넘는다고 하는데, 패철의 용법은 고사하고 한 권의 풍수서도 읽지 않은 경우가 허다하다. 학문적 바탕보다는 '감'이나 어깨 너머로 배운 '술수', 그리고 '큰 목소리'가 계승의 주류를 이루는 셈이다. 이런 '지팡이 풍수'의 토대 위에서 그나마 풍수를 학문적 연구의 대상으로 끌어올린 C씨의 노력과 그 과정에서 겪은 억울한 시련은 한국 풍수의 진일보를 위하여 큰 밑거름이 될 것이 분명하다.

이론은 이론대로 머릿속에만 맴돌고 산천은 캄캄한 채 말이 없으니 답답한 심사에 몸만 축날 뿐이다.

C씨가 본인의 책 머리말에서 고백한 글이다. 학자다운 솔직한 태도가 용감하다. 하지만 2천 년이 넘게 동양사상의 근저를 이룬 풍수를 사기성 잡술로 매도한 부분에 대해서는 의견을 같이할 수 없다.

땅과 생명체가 서로 조화를 이룰 수 있는 터를 구하고자 하는 경험이 오랜 세월을 거치며 지혜가 되어 풍수로 이루어졌다고 할 수 있다. 발복을 바라는 이기적인 음택 풍수는 후대 사람들의 욕심이 만들어놓은 잡술에 불과하다.

음택 풍수론은 음양이 조화로운 길지에 조상의 시신을 모심으로써 유골을 편안케 하고 나아가 유골에서 발하는 생기가 자손에 감응함으로써 자손의 번영과 행복을 구하는 것을 목적으로 삼는다. 그런데 C씨는 우리 민족 고유의 풍수론은 발복이 기대되는 일반적인 명당터를 찾는 것이 아니라 땅과 사람 사이에 상생(相生)의 조화를 이룬 땅을 찾는 것이라고 주장한다. 즉 애당초 좋은 땅이나 나쁜 땅이 따로 있지 않고, 누군가가 어떤 용도로 그 땅을 이용할 때에 맞느냐 맞지 않느냐의 문제일 뿐이라고 말한다.

아무리 좋은 땅도 사람과 용도에 따라 맞지 않으면 나쁜 땅이며, 명당은 어머니의 품안같이 모든 근심 걱정을 잊을 수 있는 편안한 곳이라고 말한다. 따라서 C씨의 명당은 용맥을 타고 흐르는 생기가 물을 만나 응집된 곳이 아니라 아무 데고 앉아 편안한 곳이면 족하고, 동기감응을 일으켜 자손이 발복하는 터는 없고 단지 땅이 고인

명당도(온양 민속박물관 소장)

을 받아들이면 족할 뿐이다. 좌향에 대한 그의 설명도 자연의 순환 원리에 두지 않고, 다분히 지역성을 중시한다.

　어머니 품안에서 물과 바람의 흐름을 살핀다. 이 부분은 우리 풍수가 크게 관심을 두는 분야는 아니다. 그러나 중국 풍수에서는 소위 득수법 (得水法)과 좌향론(坐向論)이라 하여 대단히 어려운 술법으로 체계가 잡혀 있는 부분이기도 하다. 중국에서 물은 실질적인 소용에도 닿지만 부(富)의 과시 수단이 될 수도 있기 때문에 술법화되는 것이고, 그들 풍 토의 상대적 악조건 때문에 미세한 방위의 차이도 큰 영향을 미칠 수 있 으므로 좌향에 큰 신경을 쓰는 것이다. 하지만 우리 풍토는 그렇지가 않 아서 심지어는 북향도 풍토에 따라서는 마다할 까닭이 없는 것이다.

　C씨는 움직이지 않는 땅이 움직이는 물과 바람의 영향을 받아 어

떻게 변화되어가는지, 사람이 자연과 어떻게 조화를 이루며 살 수 있는가의 방향은 제시하지 못했다. 즉 시신을 묻을 당시 비록 땅이 고인을 받아들였다 해도 그 이후 바람과 물이 땅 속을 끊임없이 변화시킨다는 사실을 간과한 것이다. 즉 양의 기운인 바람과 물은 음의 기운인 땅을 끊임없이 변화시키는 주체이기 때문에 중요시 하는 것임을 주지시키고 싶다. 풍수를 과학적 학문으로 발전시키자는 목적에 비추어 다분히 아쉬운 대목이다.

그러나 C씨는 풍수의 좌향은 무시하면서도 좌향을 잡는 필수품인 패철(佩鐵)에 대해서는 다른 시각을 보인다.

천문 지리를 연구하는 데는 나경(羅經, 패철)이 필수품이고 그의 근본이 되는 것이 좌향론인 만큼 좌향론은 풍수의 본질론에 가장 접근된 분야로 보아도 과장은 아닐 것이다.

한국의 풍수는 학문적 발전을 거듭하기보다는 점점 초현실적인 술법으로 전락하고 있는 게 사실이다. 풍수는 경험 과학적인 학문으로 미신적 술수보다는 음양론에 바탕을 두고 자연과 인간이 조화을 이룬 터를 좀더 학문적으로 수렴해가는 방법을 모색해야 한다. 그런데 현실은 학문적 접근보다는 신비함을 바탕으로 하는 술수적 접근이 더 각광을 받고 있다.

풍수의 학문적 퇴보를 방지하기 위해서도 근거 없는 명당 찾기는 사라져야 한다. 풍수로 인한 사회적 병폐가 크다면 좀더 객관적이고 체계적인 연구만이 우려를 희석시키고, 사회적 병폐를 근절시킬 수 있다. 그리고 어떤 사람이 명당을 찾는 방법을 터득했다면 억지가 아니라 논리적으로 설명이 가능해야 한다. 한국의 풍수가 좀더 학문적 바탕 위에 굳건히 서길 바라는 마음이 간절하다.

달걀로 명당을 찾는다(?)
—풍수의 과학화

포수에 쫓기는 노루를 구해준 나무꾼이 선녀를 아내로 맞이하였다. 그런데 그의 잘못으로 아내가 하늘로 올라가버리자, 고독하게 살던 나무꾼은 죽어서 수탉이 되었다. 아내를 못 잊는 그가 담에 올라가 목을 길게 빼고는 아내를 소리쳐 불렀다. 꼬, 꼬끼오.

1998년 6월, 모 신문에 「달걀로 명당 찾는다」라는 제목의 기사가 실렸다.

"명당자리를 찾으려면 달걀을 이용하는 것이 가장 확실합니다." 호남 지방에서 45년간 '묏자리'를 보아온 지관 K씨는 달걀을 이용하여 명당을 찾는다. 그는 22일 군산시 임피면 보성리의 한 곳에 묻어두었던 유정란 20개와 무정란 10개 등을 공개리에 파냈다. 지난 3월 1일 취재진 입회하에 파묻었던 달걀들이다. 깊이 1.2미터에 무려 113일 동안 묻혀 있던 달걀은 신기하게도 상하거나 썩은 것이 하나도 없이 생생한 상태였다. "명당 자리에 달걀을 묻으면 산과 물의

호랑이와 닭 / 사석원 그림.

기(氣)를 달걀이 흡수하기 때문에 상하거나 썩지 않습니다."라고 설명한다. "21일에도 전남 영광군의 두 곳에서 같은 테스트를 했는데, 119일과 108일만에 꺼낸 달걀이 모두 양호한 상태를 유지하고 있었다"고 밝힌 K지관은 "명당이라 할지라도 기가 흐르는 확실한 지점에 시신을 모셔야 효력이 있지 10센티미터만 벗어나도 효험을 잃게 된다"고 덧붙였다. 명당을 확인하는 방법은 명당이라고 여겨지는 자리에 1~1.5미터 가량의 구덩이를 파고 달걀을 줄지어 늘어놓은 다음 대리석 같은 판으로 덮은 뒤 흙 속에 묻는다. 100일 정도 지난 뒤 팠을 때 달걀 상태가 양호하면 명당이고 썩어 나오면 명당이 아닌 것이며 100일 이상을 묻어두면 달걀이 명당의 기를 빨아들여 좋지 않다고 덧붙였다.

한국의 풍수는 이론을 현장에 적용하는 과학적인 방법에 의존하지 않고 달걀로 명당을 찾을 만큼 술법화되었음을 알 수 있는 기사이다. 2천 년을 넘게 연구, 계승된 족보 있는 학문이 하루아침에 미

신의 수준으로 내동댕이쳐진 것이다. 심지어 점쟁이가 풍수가라고
이름을 달고 있으니 그 수준은 더 이상 논할 필요도 없다.

옛날의 지관은 그렇지가 않았다. 『경국대전』에 규정된 여러 풍수
서에 능통해 음양과에 합격해야만 비로소 지관 행세가 가능하였다.
또한 이론뿐만 아니라 현장 경험까지 풍부하여 중국에서는 '하늘과
땅의 이치를 깨우친 사람'이란 뜻으로 '감여가(堪輿家)'라 부를 정
도다. 풍수가의 능력도 동일하게 평가하지 않고, 실력에 따라 4단계
로 구분하였다. 범안(凡眼), 법안(法眼), 도안(道眼) 그리고 신안
(神眼)이 그것들이다. 멀리서 산봉우리만 보고도 대세를 짐작하여
참된 혈을 잡는 수준을 신안이라 부른다.

한국의 풍수가 좀더 학문적으로 발전하려면 K씨와 같은 술법도
과학적이고 합리적으로 설명이 가능해야 한다. 그래야만 혹세무민
한다는 비난의 굴레에서 벗어날 수 있다. **잘못된 것은 아프지만 잘못되었다
고 지적하고, 과학성이 입증된 것은 풍수 이론으로 수렴해가는 논리 전개가 필요하다.**

음택론은 길지를 찾아 진혈에 시신을 안장시키고, 옛 묘의 터와
좌향을 감결(監訣)하여 그 후손의 길흉화복을 판단하고, 좋은 때를
맞추어 시신을 안장시키는 장택법(葬擇法)으로 크게 분류하여 볼
수 있다. 즉 세 분야의 지식을 고루 갖추어야 전문가라고 할 수 있
다. 여기서 K씨가 달걀을 묻을 명당이라 여겨지는 자리를 찾는 방
법과 달걀을 묻는 상황이 너무 신비에 가려 있다. 기사의 내용으로
보아 그는 군산과 영광을 비롯하여 전국의 명당 터를 찾아 돌아다
닌 것이 확실하다. 그런데 어떤 이론과 술법에 근거하여 생기가 응
집된 명당을 찾아내는지는 밝혀지지 않았다. 형기론인지, 물형론인
지, 이기론인지 어떤 이론을 적용하여 명당을 찾았다는 이론적 배
경은 없고, 단지 달걀을 묻어보고 달걀이 썩지 않으면 명당이라고

주장했을 뿐이다.

이런 방법은 풍수의 신비성과 비합리성만 부추길 뿐, 정통 풍수가 지향할 바가 아니다. 풍수를 어떤 식으로든 발복과 돈벌이 수단으로 삼아 사회적 해독만을 가중시킬 뿐이다. 그리고 달걀을 묻는 날짜와 시간 등에 대해서도 일체 언급이 없는 것도 아쉬운 대목이다. 장택법은 풍수에서 하나의 고유한 영역으로 치부될 만큼 대단히 중요한 요소이다. 천문과 지리가 조화를 이룬 날짜와 시간을 무시한다면 올바른 풍수가라 할 수 없다.

다른 문제는 풍수 이론에 맞추어 명당을 달걀로 확인하는 방법이 옳은가 하는 점이다. ‘어디로 가든 한양만 가면 된다’는 식으로 풍수가는 명당만 찾으면 명풍수라 한다면 더 이상 할 말은 없다. 명당은 생기가 응집된 곳이라 무엇을 묻든 생기를 받는다. 하지만 100일 이상 달걀을 땅 속에 파묻어보아 상하지 않는 곳이 바로 명당이다라고 주장하려면 좀더 객관적인 사실의 증명이 필요하다. K씨는 그 이유를 ‘산과 물의 기를 달걀이 흡수하기 때문’이라고 하였지만 이 역시 아전인수(我田引水)격의 해석에 불과하다.

달걀은 자연 상태에서라면 보통 한 달 정도 보관할 수 있다. 그런데 100일이나 공기가 잘 통하지 않는 땅 속에 묻었는데 상하지 않았다면 분명히 신비스런 일이다. 그렇지만 생기는 K씨가 얘기하는 애매 모호한 ‘산과 물의 기’가 아니라, 앞서 강조한 바와 같이 ‘땅 속에서 만물을 성장시키는 기운’으로 생기가 응집된 곳은 기운이 온화하여 살과 피가 자연스럽게 썩어야 한다. 그런데 달걀이 썩지 않았다면 그 자체에 문제가 있는 것이다. 풍수는 차가운 기운이 모여 시신이 썩지 않는 냉혈을 가장 꺼려한다.

일반 가정에서는 냉장고를 이용하여 달걀을 선선하게 보관한다. 이는 자연 상태보다 냉장고 안이 더 차서 부패가 더디게 진행되기 때문이다. 따라서 K씨의 명당은 달걀이 오랫동안 상하지 않았기 때문에 자연 상태보다는 더 서늘한 곳임이 분명하다. **물이 고이지 않고 생기가 흐르는 명당은 겨울에 따뜻하고 여름에는 서늘하다.** 땅 바깥의 온도와 반대가 되어 여름에는 서늘하고, 겨울에는 따뜻하니 시신은 주로 겨울에 육탈된다. 반대로 물이 가득 고인 묘 속은 겨울이면 시신이 얼고, 여름에는 차가운 물 속에 잠겨 시신의 살이 퉁퉁 불어 썩지를 않는다. 여기서 K씨가 달걀을 실험한 때가 6월이니 일단 명당이라는 가정이 가능하다. 왜냐하면 명당이라야 6월에도 땅 속이 서늘하여 부패가 더디게 진행되었을 테니 말이다.

하지만 명당임을 객관적으로 인정받기 위해서는 겨울에도 똑같은 실험을 해야 한다. 만약 겨울에도 달걀이 썩지 않으면 그곳은 사시사철 차가운 기운이 도는 흉지일 뿐이다. 풍수는 그런 냉혈을 절대로 피하라고 경고한다. 따라서 달걀로 명당을 찾는 방법은 흉지를 명당으로 착각할 우려가 있다.

그리고 K씨는 100일 이상 달걀을 묻어놓으면 명당의 기를 달걀이 빨아들여 좋지 않다고 주장하나 이것은 잘못된 말이다. 『장경』은, "시신은 생기를 받는다(葬者乘生氣也)"라고 했고, 바람을 만나면 흩어진다고 하였다. 즉 유골이 생기를 빨아들여 점차 사라진다고 보지는 않았다. 이 경우는 달걀이 생기를 빨아들여 없어지는 것이 아니라 땅 속을 팠으니 그 속으로 바람이 들어가 생기가 흩어진 것이다. 그런데 명당이라면 보통 생기를 500년은 넘게 발산하는데, 겨우 며칠을 두고 생기의 감소를 논할 일은 아니다.

결론은 '달걀로 명당을 찾을 수는 없고, 달걀로 명당임을 확인할 수는 있다' 라는 말이 옳을 것이다.

풍수는 조선시대를 거쳐 현대에 이르기까지 많은 사람이 신봉하면서 여러 사회적 폐단을 가져왔다. 자신은 물론 후손의 영달을 위하여 이른바 명당을 찾아내려고 가산을 탕진하고, 권력을 이용하여 남의 산을 빼앗거나 심지어 죽은 자의 묘까지 파내고서 자기 조상의 유골을 이장하는 작폐도 끊이지 않았다. 얼마 전에는 어떤 사업가가 전국의 명승지를 찾아 곳곳의 지형과 비문(碑文)을 살펴보고 풍수지리에 눈을 떴다는 기사가 신문에 났다. 뭔가 크게 잘못되어 가는 것이다.

필자 역시 문화 유적과 역사 인물의 묘를 찾아 전국을 헤매고 다녔지만 답사와 저술을 통해서는 불행하게도 풍수를 배우지 못했다. 어느 지형, 어느 비문에도 풍수의 원리가 기록된 경우는 없었기 때문이다. 그런데도 세상은 이론적 배경을 갖춘 풍수보다는 술법화된 풍수를 더 믿고 따르는 실정이다.

풍수는 자연의 순환 원리와 인간이 서로 조화롭게 살아갈 합일점을 찾는 사람의 땅에 관한 전통적인 지혜임이 분명하다. 따라서 풍수가 좀더 타락하기 이전에 뜻 있는 학자들의 깊이 있는 연구가 절실히 필요하다. 그 길만이 풍수가 살아남을 수 있는 최선책이다.

산에서는 책을 버려라
― 시중의 풍수책

손에 닿는 대로 문헌 자료를 모으고 여가 있는 대로 답산을 하다 보
니 들은 풍월(風月)에 교만함이 생겨 몇 집의 심산점혈(尋山占穴)에 끼
여든 적도 있었지만 지금 생각하니 후회막급이다.

아무리 많은 풍수지리서를 연구했어도 생기가 모인 진혈을 잡아
야 하는 현장은 너무나 당황스럽고 힘들다는 것을 고백한 글이다.
일부 사이비 풍수가 중에는 이론적 근거나 확신도 없으면서 들은
풍월로 남의 묘터를 잡아주고 몇 푼의 돈을 챙기는 경우가 있다고
들었다. 후손이 발복하여 판, 검사가 나오며 대대로 부귀영화를 누
릴 땅이라고 설명했지만, 종종 난처한 곤경에 처하는 경우도 있다.
장사를 지내고 얼마 되지 않아 갑자기 후손 중의 한 사람이 교통사
고로 세상을 떠난 것이다. 유족들이 찾아와 따져 묻자, 사이비 풍수
가는 입이 열 개라도 할 말이 없었다. 변명을 늘어놓지만 그럴수록
자기 무덤만 파는 꼴로 결국은 받았던 사례금까지 내어놓았다. 그

렇다고 죽은 사람이 살아서 돌아오지는 않는다. 옛 성현은 경고하여 말하였다.

의사가 오진을 하면 한 사람이 생명을 잃고, 지사가 오판을 하면 한 가문이 멸족을 당한다.

풍수는 이토록 까다롭고 어려운 학문이다. 풍수에 대해 상식이라도 가져볼 요량으로 서점을 찾으면 우선 엄청난 양의 풍수서를 보고 놀란다. 이 책 저 책을 뒤적여보지만 어떤 책은 순 한문투성이에다 내용까지 어렵고, 어떤 책은 풍수의 이론이 아닌 소위 명당 답사기이고, 어떤 책은 표지부터 복서(卜書: 점보는 책)에 가까워 꺼림칙하다. 마땅히 손에 꼭 잡히는 책이 없다. 내친걸음이니 그 중에서 쉽고 이해할 수 있다고 판단되는 이론서나 화제가 된 책, 혹은 풍수를 다룬 소설류를 선택한 뒤 돌아온다.

문제는 그때부터이다. **선택한 풍수서를 신중하게 공부하더라도 막상 산에 오르거나 조상의 묘터를 감결해볼라치면 책에서 터득한 방법이 전혀 통하지 않는다.** 책에서는 용(龍), 혈(穴), 사(砂: 주변의 산봉우리), 수(水)가 이렇게 저렇게 생겨야 명당이라 설명되어 있고, 만약 한 치라도 오차가 생기면 복이 화로 변한다고 경고한다. 그런데 막상 산을 오르면 책에서 익힌 것들과 자연이 너무도 달라 어떻게 적용해야 할지 도통 알 수가 없게 된다.

산 속에 들어가면 산천은 책에서보다 훨씬 정교하고 미묘하다는 사실을 뼈저리게 실감한다. 문자란 뜻을 전하는 데 한계가 있고, 또 책에서 예를 든 산의 모양은 자연의 현장에서는 똑같은 게 없기 때문이다. 그래서 고전 풍수서는 한결같이 길지보다는 지리에 밝은 어진 지사를 먼저 구하라고 했다.

길한 터를 구하려면 반드시 어진 지사를 구해야 한다. 땅을 얻기가 어려운 것이 아니라 지사를 얻기가 어렵다. 지사를 잘 만나면 땅을 구하기가 쉽고, 얻지 못하면 비록 눈 밑에 좋은 땅이 있어도 얻을 수가 없다. 혹 얻었다 해도 옳은 혈을 찾지 못하며 장법(葬法)을 어기기 쉽다.

풍수에 능통한 사람을 보통 지관(地官)이라 부른다. 앞장에서도 설명했듯이 지관이란 음양과라는 시험에 합격한 관리를 지칭하던 명칭이었다. 지관은 왕릉이 들어설 터를 정하던 임시직 관리로 풍수가 나라에서 으뜸이었다. 따라서 퇴임 후에도 그대로 관직명을 붙여 예우를 해준 것이다. 지관은 『경국대전』에 규정된 지리학과에도 능통해야 되는데, 음양과의 시험과목에 일괄되게 채택된 풍수서는 『청오경(靑烏經)』, 『장경』, 『호순신(胡舜申)』, 『명산론(明山論)』 등이다. 특히 『청오경』과 『장경』은 책을 보지 않고 돌아서서 외워야〔배강(背講)〕 했을 정도로 중요시 여기었다.

세상에 나온 풍수지리서를 모조리 섭렵했을 경우 생기가 뭉친 진혈(眞穴)을 찾는 능력이 생길까? 불가능하다. 현장 답사가 배제된 채 용어에만 익숙해져 '이렇게 저렇게 생긴 터가 명당이라고 하더라' 하는 정도에서 그치고 만다.

그뿐만 아니라 책에서 명당의 조건으로 내세운 산천 경개는 실제 산에 가 찾으면 없으니 산에서는 책을 버릴 수밖에 없다. 그것도 풍수지리학은 위서(僞書)가 많아 책 선정 시에도 신중한 선택이 요구되며, 책을 펼쳐 공부를 해도 중요한 부분은 몇 마디 개념만 적혀 있어 정확한 내용을 깨우치기 어렵다. 게다가 과장된 표현이나 역설적인 내용도 있어 더욱 난해한 느낌이 든다. 특히 문자의 교묘한 함정에 빠져 해석이 엉뚱해지니, 어떤 풍수가는 '중국 풍수서는 한국이 망하기를 바라는 모략이 숨겨진 위험천만한 책'이라고까지 말한다.

옛날의 지관은 풍수 서적을 많이 익히고 난 뒤에 선배 풍수가를 따라다니며 현장 지도를 받았다. 전국의 모든 산을 답산하여 이론과 실제가 부합되는지 혹은 그렇지 않은지를 터득하는 것을 기본으로 삼았다. 30년을 넘게 책을 읽어도 선지자(先知者)의 특별한 지도 없이는 바람과 물의 순환 이치를 깨우치지 못한 채 지팡이 풍수에 머물고 만다.

고사성어에 군맹평상(群盲評象)이란 말이 있다. 장님들이 코끼리를 만져보고 서로 평하는 말로 일부분만을 믿고 평가하기 때문에 전체적인 뜻을 모른다는 경우에 인용된다. 이렇듯이 풍수를 올바로 알려면 이론과 현장에 대한 경험을 고루 갖추고 나아가 장택법에도 훤히 통해야만 한다.

현재 시중에서 판매되는 풍수 서적은 대충 세 가지로 분류할 수 있다.

첫째는 중국의 풍수서를 그대로 번역한 것들이다. 풍수지리의 고전에 속하는 『청오경』과 곽박(郭璞)의 『장경』을 비롯하여 명나라 사람인 서선술(徐善述), 서선계(徐善繼) 형제가 지은 『인자수지(人子須知)』, 그리고 『설심부』 등이 그것들이다.

그러나 이 책들은 위서도 많을 뿐더러 개략적인 개념만 적혀 있어 이해가 곤란하고, 또 어떤 부분은 너무 상세하여 우리의 자연 산천에 적용이 잘 안된다. 독학하기는 매우 어려우며 풍수 대가의 지도를 받아야 뜻을 이해할 수 있을 정도다.

또 다른 부류는 한국인이 쓴 풍수 이론서들이다. 대개가 중국 풍수서로부터 필요한 부분을 발췌하고 나름대로의 주장을 곁들인 책이다. 도선(道詵)의 『도선비결(道詵秘訣)』은 실제로 산천을 돌아보고 각 지방의 풍수적 길흉을 기술한 책이며, 이중환(李重煥)의 『택리지(擇里志)』는 전쟁과 탐관오리를 피해 살 만한 땅을 추천하고 있다. 『한국의 풍수사상』은 중국과 한국에 전해지는 제반 풍수지리 서적을 전적으로 문헌에만 의존하여 정리한 책이고, 『정통 풍수의 이론과 방법』은 『청오경』과 『장경』의 원리를 재해석하고 자연에서 어떻게 적용할 것인가의 방법을 제시한 책이다.

세 번째 부류는 현재까지 전해오는 명당을 글이나 그림으로 소개하는 책들과 보통 '답사기'나 '문중풍수'라는 제목을 단 책들이다. 이 책들은 대개가 명당으로 소문이 난 묘나 집터를 찾아 그곳의 산천 경개를 풍수적으로 해석했는데, 주로 물형론의 입장에서 설명하고 있다.

따라서 조상을 모실 길한 터를 스스로 잡을 수 있도록 안내하거나 또 옛 묘가 풍수지리학에 맞게 잘 모셔졌는지를 검증할 수 있는 책을 구하기는 매우 어렵다. 또 제한된 여러 상황에서 난해한 중국의 이론서를 혼자서 깨우친다는 것도 학식이 많고 적음에 관계없이 매우 어렵다.

그래서 한국의 풍수 대가라는 사람 중에는 역술인이나 무슨 무슨 도사라고 하는 사람이 유독이 많다. 이론이나 논리보다는 역술의 신비성으로 사람을 단숨에 제압해버리기 십상이기 때문이다.

제대로 길지를 잡고, 옛 묘의 길흉화복을 감결하고, 제 때에 맞춰 장사지내는 풍수의 제반 지식을 혼자서 습득하려면 입산 수도 백 년을 해도 불가능한 일이다.

도사를 자칭하는 어느 풍수가는 오대산 정상 부근에 움막을 짓고 치성으로 기도를 드린 결과 땅 속을 유리관 들여다보듯 훤히 바라보는 신안이 열렸다고 한다. 또 경상도의 어느 '동네 지관'은 동네의 장사일을 거들다 보니 자연히 지관과 가까이 지낼 수 있었고 어깨 너머로 보고 배우다가 아예 스승으로 삼아 풍수술법을 배웠다고 한다. 모두가 전통을 중시하는 풍수와는 거리가 먼 배움의 길이다.

술법이나 술수가 아닌 정통 풍수를 가장 빠르고, 확실하게 습득하는 방법은 위서가 아닌 자료를 충분히 접해야 하고, 이 자료를 이해할 수 있는 능력이 있어야 하며, 전통을 이어받은 선지자의 지도를 받으면서 현장을 많이 답사하는 것이다.

땀을 흘리지 않고 어떤 대가가 주어지기를 바란다면 이는 어불성설이다. 어느 날 갑자기 나에게 신안이 열렸다며 세상을 현혹하고 돌아다니면 분명히 그를 믿고 따르는 사람이 있을 것이다. 그러나 자기를 믿고 따르는 사람의 인생 역시 자기 것처럼 귀하고 값진 것임을 명심해야 한다. 풍수는 추종자를 필요로 하는 미신이 아니다. 누구나 배우고 익히면 같은 수준의 지식과 실력을 갖추게 되는 자연과학이다. 따라서 풍수원리에 공감하고 그것을 현장에 적용하는 학인만을 필요로 할 뿐이다.

형기론과 성모 마리아

― 형기론의 한계

물도 흐르지 않고 다 말라버린 갯강변 밭둑 위에는 앙상한 가시덤불 밑에 늦게 핀 들국화들이 찬 서리를 맞고 고개를 숙이고 있었다. 논둑 위에 깔렸던 잔디들도 푸른 빛을 잃어버리고, 그 맑고 높던 하늘도 검푸른 구름을 지니고 찌푸리는데, 너, 보리만은 차가운 대기 속에서도 솔잎과 같은 새파란 머리를 들고, 하늘을 향하여 솟아오르고만 있었다.

얼음 속 같은 대지를 딛고 생명의 움을 틔우는 보리의 질긴 생명력을 예찬한 한흑구(韓黑鷗) 선생의 글이다. 즉, 생명은 음과 양이 서로 조화를 이루어야 탄생될 수 있음을 우리는 보리에서 배운다.

안양의 주산인 삼성산(三聖山)에는 원효·의상·윤필대사가 머물며 수도한 삼막사(三幕寺)가 있다. 조선시대에는 서울 주변에서 4대 명찰의 하나로 소문났을 정도로 큰절이었다. 관악산에 들어온 대사들이 막(幕)을 치고 수도를 했는데, 그 뒤에 절을 지어 삼막사라 하였다. 이 절의 '칠보전' 앞에 남녀의 성기를 닮은 '남녀근석

남녀근석 / 인공을 가하지 않은 화강암이 자연스레 남녀의 성기와 흡사하게 닮았다.

(男女根石)'이 서로 마주보고 있는데, 이 바위에 치성을 들이면 자식을 낳고, 풍년이 들며 장수한다는 전설이 있다.

'남녀근석'은 서로 3미터 정도 떨어져 있는데, 인공을 가하지 않은 화강암이 남녀의 성기와 흡사하다. 여근석은 7미터쯤 되는 절벽이 풍화작용을 거치면서 마치 여자의 성기를 꼭 빼 닮은 형태로 남아 있고, 남근석은 좀 뾰족하지만 영락없는 남근이다. 자연은 신비로워 음양의 조화를 이루기 위해서 여근석 곁에는 남근석도 빚어놓은 것이다.

비슷한 경우인데, 전남 순창의 팔왕터라는 마을 입구에는 화강암을 인공적으로 정교하게 깎아 만든 남근석이 세워져 있다. 언제 세워졌는지는 알 수 없지만, 높이가 2미터에 육박하며 발기가 당당한 모습이다. 이 마을의 지형은 멀리서 보면 여자의 성기 모양을 하고 있는데, 마을 한복판에는 우물이 있다. 그 모양이 여자의 음부와 꼭 닮아서 음양수라 부른다. 자칫 남근석이 넘어지거나 땅에 묻히면 우물이 말라버리고 마을에 흉흉한 일이 일어난다고 한다. 이처럼 우주 만물은 음양으로 형성되어 있고, 음양이 서로 화합되어야 새로운 생명이 탄생한다. 음과 양은 각각 독립되어 있을 수 없고, 서로 의존과 조화를 이루며 만물의 순행을 주관하기 때문이다.

> 양은 홀로 설 수 없고 반드시 음을 얻은 후에 설 수 있는 고로 양은 음을 기(基)로 삼고, 음은 스스로 나타날 수 없어 반드시 양을 얻은 후에 나타나는 고로 음은 양을 창(唱)으로 삼는다 —「관물편」

전기를 보아도 음전기와 양전기가 있고, 서로 부합되어야 빛이 나고 열이 발생하듯이 풍수에서도 물과 바람의 양(陽)과, 산(용맥)의 음(陰)이 부합된 곳이라야 사람이 살기에 적당한 터로 간주한다.

그런데 풍수론 중 산의 형세상의 아름다움을 유추하여 생기가 응결된 혈을 찾는 형기론(形氣論)은 양인 물과 바람은 철저하게 무시하고 음인 산의 형상만 보고 혈의 길흉을 논하니, 결코 음양이 조화로운 진혈을 정할 수 없다. 형기론은 생기가 왕성한 용맥을 찾는 간룡법(看龍法)과 혈의 생기가 흩어지지 않도록 주변의 산봉우리가 감싸준 곳을 찾는 장풍법(藏風法), 그리고 용맥에서 혈이 응결된 지점을 찾는 정혈법(定穴法)으로 나누어진다.

간룡법의 근간은 먼저 산세가 높고 웅장하며 무성하게 산줄기가 뻗어내린 태조산에서 끊어지지 않고 이어져 주산으로 솟았는가와 용맥이 생기 왕성하게 흘러 뻗었는가 하는 점이 중요하다. 또한 용맥은 마치 새가 날개를 편 듯이 줄기가 겹겹이 내려 뻗어야 하고(개장 : 開帳), 개장의 중심을 뚫고 용맥이 흘러야 하며(천심 : 穿心), 벌의 허리와 학의 무릎처럼 잘록한 부분(과협 : 過峽)이 있어야 산과 산 사이의 생기가 끊어지지 않고 이어진 것으로 본다.

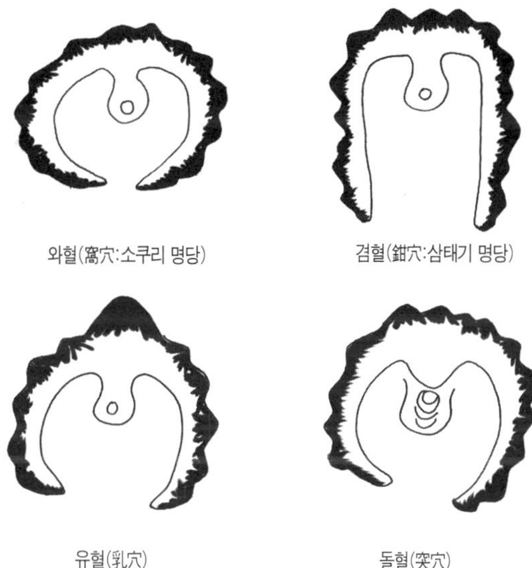

형기론의 진혈의 모양새

　장풍법은 혈에 응집된 생기를 바람으로부터 보호하기 위해 필요하다. 혈의 뒤쪽에 있으며 혈을 맺게 해주는 주산(主山)은 머리를 수그려 바람을 막고, 좌우에는 청룡, 백호가 둘러쳐 바람을 가두되 두 끝은 혈을 포근히 감싸안은 형상이어야 하고, 혈 앞쪽으로 바라다 보이는 안산은 손님과 대화를 나누는 찻상처럼 낮고도 평편해야 하고, 안산 뒤쪽에 펼쳐진 조산(朝山)은 주인에게 예를 표하는 손님처럼 모양이 수려해야 좋다고 한다.

　옛 말에 "산 공부 3년에 혈 공부는 10년이다"라는 말이 있듯이 생기가 왕성한 용맥을 찾았다 하더라도, 그 흘러온 생기가 응결된 진혈(眞穴)을 찾기란 매우 어렵다. 하지만 진혈을 찾지 못한다면 간룡법과 장풍법은 아무런 소용이 없다. 풍수의 목적은 결국 진혈을 찾기 위함이 전부이기 때문이다. "진혈은 터럭 끝만큼의 차이만 있어도 안된다"라고 하여 그 정확성을 강조하였다. 진혈의 모양은 보통 거북 등과 같다고 편리하게 이야기하지만 좀더 상세하게 말한다면 와(窩), 겸(鉗), 유(乳), 돌(突)로 설명되며, 흙색은 오색이 홍황자윤(紅黃滋潤 : 붉고 노란빛이 감돈다)하다고 한다.

하지만 진혈을 찾기 위해선 단순히 그와 같이 생긴 모양을 찾는 것만으론 터무니없이 부족하다. 앞서 누차 설명했듯이 산과 토양은 물과 바람의 영향을 받으며 끊임없이 변화를 거듭해왔다. 바위가 풍화작용을 거쳐 흙이 되듯이 말이다. 따라서 산만을 보고 진혈을 찾는다면 큰 오류를 범하기 십상이다. 이에 비하여 **이기론(理氣論)은 음인 산은 물론이거니와 양인 물과 바람의 방향까지도 고려한 풍수론이다.**

음이 홀로는 생성하지 못하고 음양이 서로 합쳐져야 조화를 이룰 수 있다. 형세를 논함에 있어 산은 음이요 물은 양이다. 무릇 산수가 상배(相配)해야 음양이 있다. 산과 물은 정(靜)하면 음이고, 동(動)하면 양이 되기 때문에 결국 산수는 각각 음양이 있는 것이다. 음이 오면 양이 맞이하고, 양이 오면 음이 맞이해야 하니 용혈도 상배해야 음양이 있게 되는 까닭이다.

역(易)에 나오는 말이다. 음에도 양이 있다는 말은 땅의 융기와 침강으로도 설명할 수 있다. 땅은 단단하여 침식과 퇴적만 하고 움직이지 않을 것이라 생각할 수 있다. 하지만 동해안을 보면 해면보다 높은 곳에서 군데군데 조개 껍질이며 바다에 사는 생물의 흔적이 있거나 파도로 침식된 면이 있다. 이는 과거의 해면이 지금의 해면보다 높았다는 증거이다. 매년 몇 센티미터씩 가라앉아 결국에는 후지산의 봉우리만 일본 열도를 지킬 것이란 이야기도 있다.

호순신(胡舜申)이 지은 『지리신법(地理新法)』에서는, 다음과 같이 말하고 있다.

대개 산은 사람의 형체와 같고 물은 사람의 혈맥과 같은 것으로 사람에 있어 형체의 생장고영(生長枯榮)은 모두 혈맥에서 비롯된다. 혈맥이 사람의 몸 속을 흘러다님으로 그 도수(度數)가 순조로우면 반드시 건강하고, 그렇지 않으면 실절(失節)케 되고 병들어 망한다. 자연의 이치가 그렇다.

이는 사람의 건강 여부는 혈맥에 의존하는데, 이 혈맥이 정상적으로 순환하고 순조로우면 건강하고 반대로 불규칙적이면 질병에 걸리는 것처럼 산수도 산과 수가 합쳐지지 않으면 산의 길함이 이루어질 수 없다는 뜻이다.

길가의 민들레도 흙과 물 그리고 햇볕이라는 음양이 함께 해야 꽃이 피고, 또 후손을 번성시키려면 바람이란 양을 이용해 씨앗을 힘껏 날려 보낸다. 이처럼 지구상의 작은 식물인 민들레조차도 음양이 조화로워야 종족 보전이 가능하다. 그런 의미에서 보면 **생기가 뭉친 길지를 찾으면서 양인 바람과 물은 내버려두고 음인 산(용)의 형세만을 논하는 형기론은 마치 사람을 볼 때에 얼굴만 보고 판단하는 것과 같이 부자연스럽다.** 중요한 것은 얼굴이 아니라 마음이다.

자연은 음양의 조화를 위해 쉼 없이 변화하는데 산의 모양새만을 고집한다면 이는 자연의 순환 원리를 이해하려 하지 않는 태도로 어찌 유골의 편안함과 자손의 번영을 기대할 수 있겠는가? 그래서 『장경』에서는 다음과 같이 말하고 있다.

풍수의 법술(法術)은 물을 얻음이 으뜸이요 바람을 가둠이 그 다음이다(風水之法 得水爲上 藏風次之).

공원묘지에선 명당을 찾지 마라
— 공원묘지의 현실

"지관 양반, 향을 그쪽으로 잡으면 안돼. 저 앞에 보이는 산을 보고 잡아야지."

시골 영감이 들은 풍월로 지관이라는 사람의 행동을 못마땅해하며 핀잔을 주었다. 그러자 지관이 발끈하며 짚고 있던 지팡이로 대뜸 삿대질을 해댄다. 지관 역시 안색이나 차림새로 보아 '갑(甲)'과 '신(申)' 자도 구별하기 힘든 사람처럼 보인다.

"이 양반아, 댁이 뭘 안다고 큰소리야. 향은 내 말대로 이 방향으로 잡아야 되는 거야. 댁의 말을 따라 저쪽으로 잡으면 며느리가 바람이 나서 집을 나가."

며느리가 바람이 나서 집을 나간다는 지관의 말에 미주알 고주알 참견하던 영감이 찔끔하며 뒤로 물러섰다. 장사 현장에서 흔하게 일어나는 일이다.

좌향(坐向)에 대하여 앞에서도 간단히 언급했지만 좌향은 산세의 흐름, 즉 용맥의 흐름에 따라 무덤의 방향을 정하는 일이다. 즉 무덤이 어느 방위에 있어 어떤 생기를 받는가를 관측하는 것으로 이를 줄여서 보통 향(向)이라 한다. 좌는 시신의 머리 부분이니 무덤 정면의 뒤쪽 즉 산 쪽이고, 향은 다리 부분이니 무덤의 앞으로 무덤이 바라보는 방향을 가리킨다. **풍수에서 좌향은 산, 수, 사람과 함께 4대 요소로 간주될 만큼 중요한 요소이다.** 이기론의 교과서 격인 『지리오결(地理五訣)』에는 다음과 같은 말이 나온다.

지맥이 없을 경우 좋은 향 중에서 하나의 향을 정한다면 부귀는 할 수 없다 해도 자손들은 유지하리라. 결단코 후손이 끊어지는 일은 없을 것이다. 이는 향의 좋음이 능히 용맥의 흉함을 구제하기 때문이다.

이 말은 비록 혈에 이르는 내룡이 생기를 품지 못했어도 향만 제대로 잡는다면 흉하고 불행한 일은 생기지 않는다는 뜻이다. 그러나 이토록 중요한 향을 지나치게 무시하는 일부 풍수가들도 있다.

고인이 좋아하실 방향을 골라 그것으로 좌향을 삼으면 된다. 바라보면 바로 이 방향의 경관이 고인이 가장 좋아하실 곳이라는 판단이 설 것이다. 그것이 좌향이 된다.

패철(나침반)을 사용하지 않고서도 불가사의하리만치 방향을 정확하게 잡는다.

그러나 좌향은 오히려 예전보다 요즘에 들어 더욱 중요시 해야 하는 풍수 이론이 되었다. 왜냐하면 현대는 후손들의 편의와 정부 시책 때문에 풍수적 원리에 맞는 용맥을 골라 유골을 안장시키기가 불가능한 경우가 많기 때문이다. 특히 경제적인 측면과 편리성으로 인해 공원묘지에 유골을 안장하는 경우가 흔하다. 그러면 과연 공원묘지에는 명당이 있을까? **풍수는 감히 '공원묘지에 명당은 없다'라고 확신한다.**

수도권에 위치한 공원묘지는 대개가 정남향의 야산을 택하여 5만~10만 평에 이르는 넓은 묘지로 조성되어 있다. 문제는 허가난 면적에 더 많은 묘를 써야 이익이 커지므로 산줄기는 파헤쳐지고, 계곡은 흙으로 메워지고, 또 산사태를 방지하기 위해 축대까지 쌓은 곳이 많다. 애당초 생기가 모이거나 흐를 여지를 원천 봉쇄한 셈이다.

96년 7월 말과 98년 8월 초, 경기 북부 지역에 쏟아진 폭우로 도내 곳곳에 설치된 공원묘역이 산사태로 무너져내렸다. 그 결과 파주의 서울시립묘지에 안장된 수백 기의 묘지가 다량으로 유실되어 흩어진 유골을 가마니에 담아놓았다고 한다. 매장한 지 얼마 되지 않은 시신까지 흙더미 속에 파묻혀 후손의 마음을 안타깝게 만들었다.

게다가 뒤엉킨 유골 중에서 자기 조상을 찾으려면 유전자 감식에 의존하는 수밖에 없으니, 흩어진 유골을 어떻게 부위별로 감식하겠는가? 결국은 조상을 잃어버린 것이나 마찬가지인 셈이다.

이것은 산의 능선에 묘를 쓰지 않고 산사태가 일어나기 쉬운 산비탈에 흙을 메우거나 축대를 쌓은 다음 무덤을 만들었기 때문이다. 위에 자리잡은 묘가 급류에 휩쓸리면 아래쪽의 묘들도 차례로 황토를 드러내며 훼손되게 마련이다. 장풍득수가 잘 된 명당에서는 결코 일어날 수 없는 끔찍한 사건이니 풍수를 공부하는 학인으로서는 안타까운 일이다.

공원묘지에 부모를 안장할 때에는 여러 가지 어려움을 겪게 된다. 분양받은 순서에 따라 안장(安葬)을 하다 보니 어떤 분은 재수 없게 물구덩이나 충염(蟲炎)이 있는 흉지를 차지하게 된다. 봉분을

공원묘지 / 98년 8월, 게릴라성 폭우로 서울 근교에 있는 공원묘지가 수없이 훼손되었다.

살펴 잔디가 잘 자라지 않고 이끼 같은 것이 – 풍수는 '물풀'이라 부른다 – 빼곡이 들어 차 있으면 관 속에 물이 들어 차 있다는 증거로 보아도 된다. 개미들이 주변을 서성대거나 봉분에 뱀이 들어간 구멍이 나 있으면 이 또한 길지가 아니라는 증거이니 이장을 해야 한다.

더욱이 좌향까지 일률적인 방향으로 정하니 경관은 비록 멋있게 보일지 몰라도 죽은 흙더미에 시신을 묻는 것과 마찬가지이다. 파헤쳐진 용맥은 이미 생기가 흩어져버렸으니 어찌 발복까지 기대가 되겠는가?

또 같은 공원묘지라도 부모의 묘가 서로 떨어지는 경우가 있어 훗날 수용 능력에 한계가 생기면 다른 곳으로 모셔야 한다. 따라서 처음의 생각과는 달리 공원묘지는 관리 또한 번거로운 곳이다. 특히 조상숭배 사상이 점차 희박해지는 후손을 생각하면 이는 조상뿐만 아니라 자기 자신까지도 영원히 잊어버리는 결과를 초래할 수도 있다.

명당이 없는 공원묘지이지만 화를 피하는 방법이 있다. 바로 좌향을 올바로 잡는 것이다. 이기론은 거리가 한 치만 달라져도 좌향을 달리 잡아야 한다고 거듭거듭 강조하고 있다. 비단 공원묘지뿐 만 아니라 선영일지라도 생기가 모인 산 능선(용맥)이 아니라, 생기를 받쳐주는 산비탈 쪽에 부모의 시신을 모시는 것은 좋지 않다고 경고한다. 따라서 공원묘지에 부모를 안장할 때는 공원묘지관리법에 따를지라도 좌향만은 제대로 잡히는 자리를 택하거나, 그것조차도 불가능하다면 봉분의 좌향은 규정대로 하되 광중에 모신 시신의 좌향만이라도 제대로 안치하여 후손을 해치는 독하고 모진 살(煞) 기운만은 피해야 한다.

도사 스승과 장님 제자들
─ 풍수의 계승 실태

"스승님! 이곳의 형국이 무엇이기에 그와 같이 신비하고 놀라운 일이 일어났습니까? 어리석은 제자들을 위하여 자세히 설명하여주옵소서."

"스승님! 먼저 서울의 지세부터 설명하여 어리석은 저희들을 깨우쳐주십시오."

"스승님! 오늘은 산 이야기를 좀 해주십시오. 옛날부터 우리나라는 그 산세가 천하의 제일이라고 했는데 어찌하여 그런지 자세히 알고 싶습니다."

유명한 어느 풍수가의 제자들이 스승에게 하는 말이다. 그런데 스승을 좇아 10년을 넘게 공부한 사람들이 어찌 그런 말을 하는지 알다가도 모를 일이다. 그럼 스승은 그를 따르는 문도(門徒)에게 무엇을 가르쳐주었고, 제자들은 과연 무엇을 배웠단 말인가!

그들의 스승은 신안을 가져 책도, 패철도 볼 필요 없이 명당을 점지하는 사람이라고 주장한다. 하지만 제자들은 아무리 노력해도 신

서당 / 김홍도의 『풍속화첩』 중에서

안을 얻기 어려운 까닭에 10년을 공부해도 제자리걸음인 것이다.

  앞장에서도 설명했듯이 풍수에 눈을 뜨기 위해서는 먼저 각종의 풍수지리서를 읽고, 한편으론 스승을 따라 산을 오르고 강을 건너는 수고를 아끼지 말아야 한다. 풍수의 핵심은 생기가 모인 터를 바로 잡는 것이니 현장 체험이 무엇보다 중요하다.

우리나라 풍수는 도제관계(徒弟關係)로 전승되었다. 스승 풍수가의 정신적, 기술적 술법을 이어받고 또 그 방식대로 후학에 전수함으로써 인간적인 교류에 의하여 계승된 것이다. 따라서 어느 풍수가가 어떤 법통을 계승한 유파인지를 알려면 어떤 스승에게서 풍수를 전수받았는지 보면 된다. 물론 개중에는 사리사욕을 버리고 그저 심오한 풍수지리의 이치만을 터득하는 데 생애를 바친 이인(異人)도 있다. 어떤 사람은 세간에 떠도는 풍수서가 허무맹랑하고 거짓되다며 세상을 밝히겠다고 풍수 책을 쓴다. 하지만 그것 역시 마찬가지의 결과이다. 일부 풍수가들은 자신만이 정통을 이어받았다고 주장하고, 다른 유파들은 모두 그릇된 것이니 따르지 말라는 자기 도취에 빠지기도 한다.

어떤 시골 풍수가의 이야기가 있다. 어느 날 원인 모를 병에 걸린 그는 산에다 막사를 짓고 6년 동안 병마와 싸워 이겨냈다. 그런데 병마와 싸우는 동안 자연스레 풍수지리학을 터득하였다 한다. 하지만 믿어지지 않는 말이다. 그 당시 제한된 여러 상황을 고려해볼 때 어떻게 어려운 전문서적을 혼자 힘으로 터득했는지 알 수 없으며, 또 선지자의 도움 없이 변화무쌍한 자연의 신비를 일목요연하게 깨우친다는 것도 이해가 되지 않는 점이다. 하지만 한국 풍수지리학의 전승 실태는 대개 그런 수준으로 설명되고, 이렇게 맥을 이어온 것이 사실이다.

여기서 풍수론 중 당나라 양균송에 의해 완성된 이기론이 어떻게 한국에 전승되어왔는가를 살펴보자. 도선국사는 일행선사(一行禪師)로부터 이기론의 이치를 전수받았다. 그리고 고려 말의 무학대사(無學大師)가 연이어 그 법통을 이어받았다. 하지만 우리나라의 풍수가는 자기가 안 것을 후세에 전하지 않고 자기 대(代)에서 그쳐 전승관계가 확실치 않은 경우가 많다. 이기론도 마찬가지이다.

풍수가는 한문에 밝아야 하니 평민은 곤란하고 중인이나 양반만이 가능하였다. 그래서 풍수가의 지위는 점치는 맹인이나 무녀와 달리 '양반'으로 대우를 받았다. 그런데 현대에 와선 급격히 풍수의 품위가 격하되었다. 정통적 도제관계에 의해 전승되는 풍수가 아닌, 들은 풍월로 아는 체하는 풍수가 대부분이기 때문이다. 시골에선 50세만 넘으면 지관 행세를 하니 정통적이고 학문적인 풍수의 입지가 좁아지고, 대신 미신 풍수가 판을 칠 수밖에 없다. 이런 풍조 속에선 힘써 배워 신묘한 술법에 통달한 풍수가는 드물게 되고, 대개는 물형론에 치우쳐 말을 억지로 끌어다붙여 사람들을 현혹하는 데 급급하다. 이 경우 A가 보는 것과, B가 보는 것이 다르고, C가 좋다고 하면 D가 흉하다고 하니 누굴 믿어야 좋을지 모른다. 어떤 사람은 마침내 점쟁이에게 의뢰를 하기도 한다.

진정한 풍수가라면 아는 것은 완전하게 전하고, 모르는 것은 솔직하게 모른다고 전해야 한다. 그래야 후학은 선배가 전한 것을 바탕으로 하여 더욱 학문적 발전을 꾀할 수 있는 것이다.

기초적인 방법은 길지를 선정하든, 옛 묘를 감결하든 어떤 이론적 근거에 의해 그런 결론을 내렸는지 그 내용을 기록으로 내놓아야 한다. 이를 풍수는 결록(訣錄)이라 한다. 결록은 제시하지 못한 채 그저 말로만 떠벌리는 풍수가는 사이비 풍수가로 보면 틀림이 없다.

맥도 모르고 침통 흔든다
— 패철 무용론

패철은 일명 나경(羅經)이라 하며 자연의 신비한 순환 원리가 층층이 담겨 있어 단순히 동서남북의 방위만 보는 나침판과는 크게 다른 물건이다. 2천 년 전 중국에서부터 사용되어 풍수와는 떼려야 뗄 수 없는 물건이 되었으나 요즘 풍수가 형기론과 물형론으로 치우치면서 무용지물처럼 되었다. 왜냐하면 산세만으로 혈을 정하는 형기론과 물형론에서는 패철을 필요로 하지 않기 때문이다.

그럼에도 불구하고 웬만큼 풍수를 아는 사람 치고 패철을 소지하지 않은 사람은 없다. 그 이유는 패철이 없을 경우 몹시 어설픈 풍수가처럼 보이기 때문이다. 이처럼 패철을 그저 폼 내는 용도로만 사용하는 풍수가도 일부 있다.

여기서 잠깐 패철에 얽힌 풍수 설화를 살펴보자. 패철의 분금(分金)을 잘못 놓아 어린 나이에 옥사했다고 전해지는 사람이 있다. 바로 무등산 호랑이로 유명한 김덕령(金德齡, 1567~1596) 장군이다.

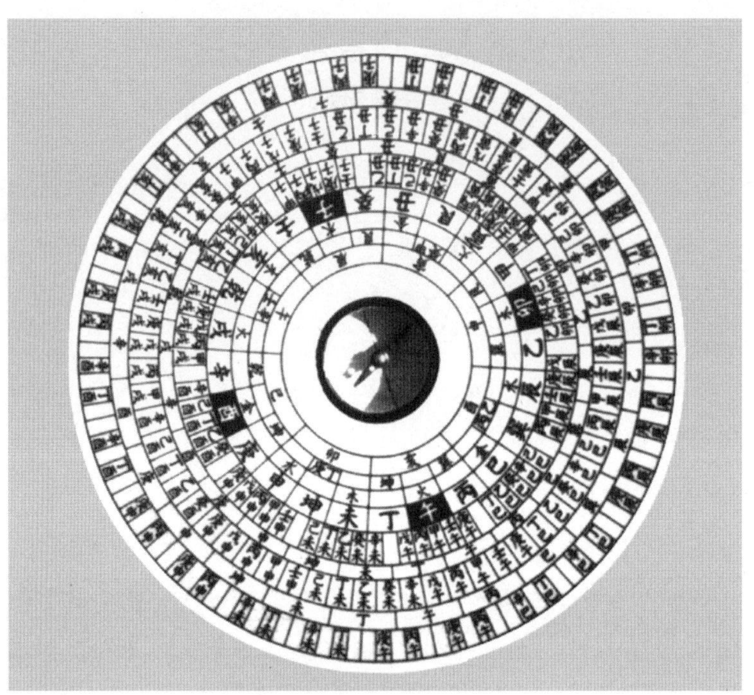

패철 / 일명 나경(羅經)이라 하며 자연의 신비한 순환 원리가 층층이 담겨 있다.

김 장군 조부모의 묘는 장군대좌형 명당이라 한다. 중국 지관이 이 터를 보고 패철의 분금에 따라 시신의 방향을 정하여주었다. 그러나 김 장군의 아버지는 그 말을 따르지 않았다. 훗날 임진왜란이 일어나자, 김 장군은 의병을 이끌고 호남과 충청도에서 왜구를 무찔러 광해군으로부터 호익 장군(虎翼將軍)이란 칭호를 받았다. 권율 장군의 휘하에 있었을 적엔 진해와 고성에서 왜군을 방어하였고, 고성에선 곽재우(郭再祐) 장군과 함께 왜군을 무찔렀다. 그 명성이 자자해 왜군이 가장 무서워하는 의병장이 되었다.

김 장군이 싸움을 할 때는 호랑이 가면을 쓰고, 스물네 근의 철퇴와 오십 근짜리 칼을 썼으며, 타던 말은 천하의 명마로 오직 장군만이 탈 수 있었다고 한다. 김 장군에 대한 임금의 신임이 두터워지자, 그를 시기하는 조정의 간신배도 많아져 장군은 조정 대신들과 빈번히 갈등을 빚었다고 한다. 이몽학이 반란을 일으키자 김 장군은 반란군을 토벌하기 위해 출전했다. 하지만 가는 도중 난이 평정되어 돌아왔다. 칼 한 번 휘두르지 않았으나 신경행이란 자가 김 장군을 이몽학과 내통했다며 무고해 감옥에 갇히고 말았다. 임금이 친히 국문을 하였다.

"네가 역적 무리와 결탁하여 반역을 도모하였느냐?"

장군은 혐의 사실을 극구 부인하였다.

"시(是)는 시(是)라 하고 비(非)는 비(非)라 하는 것이니 어찌 거짓을 아뢰리오."

모함임을 호소했으나, 그를 시기하는 대신들이 조정에 많아 아무도 장군을 변호하지 않았다. 결국 김 장군은 모진 고문을 받다가, 29세의 한참 나이에 원통하게 세상을 떠났다. 사후에 억울한 죽음이 밝혀져 충장공(忠壯公)에 봉해졌다.

패철이란 도구가 풍수에 있어서 얼마나 중요한 도구인지를 말해 주는 일화이다.

패철이 처음 만들어질 때는 원형에 12방위만 표시되어 있었으나 세월이 흐르는 동안 많은 학자들이 연구에 연구를 거듭하여 층층이 자연의 섭리를 그려 넣어 현재는 36층까지 그려졌다. 한나라의 장량(張良)은 12방위의 패철을 24방위로 세분화하고, 당나라의 양균송은 24방위를 하늘의 북쪽인 북극성과 자석의 북쪽인 자침(磁針)과의 차이를 계산하여 패철에 포함시켜 보다 정확하고 편리한 오늘날의 패철을 완성하였다.

소위 시골 지관 중에는 시신의 분금을 놓는 데만 패철을 사용하고 각 층에 나타난 자

연의 이치나 용법을 모르는 사람이 많다. 왜냐하면 패철은 풍수론 중에서 이기론에만 소용되는 물건이고, 한국 풍수의 99퍼센트를 차지하는 물형론은 패철을 사용하지 않은 채 혈을 잡기 때문이다. 한 풍수가의 주장을 들어보자.

패철에 대한 복잡한 이론은 이기론에 속하는 부분이다. 패철은 방향을 아는 도구에 불과하다. 이기론은 음양오행의 이치로 땅의 이치를 알아내는 방법인데 이론과 실제가 항상 일치하지 않듯이 생기가 모인 혈을 감지하는 데는 전혀 도움이 되지 않는다. 그리고 이기론에 집착하면 풍수의 본질과 거리가 멀어진다.

패철이 땅의 오묘한 이치를 밝히는 데 전혀 도움이 안된다니 의외의 말이다. 하지만 현재 대부분 한국 풍수의 주류가 그러하며, 심지어 어떤 유명 풍수가는 아예 패철조차 소지하지도 않는다. 패철을 보고 생기가 모인 혈을 잡는 사람을 법안(法眼)의 단계라 얕보며 자신은 패철이 없이도 땅의 이치를 꿰뚫는 신안(神眼)이 있다고 은근히 자랑한다. 여기서 다시 패철의 용법을 무시하는 한 풍수가의 말을 들어보자.

내룡도 모르면서 패철을 놓는 지관이 허다하다. 한 사이비 지관은 나이도 적당하고 근엄한 표정으로 패철을 놓는데, 못 알아들을 한문을 들먹거리며 원칙도 없이 설명한다. 혈을 잘못 잡아도 일반인은 풍수에 문외한이니 이를 어찌하랴. 장님이 장님을 인도하는 격이다.

하지만 이에 못지않게 패철의 용법조차도 모르면서 자칭 풍수의 대가라며 세상을 혹세무민하는 것을 경고하는 입장도 만만치가 않다.

　세상에는 패철의 용법도 모르는 자의 말을 맹종하는 풍조가 만연하였다. 그들에게 부모의 백골을 맡기니 그것을 기회삼아 이익을 챙긴다. 풍수에 대해 무엇하나 배우지도 않았으면서 어떤 사람은 도(道)에 통했다며 남을 속이기에 급급하다. 물론 도통했다면 좋겠지만 한낱 패철의 용법도 모르면서 어찌 음양을 알고 도에 통했겠는가. 남을 속이고 백골을 불안케 하고 이익을 좇는 도에 통한 것이다.

　풍수의 속담에 "지관의 손자 똥이 드물다"라는 말이 있다. 풍수가가 바람과 물(풍수)의 이치도 모르면서 남의 백골, 남의 가정을 송두리째 망쳐버리니 풍수가의 후손이 잘 될 수 없다는 말이다.

악한 자에게 명당은 없다

─ 지관의 자질

지금은 아쉽게도 폐간이 된 『전통 문화』라는 잡지에 「풍수쟁이와
풍수신앙」이란 글이 게재되었다. 이 글은 민속연구가 B씨가 경상
도에 사는 한 지관(地官)을 찾아가 취재한 것으로 어떻게 명당에
모신 조상의 백골이 신비로운 초능력을 발휘해 후손에게 부귀영화
를 안겨줄 수 있는지, 그리고 민간에 널리 퍼져 있는 풍수 사상은
현대에 와 어떻게 명맥을 유지하는지를 되짚어본 글이다.

살아 생전에 적덕(積德)을 한 사람만이 길지(吉地)를 만날 수 있어.
명당이란 아무나 차지하는 것이 아니야. 하늘이 인정하는 사람에게만
길지를 내려주고 남에게 해를 끼친 사람에게는 명당이 없어.

지관이 B씨에게 건넨 첫마디였다.
풍수의 격언에 "명당을 얻으려면 먼저 선을 베풀라"는 말이 있
고, 『설심부』에도 적선을 하면 반드시 명당을 얻고, 악을 쌓으면 흉

지를 차지한다고 적혀 있다. 심지어는 아무리 거금을 들여 명풍수를 초빙해 길지를 잡아도 그 땅에 쓸 사람이 생전에 나쁜 일을 많이 하였다면 모두 헛것〔허혈(虛穴)〕이다라고까지 한다. 풍수가 죽은 당사자보다는 그 자손의 번영과 행복을 꾀하는 것이 목적이고 보면 지당한 말이다.

일제시대, 무라야마 지존(村山智順)이 쓴 『조선의 풍수』라는 책에는 덕을 쌓지 않은 채 남의 명당에 조상을 묻어 후손이 모두 망한 내용이 실려 있다. 경남 밀양의 삼량진에 조장군산(曺將軍山)이 있다. 예전에 어떤 풍수사가 죽으면서, 이렇게 말하였다고 한다.

내가 생전에 각지를 돌아다니며 길지를 골라 표목(標木)을 세워두었으니 그곳에 묘를 쓰면 영웅이 나와 집이 번성할 것이다.

그 뒤에 조(曺)가 성을 가진 사람이 이 산에서 표목을 발견하고 묘를 썼더니 과연 장군이 되었다. 그래서 세상에서 그 산을 '조장군산'이라 불렀다. 그런데 조가(曺家)가 번영하는 것을 알고 이를 시기한 사람이 몰래 그 묘를 파내고는 자기 조상을 묻었다. 소위 암장(暗葬)을 했는데 그의 후손은 절멸(絶滅)을 당했다고 한다.

생전에 못된 짓만 했는데도 그 후손이 잘되고 영화를 누린다면 이는 하늘도 꺼려할 일이다. 하지만 "악인에게는 천하의 명당도 흉지가 되고 반대로 양심을 지키며 덕을 쌓은 사람에게는 길바닥도 명당이 된다"는 단정적인 주장은 자칫 풍수의 본질을 흐릴 우려가 있다. 풍수는 진혈에 조상을 모시면 유골이 땅 속에 응결된 생기를 받아 후손이 발복한다는 생기와 동기감응이 본질인데, 이 경우는 적덕만을 강조한 꼴이다.

산과 물 그리고 방위가 조화로운 땅을 구해 산 자와 죽은 자의 행

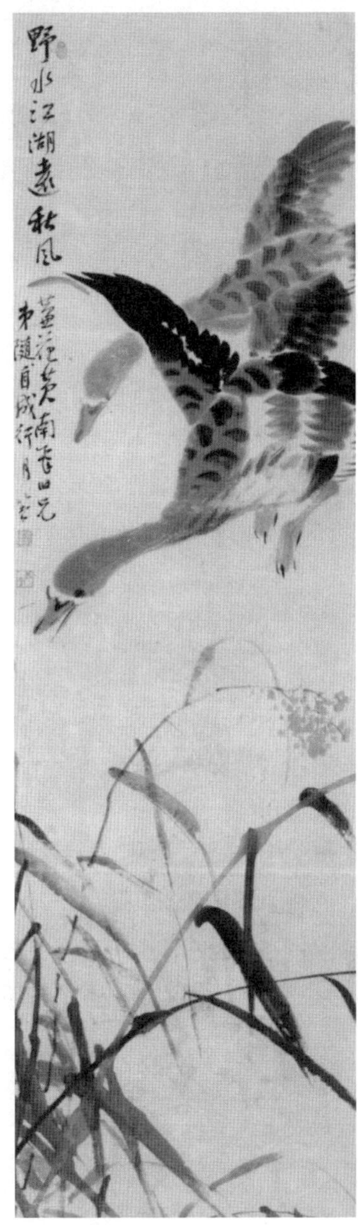

노안도(蘆雁圖) / 김은호 그림.
노(蘆)는 노(老)로, 안(雁)은 안(安)
으로 뜻을 새겨 연로하신 부모님이
오래도록 사시기를 바라는 마음에서
부모님 방에 놓는다.

복과 편안을 구하는 풍수는 막연히 허황된 설만은 아니다. 우리 생활과 밀접한 관련을 맺는 토지의 이용에 있어서 매우 합리적이고 과학적인 점이 많다. **우리가 믿든 무시하든 풍수지리학은 약 2천 년의 역사를 가지고 계속 연구 발전되어왔으며, 우리나라에선 신라 말부터 우리 민족에게 깊은 영향을 미친 전통사상이다.** 서구 과학문명이 판을 치는 요즘에 죽은 사람의 음덕으로 후손이 복을 받는다고 백퍼센트 믿는 사람은 드물어, 편의에 따라 부모를 모실 묘터를 택한다. 그럼에도 불구하고 풍수지리는 현대에 와서도 끊임없이 우리의 생활과 행동을 규제하고 있다.

현재 우리나라에 묘터를 잡아주고 장사 일을 거드는 지관이 약 3만 명이 넘는다고 하니 엄청난 숫자다. 그러나 대부분 풍수 이론이나 현장 경험에 정통한 사람이 아니라 어깨 너머로 배운 술법을 이용해 담뱃값이나 술대접을 받는 수준에 불과하다. 음양오행설을 말하지만 실제로는 패철 각 층의 운용을 모른 채 하관 시에 남향인가 아닌가와 분금만을 볼 뿐이다.

이 경우 패철은 단순히 남향만 보는 1층이거나 24방위만 보는 5층 패철, 나머지는 7층 패철로 음과 양의 이기를 결정하는 9층 패철은 소지하지도 않는다. 이는 물의 득파(得破) 방향과 좌향을 격정(格定)하는 천반봉침(8층)과 내룡과 양택의 방향을 잡는 지반정침(4층)과 주변 산의 귀천을 가리는 인반중침(6층)의 운용은 아예 무시하거나 모르기 때문이다. 심지어 아예 패철조차 지니지 않은 사람도 있다. 간산을 다니면서 옛 묘를 감결해보면 지반정침으로 좌향을 놓아 자연 흐름의 궤도를 이탈한 묘가 허다하다.

따라서 스스로 경지에 올랐다는 확신이 없으면 함부로 명당을 안다고 말하지 않음이 백골에 악을 쌓지 않는 것이며 자기에게도 선을 쌓는 일이다. 혹세무민하는 지관에게 명당이 모습을 드러낼 리 없고, 그런 지관을 구해 후손과 일신의 복만을 구하고자 하는 사람에게 더군다나 명당이 찾아올 리는 없을 것이다. 또 다시 지관의 말이 이어진다.

착한 효자라면 명당은 저절로 생기고 마음이 나쁜 사람은 명당을 밟고 있어도 도저히 보이지 않습니다.

간혹 이런 말은 풍수의 신비성만을 강조하여 자칫 일부 지관이 책임을 모면하기 위한 술책으로 많이 악용하는 말이다. 만약 묘를 쓰고 발복을 하지 않으면 자식이 불효를 했다거나 혹은 악한 짓을 해서 그렇다며 변명할 근거를 마련해두기 위함인 것이다.

명당은 분명히 있다. 하지만 모든 사람에게 그 모습을 드러내지는 않는다. 왜냐하면 명당은 명당을 알아보는 눈을 가진 사람에게만 보이기 때문이다.

천당과 지옥의 차이는 30센티미터

산은 강을 건너지 못하고 강은 산을 넘지 못한다
— 산줄기와 물줄기

눈을 들어 저 먼 곳을 바라보면 천리일까, 만리일까 망연한 벌판이며 먼 산들의 풍경이 눈 안으로 그림처럼 들어옵니다. 그리고 아래로 바로 내려보면 밭가에 구룡강(九龍江)이 흘러갑니다.

영변의 약산(藥山)에 올라 자연의 아름다움을 읊은 김억(金億) 선생의 글로, 넓은 들판 사이로 마치 큰 뱀이 지나가는 것처럼 물이 굽이굽이 흘러가는 모습을 산수화처럼 그렸다.

7할 이상이 산으로 둘러싸인 한반도에 자리잡은 우리에게 산은 곧 삶의 고향인 동시에 죽음의 안식처이기도 하다. 양지바르고 아늑한 산자락이면 으레 크든 작든 마을이 들어서 있고, 우리는 그 산에 의지하여 삶을 살아왔다. 먼 할아버지 대부터 조상들의 뼈와 살을 묻어왔기에, 산은 우리의 과거, 현재, 미래를 포용한 잉태지(孕胎地)이기도 하다. 아울러 조상의 영혼이 숨쉬는 성스러운 곳이기도 하다. 산에서 흐르는 물을 마시고, 산기슭에 밭을 일구어 곡식을 심었고, 땔나무를 구해다 불을 피우고 살아왔다.

비행기를 타고 내려다보면 거대하게 굽이치는 산맥과 산줄기 사이의 조그만 땅에 오밀조밀 모여 사는 우리의 모습을 볼 수 있다. 그저 산의 커다란 품에 안겨 그 정기를 받아서 살 뿐 절대 자연에 대하여 강자일 수 없는 나약한 존재들이다. 사실상 도시가 발달하기 전에는 산자락에서 태어나 살다 그곳에서 죽으면 다시 산자락에 묻히는 것이 우리 삶의 순환이기도 하였다. 따라서 우리에게 산은 정복할 대상이 아니라 그 품에 안겨서 삶을 영위하는 공간으로 마음속에 자리잡았다.

"북한산과 관악산은 한강을 마주보고 있지만 근본 뿌리는 전혀 다른 산이다."

"무슨 소리야. 두 산 모두 광주산맥에 속한 산으로 금강산에서 시작된 산줄기가 북한강을 건너 북한산에 이르고, 다시 남쪽으로 뻗어 한강을 건너 관악산과 광교산으로 이어졌어."

싸우지 말자. 결론부터 이야기하면 북한산과 관악산은 비록 가까이 마주보고 있지만, 뿌리는 몇 천 리나 떨어져 있는 즉 촌수(寸數)가 매우 먼 산이다. **산과 산으로 이어진 산맥은 강이나 내를 만나면 무조건 멈춘다. 그러므로 강을 사이에 두고 지척에 있는 산일지라도 근원만은 서로 다른 것이 자연의 이치다.**

우리는 어려서부터 산맥의 개념을 잘못 배워왔다. 산맥은 강을 건너거나 강 아래로 이어지지 않는데, 우리는 마치 장백, 마천령, 함경, 낭림, 강남, 적유령, 묘향, 언진, 멸악, 마식령, 태백, 추가령(구조곡), 광주, 차령, 소백, 노령산맥 등에서 보듯 산맥이 제멋대로 강을 건너며 끊임없이 이어지는 것으로 알고 있다.

그것은 위의 산맥들이 산줄기를 따라 붙여진 이름이 아니라 한반

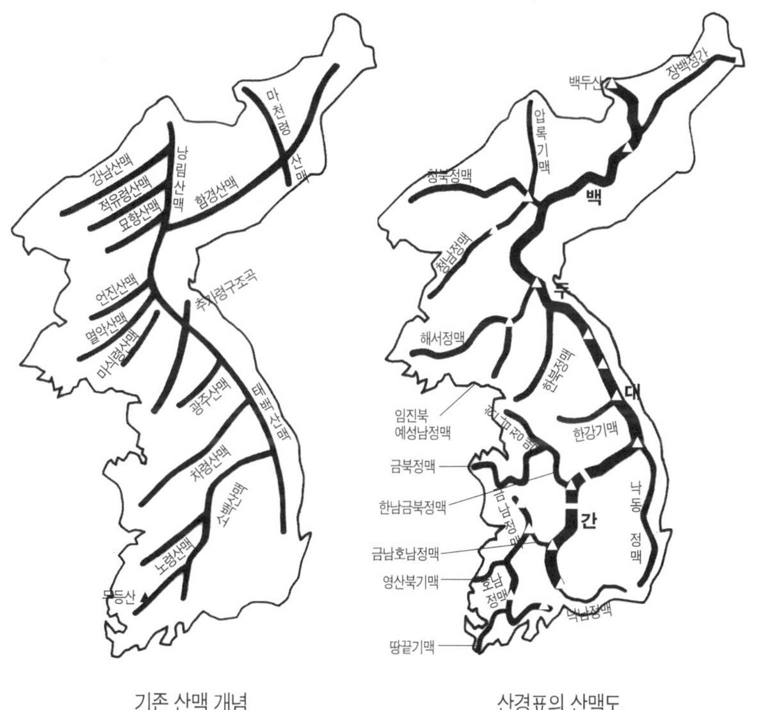

기존 산맥 개념   산경표의 산맥도

도의 지질연구를 위해 강제로 붙여진 이름이기 때문이다. 즉 산줄기 중심의 이름이 아니라 땅 속 지질층을 중심으로 하여 붙여진 이름인 것이다. 예를 들어 광주산맥은 북한강을 지나 북한산으로 솟고, 다시 한강을 건너 관악산과 수원의 광교산으로 솟아났다고 알고 있지만 사실은 한강에 미쳐서 광주산맥은 완전히 끊어지고, 한강을 건너면 전혀 다른 산줄기에서 뻗어나와 솟은 관악산이 있다.

맥(脈)이란 본래 이어진 것을 말하는데, 강을 만나 끊어지니 광주산맥을 산맥이라 부를 수 없다. 따라서 우리가 배워온 산맥은 산을 사랑하는 사람이라면 당연히 잊어야 할 개념들이다.

오늘날 사용되는 산맥의 구분과 명칭은 일본의 지질학자 고도 분지로(小藤文次郎)에 의해서 명명되었다. 그는 19세기 후반부터 감행한 한국의 지질조사를 바탕으로 1903년 「*An Orographic Sketch of Korea*(조선의 산악록)」이라는 논문을 발표하였다.

이 논문을 쓴 취지는 조선을 합방한 후에 금을 비롯한 지하자원을 수탈하고자 하는 일제의 가공할 음모 때문이다. 따라서 땅 위의 산줄기를 따라 이어진 산맥이 아니라 지질구조선, 즉 광맥의 기하학적인 형(形), 이것들의 삼차원적 배치의 층층을 기본선으로 산맥의 이름을 삼았다. 다시 말해 땅 속에 흐르는 광맥을 산맥인 것처럼 표시해놓은 것에 불과하다.

차령산맥은 설악산과 오대산 근처에서 시작되어 남한강을 건너 금강 하류를 끼고 돌아 대천 뒤쪽으로 이어진다고 설명한다. 얼마나 엉터리인가! 다른 산맥들도 마찬가지로 산줄기가 강과 내를 가볍게 건너뛰어 능선과 능선을 자연스럽게 넘나들고 있다. 이는 땅 위로 이어진 산줄기를 산맥의 개념으로 잡지 않고 땅 속에 뻗은 광맥선을 기준으로 삼았기에 어찌할 도리가 없다.

더욱 커다란 문제는 백 년 전 일본인에 의해 발표된 엉터리 학설이 아직까지 우리 머릿속에 남아 있다는 것이다. 그 책임은 누구에게 있으며 어떻게 바로잡을 것인가?

우리는 혹시 김정호(金正浩)가 대동여지도(大東輿地圖)를 제작하기 이전에는 우리나라의 지형을 제대로 그린 지도가 없다고 잘못 알고 있을지도 모른다. 하지만 어디까지나 그것은 착각이다. 조선시대에 제작된 지도만도 수백 점이 남아 전한다.

1558년경에 제작된 조선방역지도(朝鮮方易之圖, 국보 제284호)도 있고, 그 이후에 제작된 조선팔도도류(朝鮮八道圖類) 또는 군현도(郡縣圖)도 많다. 모두 각 지방의 산줄기뿐만 아니라 마을의 이름까지 상세하게 표시해놓았다. 다만 대동여지도는 그때까지 있던

대동여지도

지도들을 참고하여 보다 정확한 산줄기와 물줄기를 표시해놓았다는 점이 다를 뿐이다.

조금 화제가 빗나간 이야기이긴 하지만 김정호에 대한 평가는 현대에 와서 엇갈린다. 일설에는 30년간이나 전국을 돌아다니며 대동여지도를 직접 그리고 판각까지 한 그가 나라의 기밀을 누설했다는 죄목의 누명을 뒤집어쓰고, 각판(刻板)은 불태워지고 옥사까지 했다고 전한다.

하지만 당시의 여러 가지 상황을 고려하고, 김정호의 재정 형편과 교통 사정 등을 미루어볼 때 그가 백두산을 17회나 올라갔다고는 믿기 어렵다. 또한 대동여지도가 지금까지 온전히 전해지고 있는 것으로 보아도 김정호가 기밀을 누설하여 옥사했다는 말은 근거가 없는 것으로 추측된다. 김정호는 언제 죽었는지 기록이 남아 있지 않다는 것이 정설이다. '조선은 김정호 같은 훌륭한 지리학자를 인정치 않고 죽인 나라이니 일본의 식민지가 됨이 마땅하다'는 일제의 조작된 음모에 우리가 깜박 속아왔는지도 모른다.

사실 우리의 옛 지도는 바로 '산줄기 지도'라고 할 만큼 정확하게 산줄기를 따라 이어지고, 강과 바다를 만나면 산맥이 끝남을 확실하게 표시해놓았다. 두만강의 땅끝에서 뻗어 목포의 유달산에서 멈추고, 신의주 앞산에서 시작하여 부산의 금정산까지 연결된 능선을 한줄기로 연결시켜놓았다.

그런가 하면 언뜻 보아 산이라기보다는 낮은 능선에 가까운 곳도 세밀하게 측정하여 뚜렷이 그려놓았다. 이는 비록 해발 100미터도 안 되는 낮은 구릉이라 하더라도 구릉 이쪽과 저쪽이 강의 흐름을 구분짓는 중요한 분수령이기 때문에 뚜렷이 그린 것이다.

이를테면 광교산에서 뻗어내려온 산줄기가 이어진 김포평야의 낮은 구릉까지도 용하게 연결시켜 강화가 마주 보이는 문수산성까지 연결시켜놓았다. 김포평야의 낮은 구릉에 있는 해발 100미터 안팎의 학운산, 수안산, 오봉산 등도 물의 흐름을 한강과 서해(염하)로 갈라놓는 분명한 산맥의 일부분이기 때문이다.

그럼 산줄기는 지도상에서 어떤 의미를 지니는가. 옛 지도는 지형 자체에 무게중심을 실어 비록 미약한 능선일지라도 그 줄기가 어디에서 와서, 어디로 연결되어, 어디까지 이어졌는가를 명쾌하게 일러주었다. 아울러 산줄기에 의해 구별되는 물줄기도 시작은 어디이며 어느 고을을 거쳐 어디로 흘러가는가를 자세히 그려놓았다.

신경준(申景濬, 1712~1781)이 작성한『산경표(山經表)』는 옛 지도에 나타난 산맥을 문헌으로 정리한 책이다. 전국의 산맥을 하나의 대간(大幹), 하나의 정간(正幹), 그리고 13개의 정맥(正脈)으로 규정하고, 여기에서 다시 가지처럼 뻗은 기맥(岐脈)까지 족보책을 엮듯이 상세하게 기록하였다. 산맥의 이름과 순서는 ① 백두대간(白頭大幹) ② 장백정간(長白正幹) ③ 낙남정맥(落南正脈) ④ 청북정맥(淸北正脈) ⑤ 청남정맥(淸南正脈) ⑥ 해서정맥(海西正脈) ⑦ 임진북예성남정맥(臨津北禮成南正脈) ⑧ 한북정맥(漢北正脈) ⑨ 낙동정맥(洛東正脈) ⑩ 한남금북정맥(漢南錦北正脈) ⑪ 한남정맥(韓南正脈) ⑫ 금북정맥(錦北正脈) ⑬ 금남호남정맥(錦南湖南正脈) ⑭ 금남정맥(錦南正脈) ⑮ 호남정맥(湖南正脈)이다.

산경표를 살펴보면, 백두대간은 백두산에서 지리산까지 뻗어내린 한반도의 중심 뼈대를 이루며 모든 물줄기를 크게 동서로 양분하는 산맥이다.

정맥은 대간에서 가지쳐 나온 산줄기로 큰 강의 유역 능선, 즉 큰 강이 발원하는 곳이다. 따라서 정맥은 산줄기의 높이, 규모 등에 관계없이 아무리 낮고 미약한 산줄기라도 그 끝까지 표현하여 놓았다. 앞에서도 예를 들었듯이 김포평야의 낮은 구릉 역시 바로 한강 유역을 가름하는 한남정맥의 줄기이므로 다른 산줄기에 우선하여 뚜렷이 표시해놓은 것이다. 정맥에 따라 형성된 강으론 압록강, 두만강, 청천강, 대동강, 예성강, 임진강, 한강, 금강, 섬진강, 낙동강 등이 있고, 정맥에서 다시 가지를 친 기맥은 내〔川〕를 이루는 능선이다.

산맥의 이름을 강 이름과 연관하여 부여한 것은 산을 곧 물줄기의 근원으로 인식한 탓이다. 즉 서울을 이야기할 때도 '강북이니 강남이니' 하듯이 자연을 인식하는 우리의 오랜 상식에 기초를 둔 것이다. 우리의 옛 지도를 조금만 관심을 가지고 살펴본다면 현대의 지도와 견주어도 손색이 없을 정도로 정확하다는 것을 발견할 수 있다.

산과 물은 음과 양의 관계로 서로 조화롭게 어울려야 전체가 균형을 이룰 수 있다. 산의 우뚝함은 물의 깊숙함과 대조되어야 더욱 뚜렷해지고, 산의 고요함과 물의 흘러감이 어우러져야 그 속에 사는 사람들의 삶도 풍요로워진다.

따라서 큰 산줄기인 정맥은 큰 강과 내〔川〕 그리고 깊은 골짜기가 생기는 물의 발원지로 대체로 특정한 산에서 시작해 강 하구의 해안선에서 끝나고, 작은 산줄기인 기맥은 도시와 마을을 형성하며 강과 내 앞에서 멈춰 선다. 절대로 산줄기는 강이나 내를 건너뛰는 법이 없고, 물줄기 역시 산을 넘지 못한다.

풍수는 물을 만나는 것이 바람을 가두는 것보다 더욱 중요하다고 주장한다. 옛 지도에서 확인한 바와 같이 산줄기는 물을 만나면 반드시 멈추어 선다. 즉 용맥을 타고 흐르던 생기가 물을 만나 더 이상 진전하지 못한 채 응결되어 혈이 맺히기 때문이다.

따라서 생기가 모인 혈은 높은 산 능선에 있지 않고 용맥이 물을 만나 끝나는 낮은 구릉에 있으니, 명당을 얻고 싶다면 높은 산이 아닌 마을 뒷동산에 올라 찾아야 한다.

(참고: 이우형, 「'우리 땅 그 산'들은 우리의 역사와 문화창조의 모태」, 『땅 이야기』, 한국토지공사, 1996.)

산은 우향우, 물은 좌향좌
— 자연의 순환 원리

청산은 나를 보고 / 티없이 살라 하고
창공은 나를 보고 / 말없이 살라 하네
사랑도 접어놓고 / 미움도 벗어두고
물같이 바람같이 / 살다가 가라 하네

산은 무엇보다 일상의 번잡함을 벗어나 마음을 집중하기 좋은 곳이다. 맑은 바람과 푸른 숲에 둘러싸여 있으면 정신까지 맑아진다. 그래서 『택리지』는 다음과 같이 말하고 있다.

땅이 기름진 곳을 가려 살면서 십리 거리나 혹은 반나절 길 되는 안쪽에 산수 좋은 곳을 매입해두고 마음 내키는 대로 가서 시름을 풀고 돌아오는 것이 좋다.

산에 오르는 길은 대개가 계곡을 따라 시작된다. 계곡을 따라가는 길은 가파르지 않아 쉽게 오를 수 있고, 물이 있어 목을 축일 수 있다. 또 양쪽으로 뻗어내린 산자락이 매서운 바람까지 막아주니 제격이다. 그러나 일단 계곡 길이 끝나면 저 멀리서 정상이 손짓한다. 그때부터 산길은 뙤약볕 아래 능선을 따라 정상으로 이어진다. 땀방울이 이마에 송송 맺히고 숨이 턱에 찰 때쯤이면 오를 곳이 없다. 한 번 숨을 크게 들이쉰 후 힘차게 외쳐보자.

야~호~호.

이광수는 금강산의 비로봉에 올라 '위대는 평범하다'라는 유명한 말을 남겼다. 동해에서 바라본 비로봉은 바늘 끝처럼 뾰족한 모양을 하여 뭇 배들의 등대 노릇을 한다. 그렇지만 막상 정상에 올라서면 그곳은 풀이 듬성듬성 난 평편한 흙더미에 불과하다. 히말라야 산맥 서단의 고봉인 낭가파르바트산(8126m)을 처음 등반한 오스트리아 사람 헤르만 불은, "더 이상 전진하지 않아도 된다는 사실이 기쁠 뿐이며 아직도 멀었나 하고 뒤를 돌아보지 않는다는 사실이 마음놓일 뿐이다"라고 정상에서 느낀 감상을 표현했다.

풍수에 관심 있는 사람이라면 산 아래를 한번 내려다보자. 정상에서 내려뻗은 산줄기가 천지 사방으로 변화무쌍하게 흘러가는 모습이 보일 것이다. 산 정상 자체는 비록 평범하지만, 그 정상에서 내려뻗어간 산자락들은 비범하기 그지없다. 그러니까 평범한 것이 위대한 것이다.

산은 자연에 안겨 사는 모든 생명체에 에너지를 공급하는 근원이며 땅 속을 흐르는 지기(地氣)가 뭉쳐 강력한 에너지를 생성하는 곳이다. 산줄기란 이러한 산의 지기가 천태만상으로 변화하면서 힘차게 뻗어가는 통로이다. 그런데 산줄기를 조금만 관심 있게 바라보면 정상에서 곧게 내려뻗지 않고, 꾸불꾸불 제멋대로 휘어져 있음을 알게 된다. 마치 실을 두 손으로 힘껏 잡아당겼다가 놓았을 경우 약간씩 비틀리고 휜 것과 같은 모습이다.

산 능선이 직선으로 뻗지 않고 이리저리 휘어진 까닭은 무엇일까? 세상의 어떤 책도 그 이유를 명확하게 알려주지 못한다. 하지만 음양오행론에 바탕을 두고 자연의 이치를 설명하는 이기론의 풍수만큼은 너무도 쉽게 그 사실을 일깨워준다.

먼저 『지리오결(地理五訣)』은 그 이유를 다음과 같이 설명하고 있다.

> 지리의 도는 음양의 이치를 벗어나지 않는다. 물과 바람은 움직이니 양(陽)이며, 좌측에서 나와 우측으로 빠지면 좌선수(左旋水)라 한다. 우측에서 나와 좌측으로 빠지면 우선수(右旋水)이다. 용(산줄기)은 움직임이 없으니 음(陰)이고, 우측에서 좌측으로 휘어지면 우선룡(右旋龍)이다. 좌측에서 우측으로 휘어지면 좌선룡(左旋龍)이다. 그런데 좌선룡은 우선수와 짝이 되고, 우선룡은 좌선수와 배필이 됨이 마땅하다.

산과 물 또는 바람은 - 풍수는 물과 바람을 양의 개념으로 동일시한다 - 조화를 이루어 균형을 유지한다. 만약 균형이 이루어지지 않으면 완전한 조화를 위해 끊임없이 변화를 시도한다. 여기서 변화를 주관하는 주체는 물과 바람이고, 변화를 당하는 쪽은 움직임이 없는 산(용)이다. 계곡은 우기(雨期)에는 물이 흐르고, 건기(乾期)에는 마른 물(건수)이라 하여 바람이 지나갈 것이다. 이처럼 양의 기운은 계속해서 음인 산을 변화시키는데 이를 기계적 풍화작용이라 한다. 산이 일직선으로 뻗어내려오지 못하고, 이리저리 비틀어지고 휘어진 이유는 바로 물과 바람의 탓이다.

산 능선을 따라 아래로 내려오다가 능선이 좌측에서 우측으로 꼬

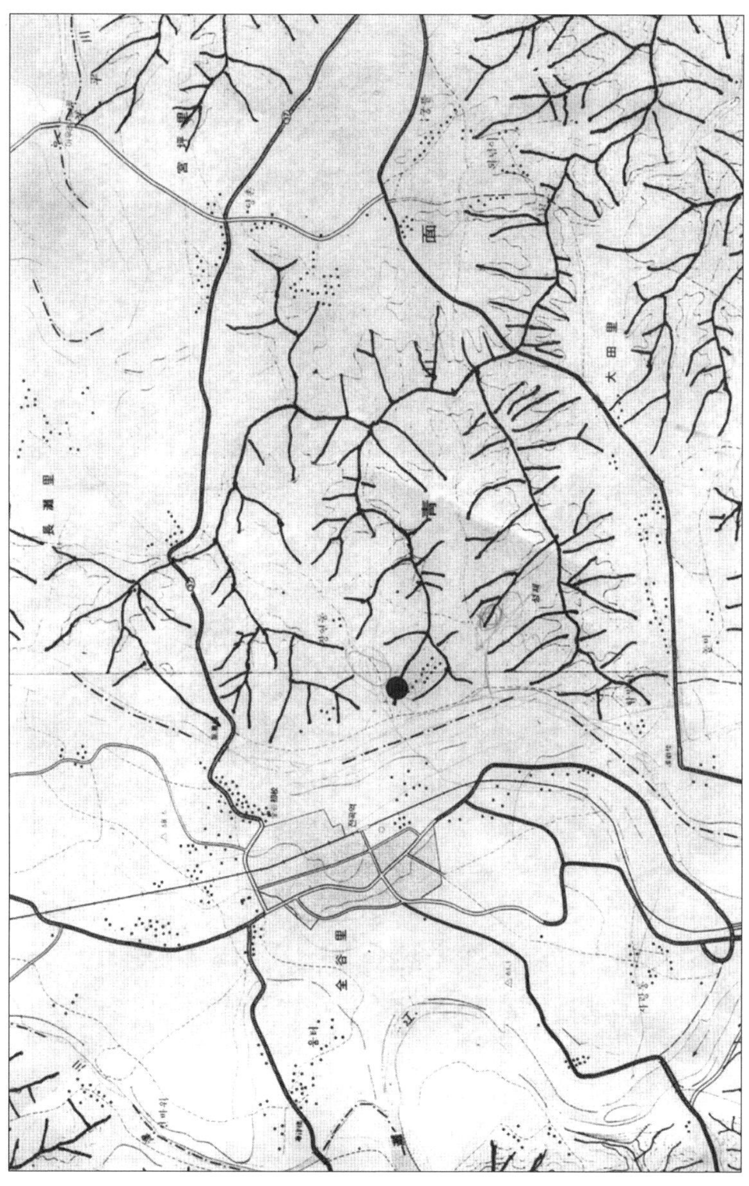

좌선룡에 우선수 / 외당이 우선수이면 내당도 우선수이어야 자연에 합당하고 그때 산은 좌선룡이다.

부라진 곳이 있다면 능선 좌우의 계곡을 유심히 살펴보라. 분명히 오른쪽의 계곡이 왼쪽보다 넓을 것이다. 또 능선이 우측에서 좌측으로 휘어진 곳이 있다면 왼쪽 계곡이 넓을 것이다. 즉 산은 물과 바람의 영향을 많이 받은 쪽으로 휘어진다. 그러므로 풍수에서는 우측에서 불어오는 매서운 바람인 우선수와 그로 인해서 우측으로 산 능선이 휘어진 좌선룡은 서로 짝이 되고, 반대로 좌측에서 불어오는 매서운 바람인 좌선수와 좌측으로 산 능선이 휘어진 우선룡이 서로 짝이 된다고 말한다.

따라서 산자락 끝이 우측으로 휘어졌나, 좌측으로 휘어졌나를 알려면 산자락 끝의 양쪽 공간 즉 계곡을 보면 알 수 있다. **왼쪽의 공간이 크면 산은 왼쪽으로 휘고, 오른쪽의 공간이 크면 산은 오른쪽으로 휜다고 보면 된다.** 양이 큰 쪽으로 음은 휘어져 배합하려는 속성을 지녔기 때문으로 백 번을 실험해도 변함없는 자연의 이치이다.

"명당을 찾기 위해 가장 먼저 알아두어야 할 것이 무엇입니까?"

"자연의 이치를 깨닫는 것이 우선입니다."

"자연의 이치라면 지질, 기후, 지각의 변동 같은 겁니까?"

"아닙니다. 그보다 더 근본적인 것을 뜻합니다."

명당을 찾기 위해 무턱대고 산부터 오른다면 이는 낙타를 보기 위해 무작정 낙타의 다리로 올라타는 개미와 다를 바가 없다. 무턱대고 낙타의 등을 등산한 개미는 분명히 낙타는 '산'이라고 말할 것이다. 그의 진짜 모습을 보려면 낙타에서 멀리 떨어져야 한다. 마찬가지로 산에 숨겨진 명당을 찾으려면 먼저 산에서 떨어져 보아야 한다.

멀리서 산을 바라보면 산자락(내룡)이 마치 새가 날개를 펴고 있거나 혹은 병풍이 펼쳐진 듯한 형세로 겹겹이 장막(帳幕)을 치고 흘러내린 것을 알 수 있다. 풍수는 이를 개장(開帳)이라 한다. 멀리 큰 산줄기로부터 뻗어와 들판이나 물가에서 멈춘 내룡은 한 자락이 아니라 겹겹으로 흘러내렸고, 산자락과 산자락 사이에는 크든 작든 계곡이 있다. 여기에 명당을 찾는 비결이 있다.

산자락의 한 지점에 서서 산 아래를 바라보자. 먼저 산 아래의 커다란 자연의 흐름을 살핀다. 풍수는 외당(外堂)을 살핀다고 하는데, 외당은 혈 바깥의 자연을 말한다. 외당의 물이나 바람이 왼쪽에서 오른쪽으로 흘러가면 좌선수, 오른쪽에서 왼쪽으로 흘러가면 우선수이다.

그런 다음 기준으로 삼은 산자락을 살피는데(내당), 외당이 좌선수라면 내당도 좌선수여야 한다. 즉 왼쪽의 계곡이 오른쪽의 계곡보다 크고 넓어야 한다. 또 외당이 우선수라면 내당도 당연히 오른쪽 계곡이 왼쪽의 계곡보다 크고 넓은 우선수가 된다. 그래야 외당과 내당의 자연 순환이 일치하여 그 산자락엔 물이 차지 않고, 바람도 들이치지 않는다.

만약 외당이 좌선수인데 내당은 우선수라면(외당이 우선수인데 내당은 좌선수인 경우도 마찬가지임) 내당으로부터 흘러간 양기(陽氣 : 물과 바람)가 외당의 양기를 받아치는 형세가 된다. 즉 작은 양기가 큰 양기에 부딪혀 다시 내당으로 밀려들어와 산자락에 물과 바람이 가득 들어차게 된다. 풍수는 이를 자연 황천(自然黃泉)에 걸렸다고 한다. 자연 황천이 걸린 땅에서 명당을 구하려는 것은 나무에 올라 고기를 잡고자 하는 것과 같다.

이 원리를 좀더 쉽게 설명하면 분무기의 원리이다. 대롱을 통해 바람을 세차게 불어넣으면 빨대를 타고 병에 든 물이 빨려올라와 분사된다. 이는 외당과 내당이 같은 자연 조건이면 외당의 양기에 의해 내당의 물과 바람이 빨려 나가는 이치와 같다. 자연 황천에 걸린 경우는 큰 하수도관에 역행하여 작은 하수관을 설치하는 경우와 흡사하다. 물이 큰 수도관을 지날 때에 작은 수도관의 방향이 마주 보고 있으면 큰물은 작은 관으로 치고 들어간다. 그러면 작은 수도관에 있는 물은 빠져 나가지 못하고 역류한다. 물이 빠져 나가야 할 하수관에서 오히려 물이 솟아오르는 이치와 같다.

이 자연의 순환 원리를 도식으로 설명하면 다음과 같다.

〔외당〕　〔내당〕　　　〔내룡〕

좌선수 = 좌선수 = 우선룡〔자연순행〕

우선수 = 우선수 = 좌선룡〔자연순행〕

좌선수 = 우선수 = 좌선룡〔자연황천〕

우선수 = 좌선수 = 우선룡〔자연황천〕

따라서 명당을 구하기 위해 최초로 해야 할 일은 외당과 내당의 자연 순환이 상호 일치하는 내룡을 찾는 일이다.

풍수를 공부한 사람 중에서도 자칫 이런 기본은 무시하고 용맥의 흐름과 좌우의 산세만 보고 혈을 잡아 물이 차거나 바람이 들이치는 곳을 명당이라 주장하는 경우가 더러 있다. 자연은 30센티미터만 떨어져도 흙 색깔이 확연히 다를 정도로 환경이 다르다. 따라서 묘터나 집터를 잡을 때는 꼭 자연이 순행하는 곳을 택해야 한다.

자연이 올바로 순환하지 못한 곳으로 일부의 절터를 꼽을 수 있다. 사찰은 대개가 유명한 스님들이 잡은 터라 일반인은 명당이라 생각하기 쉬운 곳이다. 즉 약수 같은 물이 풍부하고 대웅전은 남향으로 자리잡아 햇빛이 잘 드는 구조이니 뭔가 포근하다는 느낌을 받을 수 있다. 사방을 둘러보면 앞을 보아도, 뒤를 보아도, 좌우에도 산으로 둘러싸여 있다. 이런 터를 풍수는 천심십도(天心十道)의 명당으로 간주하며 주위에 있는 네 개의 산을 선으로 그었을 때 그

십자의 중앙에 혈이 있다고 본다. 그렇지만 이런 선입견을 배제하고 자연의 순환 원리를 꼼꼼히 살펴보면 양기를 적당히 받아야 하는 사람으로서 살기에 적당치 못한 곳일 수도 있다.

우선 사방이 산으로 막혀 있으니 마치 함지박 속에 들어간 느낌을 받아 답답하다. 높은 산으로 인해 해가 늦게 뜨고 일찍 지니 일조량이 적고, 통풍도 잘 안된다. 또 절의 좌우에서 물이 끊임없이 흘러들어와 습기 또한 많다. 습기는 많은데, 일조량이 적고 통풍도 안되면 자연히 호흡기 계통에 이상이 생긴다.

풍수는 물을 재물로 보아 물이 빠져 나가는 모습이 혈에서 보이지 않아야 좋다고 한다. 그런데 절은 좌우에서 흘러온 물이 절 앞쪽에서 합쳐져 산 아래로 곧게 흘러가니 재물과는 인연이 멀어 보인다.

어떤 풍수가는 예로부터 우리나라 국토 중에서 병이 들거나 기가 약한 곳에 절과 탑을 세워 국토를 치료했다고 주장한다. 즉 비보사탑설(裨補寺塔說)이다. 사람도 병이 들면 침뜸을 놓듯 국토도 병이 들거나 기가 허한 곳에 절과 탑을 세웠다는 설이다.

어쨌든 사방이 모두 가로막힌 절터는 산 사람을 위해서나 혹은 후손을 위해서도 다시 생각해야 할 터이다.

미인은 벌의 허리와 학의 무릎을 가졌다

─ 과협 / 박환

미인이 많이 나는 고장을 가리켜 색향(色鄕)이라 부른다. 한국의 3대 색향은 경상도의 진주(晉州)와 평양(平壤) 그리고 평안도의 강계(江界)를 꼽는다. 모두 물 맑고 산수가 수려한 곳으로 진주에는 남강, 평양에는 대동강, 강계에는 독로강이 맑고 깊게 흐른다. 왜 미인에 지방색이 있는가? 미인은 만들어지는 것이 아니라 태어나기 때문이다.

물이 맑아 피부가 고와야 하고, 산이 깊어 겸손함과 고운 마음씨를 가져야 한다. 얼굴이 예뻐도 이 두 조건이 모자라면 미인이 될 수 없다. 미인의 자태를 가리켜 설부화용(雪膚花容)이라 한다. 이는 눈같이 흰 피부와 벌을 닮은 잘록한 허리, 삼흑·삼홍·삼백(三黑紅白)을 가져야 한다는 뜻이다. 삼흑이란 머리카락·눈썹·눈동자가 검어야 하고, 삼홍이란 입술·볼·손바닥이 붉어야 하고, 삼백이란 이·눈자위·손톱이 희어야 한다는 것이다. 모두 태어난 바탕을 문제로 삼지, 꾸밈을 이야기하지 않는다.

산에도 미인이 있다. 좋은 생기가 모인 명당을 – 풍수는 이를 진혈(眞穴)이라 한다 – 간직한 산이 바로 미인이다. **진혈을 이루려면 반드시 산과 산을 이어주는 잘록한 산줄기가 있어야 하고, 그것의 개수가 많을수록 생기가 왕성한 것이다. 풍수는 이를 과협(過峽), 속기(束氣), 결인(結咽)이라 부른다.**

과협을 쉽게 이해하려면 남태령 고개나 추풍령 고개 등을 연상하던가 아니면 모래시계에서 모래가 떨어지는 작은 구멍을 생각하면 된다. 남태령 고개는 관악산과 우면산을 이어주는 산줄기로 양쪽으로 골짜기가 깊게 치고 들어와 사람과 자동차가 쉽게 넘어 다닐 수 있다. 즉 과협은 보통 '고개'를 말하며, 그 모양은 벌의 허리처럼 잘록하거나 학의 무릎처럼 동그랗고 볼록한 것이 좋다고 한다〔봉요학슬(蜂腰鶴膝)〕.

옛 말에 용맥에 생기가 있고 없음을 알려면 과협을 보라고 하였다. 과협이 벌의 허리와 학의 무릎같이 짤막하면 생기가 솟구친 것으로 보았다. 과일을 보면 아무리 큰 과일이라도 꼭지는 가늘고 짧은 것처럼 큰산에 좋은 생기가 흐르려면 과협은 가늘고 짤막함을 필요로 하니 과협은 과일의 꼭지와도 같은 것이다.

과협의 기능을 좀더 상세하게 알려면, 악기를 불어보면 된다. 공기를 들이마신 뒤에 입을 크게 벌리면 공기가 흩어져 좋은 소리를 낼 수 없다. 하지만 입을 작게 오므려 불면 기운이 모여 훌륭한 소리가 난다. 즉 웅장한 산에서 흘러온 용맥이 다시 다음 산으로 솟구치려면 반드시 생기를 작게 모았다가 힘차게 내뿜는 장소가 필요하다. 그런 역할을 하는 곳이 바로 과협이다.

땅의 좋고 나쁨을 알려면 먼저 과협부터 살펴야 한다. 용이 훌륭하면 당연히 좋은 과협이 있고, 과협이 아름다우면 진혈도 있게 마련이다. 진기한 진혈을 맺기 위해서는 과협이 많을수록 좋다. 그러므로 과협이 끊어지면 죽은 용맥이 되어 진혈도 맺지 못한다.

좋은 용맥이란 다음과 같다. 태조산을 떠난 용맥(산줄기)은 여러 가닥으로 나뉘어서 뻗어 나간다. 귀룡(貴龍)은 산의 중심에서 맥이 거듭거듭 장막을 치며 뻗어 나간 것이고, 부룡(富龍)은 곁가지와 줄기가 많은 것을 일컫는다. 또 천룡(賤龍)은 장막도 없이 웅장하기만 한 것이고, 빈룡(貧龍)은 감싸안음이 없는 용맥을 말한다.

후손이 귀하게 되려면 용맥이 귀룡이어야 하고, 부룡이면 부자가 된다. 반대로 천룡이면 후손이 천한 사람이 되고, 빈룡이면 가난하다. 따라서 진혈은 귀룡이나 부룡에만 맺히고, 천룡과 빈룡에는 맺히지 않는다. 이처럼 좋은 과협이 형성되려면 훌륭한 용맥이 있어야 한다.

또한 좋은 과협뿐만 아니라 용맥이 훌륭하게 형성되려면 생기가 흐르는 흙이 풍부해야 한다. 흙이 풍부해지려면 박환(剝換)이 일어나야 한다. 풍수에서 박환이란 암석이 기계적 풍화와 화학적 풍화를 거듭하며 흙으로 변하는 것을 가리킨다.

박환에도 묘한 자연의 이치가 있다. 즉 딱딱한 것이 연해지고, 거친 것이 가늘어지고, 흉한 것이 길한 것으로 변화되는 순리이다. 이를 두고 당나라의 양균송(楊筠松)은 다음과 같이 말하였다.

큰 것이 작은 것을 낳고, 굵은 것이 가는 것으로 변하니 즉 바뀐다는 것은 좋은 의상으로 바꾸어 입는 것이며, 누에와 매미가 껍질을 벗는 것과 같다.

또 복응천(卜應天)도 덧붙였다.

대개 용은 박환되어야 귀하니 가령 금성이 변하여 수성이 되고, 수성이 변하여 목성이 되면 상생(相生)의 관계라 모두 부귀한 땅이요, 만약

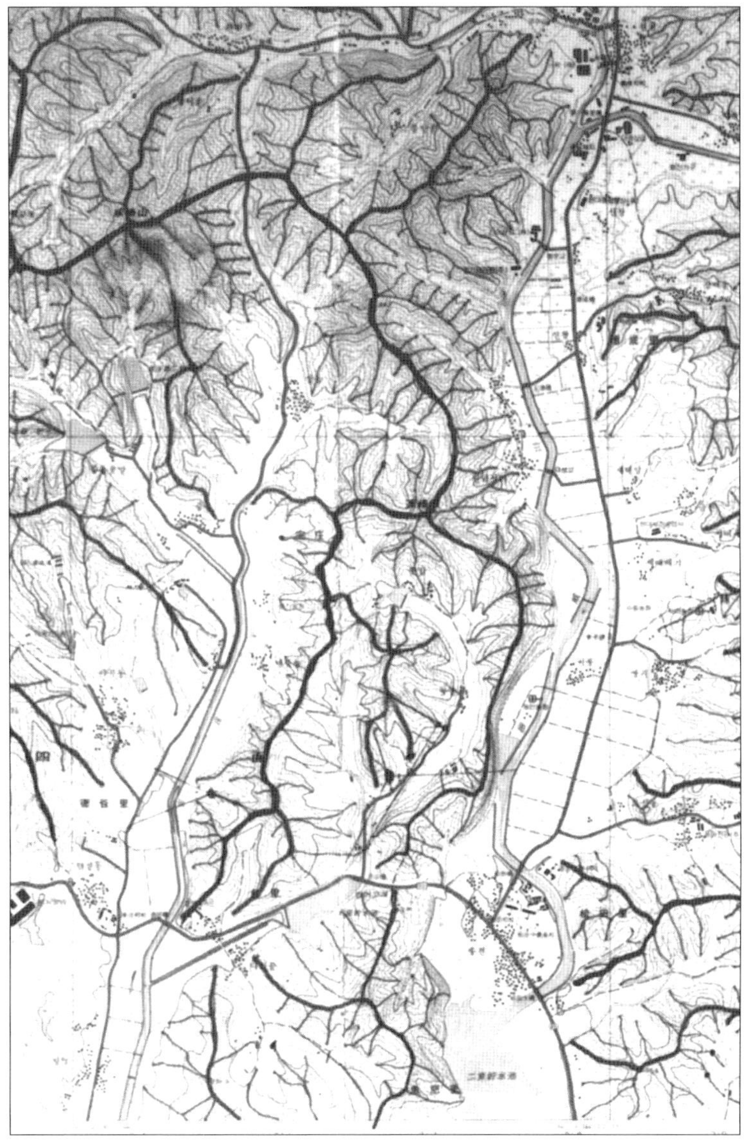

화곡의 산도 / 부아산에서 뻗어나온 용맥이 몇 개의 과협을 이루며 함봉산으로 솟구치더니, 다시 잘록한 과협을 만들면서 달봉산으로 솟구쳤다.

상극(相剋)으로 박환이 되면 불길하다.

용맥은 박환을 이루며 '갈 지(之)'와 '검을 현(玄)' 자 모양으로 달려나가며 과협을 형성한다.

과협은 생기가 집약된 곳이니, 바람이 닿는 것을 매우 꺼린다. 좌우에 바람을 막아 주는 산봉우리가 있으면 금상첨화다. 풍수는 과협이 바르게 뻗으면 진혈이 바르게 맺히고, 왼쪽으로 뻗으면 혈도 왼쪽에, 오른쪽으로 뻗으면 혈도 오른쪽에 맺힌다고 한다. 또 진혈의 흙 색깔과 과협처의 흙 색깔이 동일하다고 한다.

한국의 산중에서 과협이 가장 잘 형성된 곳을 꼽으라면 용인시 남사면 창리 화곡마을 뒷산을 손꼽는다. 그곳엔 배씨(裵氏)의 선영이 있다. 용인의 남서쪽에 위치한 부아산에서 뻗어나온 용맥이 몇 개의 과협을 이루며 함봉산으로 솟구치더니, 다시 잘록한 과협을 만들면서 달봉산으로 솟구쳤다. 그리곤 마침내 완장리에서 생기가 빠져나와 마치 참외가 열린 것 같이 화곡(꽃골) 마을 뒷산을 빚었다. 풍수학인이라면 시간을 내어 꼭 찾아볼 곳이다.

천당과 지옥의 차이는 30센티미터
— 정혈

순진한 시골 처녀 모양의 산나물이 콩나물이며 두부·시금치들 틈에서 수줍은 듯이 그러나 싱싱하게 쌓여 있는 것이었다. 얼른 엄방지고 먹음직스러운 접중화가 눈에 들어온다. 그 밖에 여러 가지 산나물도 낯이 익다. 고향 사람을 만날 때처럼 반갑다. 원추리며 접중화는 산소의 언저리에 많이 나는 법이겠다. 봄이 되면 할미꽃이 제일 먼저 피는데, 이것도 또한 웬일인지 무덤들 옆에서 많이 핀다.

장거리에서 보자기에 쌓인 산나물을 본 노천명 시인의 아름다운 단상(斷想)이다.

풍수의 목적은 진혈에 시신을 모신 뒤에 그 생기의 발복을 기대하는 것이다. 혈을 정한다는 뜻은 음택의 경우 생기가 모인 땅에 시신을 묻는 것이고, 양택의 경우는 사람이 살기에 적당한 곳을 정하는 것이다.

풍수에 여러 격언이 전한다. 그 중에서 대표적인 것이 '용은 삼 년에 걸쳐서 찾고 점혈은 십 년이 걸린다(三年尋龍十年點穴)'이다. 이 말은 생기가 흐르는 용맥은 찾기 쉬우나 정작 생기가 모여 있는 혈은 알아보기 어렵다는 뜻이다. 만 권의 풍수지리서를 읽고서도 진혈을 찾지 못한다면 십 년 공부가 모두 허사가 아니겠는가?

풍수에서 혈을 정하는 어려움을 곧잘 사람의 몸에 침을 놓는 것에 비유한다. 사람의 몸에는 거미줄처럼 엉켜진 경락(經絡)이 머리에서 발끝까지 뻗어 있다. 경락은 기(氣)가 전신을 순행하는 경로로 풍수에서는 생기가 흘러가는 용맥이 이에 해당된다. 산줄기는 뼈이고, 흙은 살이고, 물은 피요, 초목은 털이라고 산과 사람을 비유하여 흔히 말한다.

경락은 다시 경맥(經脈)과 낙맥(絡脈)으로 나뉘어지는데 경맥은 기혈(氣血)이 흘러 다니는 주요 통로이고, 낙맥은 경맥을 상호 연결시키는 가는 통로이다. 풍수에서는 간룡(幹龍)과 지룡(枝龍)의 관계와 흡사하다. 간룡은 주산에서 혈을 향해 내려오는 굵은 산줄기이니 경맥에 해당되고, 지룡은 간룡의 곁가지들로 작은 용맥을 의미하니 낙맥에 견준다.

명의(名醫)가 침을 놓을 경우 먼저 환자의 오장육부에 일어난 병의 원인을 파악한 후 그 병을 치유할 수 있는 정확한 혈을 잡아 침을 꽂는다. 풍수도 마찬가지로 시신을 안장시킬 혈을 정확하게 정해야 한다〔정혈(定穴)〕.

만약 잘못된 경혈에 침을 꽂는다면 기가 오히려 막히거나 병을 더 악화시키는 결과를 초래하는 것과 같이 아무리 좋은 내룡이라도 진혈을 제대로 정하지 못한다면 시신은 생기를 올바로 받지 못한다. 그래서 풍수는 혈을 정하는 것을 무엇보다 중요하게 여기는 것이다.

양균송은 다음과 같이 정혈의 중요성을 강조하였다. 양균송은 호(號)가 '가난을 구제했다'라는 구빈(救貧)으로 풍수가 중에서 가장 추앙받는 사람이다. 패철을 이용하는 이기론을 완성하고, 정확한 진혈과 좌향을 잡아 수많은 사람을 가난에서 구하였다. '아침에 가난하던 사람이 묘를 쓰고는 저녁때 부자가 되었다'는 조빈모부(朝貧暮富)의 고사를 낳은 장본인이기도 하다.

용을 살피기는 쉬우나 점혈하기는 어려우니 손가락 하나만큼만 틀려도 온갖 산이 막힌 것과 같다.

천리를 뻗어온 용맥일지라도 겨우 시신 한 구가 묻힐 정도의 한정된 작은 공간에만 생기가 모이는 까닭은 무엇일까? 볼록렌즈로 빛을 모으는 경우를 생각해보자. 태양 광선을 이용해 열을 얻으려면 렌즈를 태양과 직각으로 유지해야 된다. 또 렌즈의 크기와 두께를 고려하여 적정한 거리를 유지해야 초점이 맞춰진다. 초점 중에서도 가장 협소한 범위의 광학상 초점만이 연기가 나며 불이 피어오른다.

마찬가지로 천리를 달려온 용일지라도 내룡의 곳곳에 혈을 맺히지는 않는다. 내룡이 아무리 훌륭하다 해도 생기가 집중된 진혈은 하나밖에 없다. 이것은 아무리 렌즈가 커도 초점은 하나밖에 맺히지 않는 것과 동일하다. 그러므로 풍수의 목적은 천리를 타고 흘러온 생기가 응집된 바로 그 한 지점을 찾는 것이라 해도 과언이 아니다. 렌즈의 크기와 두께를 보고 초점이 맺힐 거리를 어림 잡듯이, 정혈을 할 때는 용맥의 길이를 관찰하여 어디쯤에 생기가 뭉쳐 있는가를 추정한다(정혈의 방법은 다음 장에서 자세하게 다룰 것이다).

삶에 지칠 때면 가장 먼저 떠오르는 곳이 태어나 자란 고향이고,

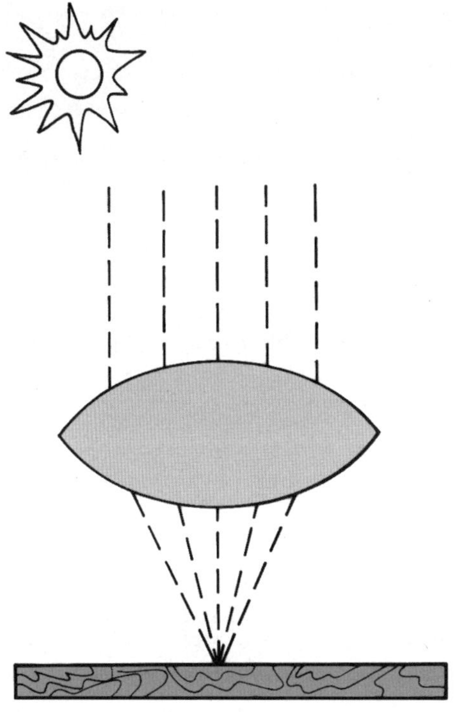

렌즈의 초점 /렌즈의 크기와 두께를 고려하여 적정한 거리를 유지
해야 초점이 맞춰지듯, 천리를 뻗어온 내룡에도 진혈은 하나이고
생기가 응집된 정확한 지점에 시신을 안장해야 한다.

그 고향 산자락에 부모를 모신 선영이다. 선영으로 오르는 길은 굴
참나무 · 개암나무 · 떡갈나무 · 아카시아 나무가 뒤엉켜 오르기 힘
들다.

숨이 턱에 찰 즈음이면 잔디가 산 위쪽까지 곱게 펼쳐진 선영이
나온다. 마치 윗대조 할아버지의 훈시를 듣는 것처럼 나란히 줄을
맞추어 조상들이 모셔져 있다.

하지만 풍수지리에 밝았던 선조들은 이런 형태로 묘를 쓰지 않았
다. 일산일혈(一山一穴)의 원리에 따라 하나의 산자락에 한 기의

묘만 모셨다. 지금처럼 하나의 산자락에 여러 조상을 모시는 족장(族葬)은 조선시대에 들어서 생긴 풍습이다.

얼마 전에 풍수에 관심이 많은 어떤 분과 얘기를 나눈 적이 있다.

"모친의 묘가 안동에 있는데 옮겼으면 좋겠어요."

"왜 옮기려 하십니까?"

"유언을 남기셨거든요. 선영이 있는 안동보다는 자식들 가까이 있는 서울 근교에 묻어달라고요."

"그럼, 선친은 어떻게 하고요?"

"아버님과 어머님의 묘는 약 40리 떨어져 있어요."

"예?"

"사람의 정으로 보면 마땅히 두 분을 합장하거나 쌍분을 했어야 옳아요. 하지만 아버님이 반대하시더군요. 유골이 생기를 받으려면 진혈에 묻혀야 하는데 하나의 산줄기에는 하나의 혈밖에 없으니 어쩔 수 없다는 거예요. 저승에서 부부가 화락(和樂)하기보다는 비록 떨어지지만 후손이 잘될 수만 있다면 그것이 조상된 도리라는 말씀이었지요."

"예에, 중국에서는 부모를 백 리나 떨어지게 모시는 경우도 흔하다고 합니다."

문제는 또 있다. 혈을 정확히 잡았어도 침을 꽂아야 할 깊이를 모르면 안되는 것처럼 풍수도 마찬가지다. 진혈일지라도 어느 정도 깊이로 시신을 매장해야 되는지 알아야 한다. 풍수는 이를 천광(穿壙)이라 한다.

일반적으로 높은 산에서는 깊어야 하고 평지는 얕아야 하는데, 대략 150센티미터에서 180센티미터(5자~6자) 사이가 정석이다. **요컨대 생기를 품은 흙(생토(生土))의 두께를 재 관을 충분히 싸고도, 아래쪽에 생토가 어느 정도 남은 것이 좋다. 즉 생토의 가운데에 시신을 안장해야 좋다는 뜻**

권근 · 권제 · 권람의 묘 / 충북 음성에 있으며, 삼 대가 나란히 모셔져 족장의 형태를 취하고 있다.

으로, 속담에 '혈을 팔 때〔개혈(開穴)〕는 지나치게 얕게 해서도 깊게 해서도 안된다' 라는 말이 있을 정도다.

『장경』도 다음과 같이 경고한다.

혈은 반드시 적당히 파야 한다. 얕게 팔 곳을 깊게 파면 진기(眞氣)가 위로 지나가고, 깊이 팔 곳을 얕게 파면 진기가 아래로 지나간다. 털 끝만큼이라도 오차가 있으면 화복에는 천양지차가 있다. 그러므로 혈의 상하를 정하되 한 자만 높아도 내룡이 상하고 한 자만 아래로 내려도 맥을 벗어난다. 또 좌우의 공간도 틀림이 없어야 하니 혈을 정하기는 정말 어렵다.

동덕창(董德彰)도, 다음과 같이 말했다.

　　　하혈(下穴) 때는 잘 살펴야 한다. 상하 좌우가 약간만 틀려도 길혈
　　(吉穴)도 화가 있다.

　그럼 이론을 어떻게 현장에 대비시킬 수 있는가? 산의 표면을 덮
고 있는 흙[부토(浮土)]을 5자~6자 깊이로 걷어내면 갑자기 흙 색
깔이 변하는 지점이 나온다. 붉고 누런 윤기를 띠며 약간 습기가 스
민 흙이면 좋고, 햇빛에 비추었을 경우 오색(청, 적, 황, 백, 흑)을
발하면 더욱 좋다. 생기가 담겨 있는 흙은 보기에는 돌처럼 단단해
보이지만 막상 만져보면 바스라져 밀가루처럼 고운 흙으로 변해버
린다. 보통은 마사토가 무난하다고 한다. 좋은 토질의 조건이라면
무엇보다 물이 고이지 않고 스며들어 빠져 나가기 때문이다.

　못 쓰는 흙[사토(死土)]은 돌과 흙이 반반쯤 섞여 나무 뿌리가
침입하기 쉽거나, 모래가 섞여 잔디가 자라지 않거나, 토질이 건조
해 푸석 푸석하거나, 습기가 많아 배수가 안되는 흙이다. 심한 경우
무덤 속에 물이 솟는 샘이 있거나, 자갈·모래가 있어 물과 바람이
침투하여 땅강아지, 개미, 쥐, 뱀, 개구리 등이 들어가 살게 되므로
조심해야 한다. 광중으로 세찬 바람이 쳐들어오면 유골은 검게 그
을려 숯처럼 보이고, 물이 차면 유골이 물에 둥둥 떠다니며 급속도
로 심하게 부패되거나 급기야 관이 뒤집히는 경우까지 발생한다.

　흙의 좋고 나쁨은 땅을 파 보아야 알 수 있지만, 겉모습을 관찰하
여 어느 정도 진혈을 가리는 방법도 있다. **묘 주변의 나무가 잘 자라지 않
거나, 봉분의 잔디가 듬성듬성 자라면 기맥이 없거나 허약한 곳이다. 그리고 봉분에 구
멍이 생겨 뱀과 쥐가 드나들면 매우 흉한 곳이니 필히 이장을 해야 한다.** 바람이 윙
윙 소리를 내며 부는 곳이나, 폭포처럼 물이 거세게 울부짖으며 흐
르는 곳도 산이 신음을 토해내는 장소라 여겨 매우 꺼린다. 반드시
피해야 한다.

장사를 지낼 때에 또 경계할 일이 있다. 자연의 원리를 깨닫지 못한 풍수가가 자신의 안전만을 생각해 생토가 나오도록 충분히 땅을 파지 않은 채 서둘러 관을 안치하는 경우다. 만약 구덩이에서 돌이나 바위 혹은 물이 나오면 풍수가의 지관행세는 그날로 끝장이니 일부 풍수가는 1미터만 넘게 되면 부토도 채 걷히지 않았는데 '그만, 그만' 하고 소리를 지른다. 이런 지관은, 진혈도 허혈로 만드는 사이비 풍수가로서 그 해악을 대단히 경계해야 한다.

따라서 명당도 중요하지만 생기가 응집된 진혈을 정확히 정해야 하고, 진혈 중에서도 시신이 생기를 충분히 받을 수 있도록 깊이 또한 정확하게 파야 되니 30센티미터 차이로 천당과 지옥이 엇갈린다 해도 과장이 아니다.

최고의 지관은 꿩
—동물의 신비

몇 년 전 추석 때였다. 선영에 벌초를 마친 후 음성에 사는 친척 집에 들렀더니, 뒷마당에서 꿩을 사육하고 있었다. 장끼나 까투리 같이 다 자란 놈들이 아니라 아직 어린 새끼들로 몇 백 마리는 족히 되었다. 그런데 하나같이 작은 머리통 위에 앙증맞게 서리 안경을 쓰고 있었다. 머리가 영리하고 잇속에 밝은 사람을 가리켜 '참새에 굴레를 씌워 타고 다닐 사람'이란 말은 하지만, 꿩에 안경을 씌워 키우는 모습은 참으로 엉뚱해 보였다. 둥글게 자른 딱딱한 플라스틱 안경을 쓴 꿩은 마치 선글라스를 끼고 해변을 거니는 아베크 족처럼 폼만은 근사하였다.

"형님, 꿩들이 왜 안경을 쓰고 있어요?"

"꿩은 성질이 고약해 눈앞에 보이는 것은 모조리 쪼아버리려 해. 안경을 씌워놓지 않으면 자기네끼리 쪼아서 죽기까지 해."

그러니까 안경을 씌워 꿩들이 서로 정면을 바라보지 못하게 한 것이다. 측면만 보고는 싸울 수 없으니 야생 꿩을 사육할 수 있는 것이다. 하지만 같은 안경잡이로서 연민의 정을 느꼈다.

꿩은 개성이 강해 사람에 의해 길들여지지 않는 날짐승이다. 그래서 '꿩 새끼 기른 셈 쳐라' 라는 속담까지 있다. 이는 성질이 급하고, 외고집이어서 남의 말에 귀 기울이지 않는 사람을 가리켜 하는 말이다. 또 어리석은 사람을 가리켜 꿩 같다고도 한다. 매에 쫓겨 다급해지면 꿩은 머리만 풀숲에 처박는다. 몸뚱이는 밖으로 온통 다 드러나 있는데, 머리만 숨기고는 '나 없다' 하는 식이다.

그런 멍청한 꿩이 명당을 찾는 데는 귀신이다. 풍수에 밝아서가 아니라 본능적으로 생기가 모인 혈을 정확히 찾아내는 것이다. 꿩들이 땅을 파고 배를 비비며 놀거나 털을 뽑아 알을 낳은 장소는 좋은 자리다. 왜냐하면 알이 부화되려면 수맥파(水脈波)가 솟는 찬 땅이 아니라 생기가 뭉쳐 따뜻한 기운이 올라와야 하고, 바람이 잠자는 양지바른 곳이어야 하기 때문이다. 또 꿩은 지진이 발생할 기미가 보이면 날개짓과 울음소리로 지진까지 예고해준다고 한다.

95년 9월, 모 신문에 조상의 묘를 벌초하다 땅벌에 쏘여 사람이 목숨을 잃었다는 기사가 실렸다. 잘못하여 낫으로 벌집을 건드렸더니 벌떼가 덤벼들었다. 혼비백산하여 도망쳤으나 성난 벌떼의 집중 공격을 받아 그만 의식을 잃었다는 것이다. 무덤에 땅벌이 산다면 그곳은 분명히 습한 곳이니 좋은 묘터는 아니다. 용인에 있는 유형원 선생의 묘에 향로석 틈으로 잠자리만한 말벌이 들락거려 쏘일까봐 공포에 떨었던 기억이 새롭다.

동물의 서식 환경을 보고 명당을 찾는 비법은 오랫동안 민간의 애깃거리였다. **뱀, 지렁이, 땅벌, 개미들이 사는 땅 속이나 벌레가 꼬이는 장소는 흙이 푸석하여 생기가 없는 곳이며 또 습기가 많다.** 이런 곳에 부모를 모시면 정신질환을 비롯하여 각종 병에 시달리는 후손이 나온다. 고양이는

쌍치도 / 김홍도 그림. 꿩은 본능적으로 생기가 모인 곳에 알을 낳아 최고의 지관이다(호암미술관 소장).

수맥을 좋아하니 고양이가 좋아하는 장소는 피하는 게 상책이다. 또 개는 수맥을 싫어하는 동물이므로 개가 피해 다니는 장소는 그 밑으로 수맥이 흐른다고 보면 틀림없다.

꿩에 얽힌 명당 이야기는 많이 전해진다. 한 여인이 밭에서 일을 하는데, 꿩이 황급히 날아들었다.

"제발, 저를 좀 숨겨주세요."

여인은 깜짝 놀랐다. 꿩이 눈물을 흘리며 하소연하자 이를 불쌍하게 여긴 여인이 얼른 치마 속에 감추어주었다. 조금 지나자 활에 화살을 고인 사냥꾼이 나타나 다그치며 물었다.

"이쪽으로 꿩이 날아갔는데 혹시 보지 못했소?"

"꿩은 본래 사람을 싫어하는 짐승인데 내가 어찌 알겠소."

사냥꾼이 사라지자, 꿩이 치마를 부리로 물어 여인을 잡아끌었다. 꿩은 한 장소에 이르러 발로 땅을 파헤치며 배를 비벼 댔다. 신기하다고 생각한 여인은 죽은 남편을 그곳에 장사지냈다. 그러자 그 집안에선 고관대작이 줄줄이 나왔다. 그 후부터 그 집안 사람들은 고기가 쫄깃쫄깃한 꿩을 잡지도 먹지도 않았다고 한다.

꿩뿐만 아니라 산 속을 가다가 산짐승이 새끼를 낳은 장소를 발견하면 그곳도 명당이 틀림없다. 몇 달 전 용인의 수지로 간산(看山)을 - 풍수는 명당을 찾으러 산에 오르는 것을 간산이라 한다 - 갔는데, 짐승이 새끼를 난 장소를 발견하였다. 그곳은 수원의 광교산(光敎山)에서 뻗어내린 산자락이 풍덕천(豊德川)을 만나며 생기를 응결시킨 곳이다. 물은 오른쪽에서 나와 왼쪽으로 빠지고 내룡은 좌선으로 돌아가 자연의 순환 원리에도 합당하였다. 산 정상에서부터 아래쪽으로 혈을 잡으며 내려오는데 문득 내룡이 꺾이는가 싶더니 정확하게 혈이 잡혔다. 그 혈은 패철의 사용을 기본으로 삼는 이기론에서 가장 대길하다는 정양향(正養向)의 향으로 인정(人丁)과 재물이 왕성하다는 곳이다.

속으로 쾌재를 부르며 눈을 땅에 꽂는 순간 기겁을 하고 놀랐다. 나무 아래로 짐승의 털이 수북이 쌓여 있었다. 급히 뒷걸음 치며 털 속을 살피니 다행히 새끼들은 없었다. 흙은 누런 윤기가 감돌고, 안산은 차상처럼 편안하고, 좌우의 청룡·백호도 생기발랄한 모습으로 혈을 병풍처럼 감싸안고 있었다. 함께 간산을 간 사람도 희귀한 광경에 입을 다물지 못했다. 옛날부터 꿩이 알을 낳거나 짐승이 새끼를 난 장소가 명당이라 했는데, 그것을 이기론 풍수로 확인한 현장이었다.

지도를 보면 명당이 보인다
— 이기론과 지도의 관계

지구가 생기게 된 원인에는 태양에서 떨어져 나온 뜨거운 불덩이가 식어서 굳었다는 설〔조석설〕과 우주를 떠돌아다니던 차가운 티끌 알맹이가 모여서 되었다는 설〔운석설〕이 있다. 지구는 운 좋게도 태양으로부터 적당한 거리를 유지해 생명의 근원인 바다를 가질 수 있었고, 또 크기까지 알맞아 대기가 인력에 의해 머물 수 있었다. 태양과 너무 가까워 물이 증발·분해되어버린 금성이나, 멀리 떨어져 있어 수분이 전부 얼어버린 화성에 비해 지구만은 생명이 존재하도록 만들어진 기적의 별인 셈이다.

지구의 표면은 8천 미터가 넘는 산이 있는가 하면 깊이가 1만 미터 이상이 되는 해저도 있어 대단히 울퉁불퉁하다. 또 바다와 육지의 비율이 71 대 29로 물이 지구 표면의 대다수를 덮고 있는 형태다. 지표면은 물과 바람, 지진 등에 의한 풍화·침식·퇴적작용을 거듭해 골짜기는 더 깊어지고, 뾰족한 산봉우리는 깎여서 둥근 모양의 산이 되고, 더욱 침식되어 기복이 낮은 평탄한 평원이 되었다.

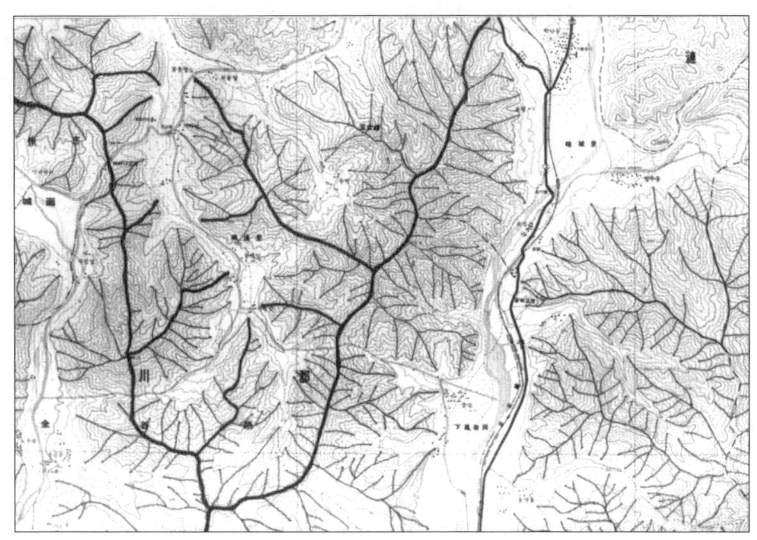

지도 / 동두천 부근의 용맥을 지도상에 표시해보았다.

지표면을 덮고 있던 암석은 오랜 시간이 지나는 동안 기계적, 화학적 영향을 받아 작은 알갱이가 되고 마침내는 수분이나 영양분을 함유한 흙이 되었다. 식물은 살기 위해 필사적으로 땅에 뿌리를 내리고 씨앗을 퍼뜨렸으며, 죽으면 그 사체를 미생물이 분해하여 땅속에 영양분으로 축적하였다. 토양은 같은 장소, 같은 기후 조건 아래서 생성되었다 하더라도 암석의 종류나 풍화 정도에 따라 성질이 다른 토양으로 변했다. 또한 환경에 따라 그 색깔이나 입자의 크기, 점토의 함양도 천차만별이다. 과학자들은 암석 표본들이 함유한 방사능 원소의 분량과 비율을 측정하여 지구의 나이를 대략 45억 년이라고 추정하였다.

우주의 우연이 잉태한 생명, 그 중에서도 유일하게 자기의 존재를 지각하는 사람들은 제 삶을 의지하였다가 주검까지 거두어주는, 자신이 사는 터의 모습이 궁금해졌다. 그래서 지형의 모습을 한눈에 바라볼 수 있는 지도를 그리게 되었다. 지도는 일종의 지표면을 그린 그림으로, 다양한 사물을 한 폭에 모두 그릴 수 없어 사용 목적에 따라 필요 요소만을 그린다.

지도는 국토의 효율적인 이용과 개발, 그리고 보전에 매우 필요한 자료일 뿐 아니라 그 시대의 문화, 사회 상황 등까지 파악할 수 있는 종합 자료이다. 지도를 보면 도로, 산림, 물길은 기본이고 농지, 도시, 각종 지형물들이 상세하게 표시되어 있다. 남한은 2만 5천 분의 1 축척 지도가 916매로 구성되어 있는데, 이처럼 세밀한 지도가 등장할 수 있었던 것은 항공사진에 의한 측량이 가능했던 점과 지도 장비가 발달했기 때문이다.

그 중에서 풍수는 산의 뻗음과 물의 흐름을 중요하게 여긴다. 산은 등고선에 의해 높이가 표시되고, 등고선은 산의 흐름에 따라 산줄기와 계곡으로 나뉘어진다. 우선 지도를 펼쳐놓고 빨간펜을 들어보자. 산에서 들이나 물 쪽으로 뻗어 나간 등고선의 중심으로 선을 그리면 그것이 바로 풍수의 용맥이 된다. 그리고 등고선이 산 쪽으로 치고 들어온 부분이 계곡이다. 등고선을 따라 지도 표면에 모두 선을 그으면 주변의 산들이 서로 연결되어 있음을 확연히 알 수 있다.

풍수의 이기론에서 지도를 중요시하는 이유는 생기가 응집된 혈이 있다고 추정되는 장소를 쉽게 찾을 수 있기 때문이다. 생기가 왕성한 혈을 찾으려면 높은 산에서 되도록 멀리 뻗어 나간 용맥을 찾아보고, 그 용맥의 중간 중간에 과협이 있어 생기를 잘 내뿜는지를 관찰하고, 청룡과 백호가 좌우에서 혈을 포근히 감싸주고 있는지를 살피고, 마지막으로 내당의 자연 흐름이 외당의 자연 흐름과 일치하는가를 본다.

그런데 지도에 용맥을 그리지 않은 채 무작정 간산부터 가면 앞산이 도대체 어느 산에서 뻗어온 산자락인지, 생기가 있는지, 자연의 순환 원리에는 맞는지 아닌지 알 수가 없다. 그래서 등고선에 따라 용맥을 그린 다음 간산을 가야 명당을 찾아 이 산, 저 산을 헤매는 수고를 덜 수 있다. 경험에 비추어보아 지도를 보고도 진혈의 80퍼센트 이상을 충분히 찾아낼 수 있다. **특히 2만 5천 분의 1 축척 지도를 패철을 이용해 이기론으로 살피면 80퍼센트 이상의 정확도로 혈과 좌향까지 잡아낼 수 있다.**

자연의 이치는 참으로 정교하고 미묘하여 알기가 어렵다. 선조들 역시 산에 마음을 빼앗겨 구름 따라 바람 따라 이 산 저 산을 누비고 다녔다. 당시는 개인이 지도를 소지할 엄두도 못 내었으며, 또 지도를 소지하고 있었다 하더라도 산줄기의 흐름이나 고을의 이름 정도만 표시되어 있으니 산을 직접 오르지 않고는 산세를 알 수 없었을 것이다. 교통마저 어려웠으니 얼마나 명당을 구하기 힘들었을까 짐작하고도 남는다. 그런 힘든 상황 속에서도 지혜가 많은 선조들은 여러 산천을 답사하여 명당을 찾아내고, 이것을 후세에 전하고자 비결로 남겼다.

『명산록』이나 『만산도』 같은 책이 바로 그것들로 하늘이 감춰두고 땅이 비밀로 붙인〔천장지비(天藏地秘)〕 대 길지를 그림이나 글로 남긴 것이다. 그러나 아쉽게도 비결은 설명이 한문식의 글이라 현대인이 알아보기 힘들고, 현대의 지도상으로 그곳을 다시 찾기도 어렵다. 당시에 거리를 재는 기준은 '발걸음'이 고작이었다. 또 평지나 낮은 산에 올라 눈에 보이는 대로 주변 산의 흐름이나 모양을 그렸으니 산의 형세가 정확할 리가 없다. 비결에 나타난 대로 어디쯤에 어떤 명당이 있다는 것은 사실일 것이다. 하지만 다시는 그 장소를 찾을 수 없으니 마치 물 속에 잠긴 애틀랜타처럼 전설로만 전해질 뿐이다. 과거의 풍수는 산천을 누비고, 모래로 산 모양을 쌓아가면서 고달프게 비법을 전수받았다. 그렇지만 현대의 풍수는 지도를 펼쳐놓고 등고선에 따라 용맥을 그리는 것만으로도 충분하다.

지도상에서 혈을 찾으면 한 군(郡)에 대개 10여개의 장소가 나온다. 하지만 안심하면 안된다. 시중에 판매되는 2만 5천 분의 1 축척 지도는 대개가 80년대나 90년대 초반에 제작되어서 현장과는 많은 차이가 있다. 어떤 경우는 골프장이 들어섰거나 신도시가 들어섰거나 도로가 뚫리며 혈이 완전히 파괴되었다. 심지어는 기도원이 들어서 들어갈 수조차 없는 곳도 있다. 진혈에 공장이나 연구소 등이 들어선 곳도 부지기수이다.

도시 생활을 하는 사람들은 누구나 전원에 대한 향수를 지니고 있다. 들판을 낀 낮은 언덕 위로 몇 채의 집이 보이고, 저녁밥 짓는 연기가 굴뚝을 타고 피어 오르면 괜스레 시장기가 돈다. 봄이면 설거지를 마친 아낙네가 바쁜 걸음으로 들로 가는데, 밭가에는 붉은 진달래꽃이 그야말로 흐드러지게 피어 있다. 가을이면 단풍으로 물든 산야는 마치 페르시아 융단 같아 편히 누워서 하늘을 바라보고 싶어진다. 그리고 언제까지고 일어나지 않은 채 가족과 친구들이 찾아와 깨울 때까지 그렇게 몸을 숨기고 싶다. 겨울이면 타작을 마친 빈 볏단이 피라미드 모양으로 논에 쌓이고, 눈 쌓인 논에서는 강아지가 미친 듯이 뒹구는 그런 애틋한 노스탤지어가 그립다.

발전을 위해 자연이 어느 정도 훼손되는 것은 어쩔 수 없다. 하지만 개발에 앞서 사람과 자연의 조화를 최고의 덕목으로 삼는 풍수와 한번쯤은 상의를 했어도 그토록 무자비하게 파괴되지는 않았을 것이다. 풍수를 배운 까닭에 때론 안타까운 마음을 지니게 된다.

돌 속에 물이 있다
―풍수와 물

미라는 시신을 보존해야만 영생을 얻는다는 고대 이집트의 신앙에서 비롯된 매장 풍습의 하나이다. 앙상한 뼈에 살갗이 말라붙었고, 그 위에 아마포라는 붕대로 전신을 감은 미라를 떠올리면 모근이 송연하다. 사람이 죽으면 하복부를 절개하여 내장을 꺼내고 그곳에 향료를 채워 다시 꿰매 맞춘다. 시신은 약 70일 간을 소다에 담가 건조시키고, 다시 향료를 첨가한 다음 수지(樹脂)가 스며든 아마포로 전신을 감으면 완전한 미라가 된다.

한국에도 미라가 있다. 1995년 11월, 450여 년 전 매장될 당시 모습 그대로의 사체가 파주의 금능리에서 발견되었다. 주인공은 중종 때에 찬의 벼슬을 지낸 정온이란 분으로 뼈뿐만 아니라 살까지 썩지 않고, 상투와 수염까지도 원형 그대로였다고 한다. 이 경우만 보더라도 이집트보다 우리나라가 월등히 시체 보존 방법이 뛰어난 것이 입증된 셈이다.

이장을 주관한 후손은 "할아버지 시신의 팔목과 손목 관절이 움직이고 살도 아직 탄력을 지니고 있는 등 매장할 당시 거의 그대로의 상태를 유지하고 있었다"며 놀라움을 표현했다. 시신은 이중으로 된 목관 안에 안치되어 있었으며 연결 부위마다 송진과 석회로 덮여 있어 부패된 흔적이 전혀 없었다고 한다. 한 연구원은 국내에서 발견된 미라 중에서 가장 상태가 양호하다고 말했다.

"송진과 창호지, 석회, 봉분 등이 전혀 훼손되지 않은 점으로 보아 진공상태가 양호하게 유지된 것으로 보인다."

하지만 풍수는 시신이 바로 썩지 않고 미라가 되거나 관에 물이 차 등등 떠다니는 것을 가장 꺼려한다. **사람이 죽으면 살과 피는 곧 부패되어 흙으로 돌아가고, 뼈만 남아 오랫동안 산화 부식하며 동질의 기가 후손과 감응하는 것을 최상의 상태라고 말한다.**

시신이 죽었을 때의 상태와 비슷하게 보존된 까닭은 아마도 그곳에 물이 없었기 때문일 것이다. 물이 있었다면 관으로 물이 스며들어서 관 속이 진공상태로 남기 어렵고, 그렇게 되면 살이 썩어 육탈이 되었을 것이기 때문이다.

보통 석관에 시신을 안장하고 관과 뚜껑 사이를 석회로 바르면 관에 물이 차지 않을 것으로 생각하지만 전혀 그렇지 않다. 1997년 1월, 광양의 옥룡사에서 도선국사(道詵國師)의 부도지(浮屠址)의 발굴이 있었다. 도선국사는 풍수의 대가로 고려의 도읍지로 개성을 잡은 분이다. 석곽(石槨) 안에 놓인 석관에서 유골이 노출되었는데, 석관의 뚜껑을 열어보니 관 안에 물이 가득 차 있었다. 석관의 바깥은 전혀 물이 없는데 오직 관 안에만 물이 차 있던 것이다.

우리나라 풍수의 골격을 잡은 도선국사가 왜 물구덩이 속에서 천년의 긴 세월 동안 잠들어 있었을까. 물론 석조(石槽) 같은 석관은 배수구가 없으니 한 번 물이 차면 빠져 나가지 못하고 물이 고여 있

도선국사의 유골 / 석관의 바깥에는 물이 없는데, 유골이 안치된 관 안에만 신기하게도 물이 가득 차 있었다. 『문화사학』 제6·7호 참고.

다. 그러면 어떻게 정교하게 덮은 뚜껑을 뚫고 물이 들어갈 수 있었을까 하는 의문이 생긴다. 논문을 발표한 순천 대학교 C교수는 이렇게 설명했다.

"처음부터 물을 석관에 넣은 것으로 볼 수 없다. 석곽과 석관 사이에는 고운 흙이 차 있었는데, 장마 등으로 이곳에 물기가 배었다. 그런 다음 삼투압 현상에 의해 계속해서 석관으로 물이 유입되어 결국 이처럼 물이 가득 차게 된 것으로 추정된다."

땅 속에 있는 석관은 흙으로 에워싸여 있어 한번 들어온 물이 쉽게 증발할 수도 없을 뿐더러 설령 물이 증발되더라도 다시 흡수되어 관 속으로 들어가기 때문에 계속해서 물은 차게 된다는 논리다. 또한 석관에 물이 가득 찼기 때문에 유골이 산화 부식되지 않고 천

년 이상이 지나도 유골이 원형 그대로 남아 있었다. 즉 공기 속에 유골이 노출된 경우보다 물 속에 잠긴 경우는 산소가 적기 때문에 부식 속도도 느려진다.

돈이 있는 집에서는 효도하는 마음으로 석관에 부모를 모시기도 한다. 하지만 **정교하게 만든 석관은 오히려 물이 차 배수되지 않을 뿐더러 땅 속에 응집된 생기까지 받을 수 없다. 따라서 풍수는 석관에 시신을 안장하는 것이 좋지 않다고 말한다.**

언젠가 어느 회사에서 한 개에 5천만 원짜리 옥관을 판매했었다. 이 돈이면 8만 원짜리 화장용 미송관 625개를 살 수 있고, 오동나무 관은 100개 이상을 살 수 있는 거금이다. 옥관을 사우디아라비아에서 직접 맞추어 수입한 회사측은 옥관의 효능을 다음과 같이 설명했다.

"옥관은 수맥이나 풍수의 나쁜 기운을 옥의 효능으로 막아주기 때문에 대가 끊기거나 후대에 화가 미치는 것을 막아준다는 속설이 있다."

옥이 수맥파를 차단하는 효과가 있는지는 몰라도 이는 전말이 전도되었다. 부모의 시신은 당연히 수맥이 없는 곳에 모셔야지 옥관을 써 물구덩이에 모실 수는 없다. 그리고 석관의 예에서 보듯이 옥관에도 물이 찬다. 즉 수맥을 차단하기 위해 옥관을 썼지만 차단은커녕 오히려 옥관이 물을 빨아들여버린다. 아무리 정교하게 관의 틈새를 메워도 땅 속에 물이 스며들면 관 안으로 들어가게 되니, 배수가 잘 안되는 구조를 지닌 석관이나 옥관에는 물이 고인다. 어떤 경우는 바늘구멍 같은 미세한 틈새로 나무 뿌리가 뚫고 들어가 시신을 휘감기도 하고, 뱀과 개미까지 들어가 사는 끔찍한 광경도 목격된다. 우리의 상상을 초월하는 일이 자연에는 곳곳에서 벌어진다.

우리는 물을 재앙이나 파괴력을 가진 자연물로 보기보다는 윈드

서핑을 즐기고 낚시나 드리울 감상적인 대상물로 보는 경향이 있
다. 하지만 하늘과 땅 위와 땅 속을 무소불위(無所不爲)로 흘러다
니는 물은 생명체를 위해서라기보다는 스스로 필요에 의해 존재할
뿐이다. 뉴질랜드의 로토루아 지열지대에서는 지표면을 뚫고 30미
터나 물기둥이 치솟는 간헐천을 볼 수 있다. 그것은 관광객의 눈과
귀를 즐겁게 하기 위한 자연의 쇼가 아니라 사람을 외면한 채 물이
스스로 살아가는 현상일 뿐이다.

　물 속에 둥둥 뜬 유골은 나쁜 기를 발산하여 후손에게 재앙을 주
니, 부모와 후손을 위해서도 석관을 써가며 낭비할 필요는 전혀 없
는 일이다.

화장하면 부모를 잃는다
― 풍수와 화장

"화장하면 풍수상 좋습니까? 나쁩니까?"

흔하게 듣는 질문이다. 풍수는 좋을 수도 있고, 나쁠 수도 있지만 부모와 자식 간의 인연만은 끝장난다고 말한다. 화장을 하여 좋은 경우는 시신을 매장할 장소가 불행히 흉지라면 후손들 중에 기형아, 장애인 또는 무서운 질병에 걸릴 근원을 없앤 점이고, 또 나쁜 경우는 길지에 부모를 모심으로 인해 후손이 발복할 기회가 상실된다는 점이다.

화장을 하게 되면 고온을 거쳐 가루가 되는 과정에서 인체의 모든 조직 원소가 새로운 원소로 변화된다. 그러면 부모와 자식 간에 감응을 일으킬 동일한 유전인자의 파장까지 바뀌어 서로 감응할 수가 없다. 결국은 부자간에 연결된 인연의 끈이 끊어지는 셈이다.

보건복지부에 따르면 현재 묘지 면적은 전 국토의 1퍼센트에 해당하는 982평방킬로미터이고, 매년 20여만 기의 묘가 새로 생긴다고 한다. 매년 여의도의 1.2배에 해당하는 국토가 잠식당하는 꼴이다. 이는 국토의 효율적인 이용의 측면에서 대단히 심각한 문제이다. 사실 그 동안 묘지 정책은 환경 위생적인 측면에서만 접근되었고, 국토 이용이란 측면은 소홀히 하였다.

서울을 약간만 벗어나도 산등성은 온통 공원묘원으로 뒤덮여 자연경관이 크게 훼손된 것을 볼 수 있다. 그 자체가 혐오시설로 간주되어 어느 마을의 입구에는 '영구차 절대 진입 불가'라는 푯말이 나붙었을 정도이다. 그러고도 묘지의 수용 능력이 한계점에 달해 새로운 묘지를 구하기도 어렵다. 이는 묘지를 쓰기 위한 토지의 수요가 경제적 생산성보다는 정신적 및 관습적인 효용에 의해 결정되었기 때문이다.

화장이 매장의 한 형태로 발전한 것은 불교의 영향이 크다고 볼 수 있다. 속세와 인연을 끊은 스님은 사후에 제사를 지내주거나 묘를 관리할 후손이 없다. 시신의 처리가 문제되자 석가모니를 본받겠다는 뜻에서 화장이 일반화된 것이다. 스님이 입적하면 먼저 시신을 목욕시킨 후 화장을 한다. 이것을 불가에서는 다비(茶毘)라 부르며, 더러운 육체를 불로 깨끗이 태워 영혼이 다시 태어나도록 도와주는 것으로 본다. 화장 후 수습된 사리(舍利)는 탑이나 부도에 넣어 봉안한다. 사리는 수행의 과정에서 스님의 몸에 응결된 정수(精髓)로 스님의 영혼이 깃든 것으로 보기 때문이다.

스님이 아닌 일반인이 매장 아닌 화장을 한 것은 1912년 일제 강점기에 제정된 「묘지ㆍ화장ㆍ화장장에 관한 취체규칙」에 근거한다.

일제는 산이나 선영에 조상을 모시는 것을 금지시키는 대신 공동묘지를 설치해 강제로 매장케 하거나 화장을 권장하였다. 하지만 이 규칙은 공동묘지에 매장하면 공자(孔子)의 벌을 받고, 화장하면 영혼이 재생하지 못한다고 믿는 풍습 때문에 몰래 장사를 지내는

다비식 / 불가에서는 더러운 육체를 불로 깨끗이 태워 영혼이 다시 태어나도록 도와주는 것으로 본다.

암장을 유행시켰다.

현대에 와서는 여러 가지 이유로 화장도 좋다는 인식이 널리 번지고 있다. 그러나 아직까지 화장률이 낮은 이유는 국민의 매장 선호 사상 때문이다. 화장은 사고를 당해 육신이 망가졌거나 혹은 몹쓸 병에 걸려 죽은 경우에만 시행되고, 정상적으로 사망한 경우에는 여전히 매장이 선호된다. 본인이 원해 화장한 경우는 전체 화장 중에서 22퍼센트에 불과하다고 한다.

우리 국민의 70퍼센트 이상은 묘지의 확산이 국토의 효율적인 이용에 걸림돌이 된다고 생각하며, 화장만이 근본적인 해결책이라고 인식한다. 그렇지만 막상 자기의 일로 닥쳐 장례를 치를 때면 생각과 실제 행동과는 큰 괴리를 보여주고 있다. 1994년도의 화장률은 전국적으로 21퍼센트이며, 묘지난이 심각한 서울과 부산 지역은 30퍼센트에 달해 전국의 평균보다 월등히 높은 것으로 조사됐다.

1997년 7월, 서울·경기지역을 중심으로 매장 문화에 대한 여론 조사를 실시하였다. 그 결과 41퍼센트가 화장을 찬성하고, 34퍼센트가 반대를 해서 대체로 화장을 긍정적으로 생각하는 것으로 나타났다. 잘 모르겠다고 대답한 사람도 25퍼센트나 되었다.

화장에 대한 찬성은 젊은 세대보다는 나이든 세대가 오히려 더 적극적이었다. 화장을 찬성하는 이유는 부족한 묘지 문제를 해결하기 위해서라고 대답한 사람이 가장 많았고, 다음으론 국토 이용률을 높이거나 자연경관의 훼손을 줄이거나 장례 비용이 저렴해서라는 대답도 있었다.

반대하는 사람들은 묘를 쓰는 것이 전통적인 관례이기 때문이란 대답이 가장 많았고, 두 번 죽는 것 같다는 대답이 다음이었다. 선산이 있으니 당연히 선영에 모셔야 한다거나, 제사를 지낼 수 없다는 유교 사상을 내세우거나, 종교상의 이유를 든 경우도 있다. 풍수와 관련지어 묘를 잘 써야 후손이 잘 된다고 믿는 사람은 5퍼센트에 불과하였다.

매장하는 풍습은 우리나라보다 대만이 더 심각한 수준이다. 매장하는 날짜와 시간까지 꼼꼼히 따지기로 유명하다. 몇 년 전에 국민당 정부에 몸을 담았던 한 장성(將星)이 사망했는데, 한 달이 지난 후에야 장례를 치렀다는 보도가 있었다. 이는 풍수적으로 매장하기 좋은 날짜와 시간을 선택하기 위해서이다. 심지어 매장을 위해 빈의관(殯儀館:영안실) 냉동실에서 오랫동안 기다리는 시신이 허다하다고 한다.

시신을 오래도록 방치하기로는 99퍼센트가 화장을 하는 일본도 마찬가지이다. 일본에는 매년 1백만 명 이상이 사망하는데, 화장터의 예약이 보통 일주일은 밀려 드라이아이스에 시신을 넣고는 순서를 기다려야 한다. 유골은 대부분 집 부근의 영묘원(靈廟園) 납골당에 안치된다.

그런데 납골당도 만원이다. 최근에는 1층은 편의점, 2층은 슈퍼 등 상점이 있는 건물에 엘리베이터를 타고 올라가는 고층 납골당도 등장하였다. 도쿄에서 제대로 된 화장 장례를 치르려면 3백만 엔 이상이 필요하다. 특히 유족들은 사찰에 67만 엔을 기증하고 망자가 천국에 가기 위해 필요하다는 시호(諡號 : 죽은 뒤에 짓는 이름)를 지어 받는다. 일본 정부는 장례비용을 끌어내리고 납골당의 면적을 조금이라도 줄이기 위해 가족을 합장하는 납골당의 설치까지도 검토 중이고, 또 가능하면 유골을 산이나 바다에 뿌리도록 권장하고 있다. 그러나 장례식을 통해 막대한 이익을 챙기는 일본 불교계의 반발과 일본인들의 뿌리깊은 전통 장례 풍습 때문에 효과는 미지수라고 한다.

우리나라에서도 불교계가 불교 고유의 장법인 화장을 장려하기 위해 납골당(納骨堂)과 영탑공원(靈塔公園) 건립을 적극 추진중이다. 이 제도는 정부 또한 국토의 묘지화를 막는다는 차원에서 크게 장려하고 있어 더욱 활기를 띨 것으로 보인다.

전남 장성의 백양사는 사찰 경내에 2층 규모의 납골당을 건립중이다. 이 납골당은 현재 사용중인 명부전(冥府殿)을 개축하는 것으로 모두 3천 기를 수용할 수 있고 신도뿐만 아니라 지역 주민까지도 이용할 수 있다고 한다. 이 제도는 불교 사상과 현실적인 풍습을 양립시킬 수 있고, 1기당 면적이 3평으로 기존 묘지의 5분의 1밖에 안 되어 묘지 해결에도 기여할 것으로 기대된다.

또 영탑(靈塔)은 탑 아래 부분에 유골이나 위패를 설치하는 매장의 방법으로 주위 경관과 어울리는 다양한 모양의 탑을 세울 수 있다. 가족탑, 문중탑, 동호인탑, 회사탑 등 여러 종류를 선택할 수 있어 호평을 받고 있다.

김삿갓의 묘 / 그가 이 땅에 살았다는 확실한 흔적이며, 그를 기억하는 사람에게 추모할 여지를 남겨준다.

현재 허가제인 납골당 건립이 앞으로 신고제로 바뀌면 납골당과 영탑공원은 한층 활성화 될 것으로 보인다.

시대에 따라 장묘문화도 변한다. 현재 한국의 묘 중에서 풍수 이론에 맞는 경우는 5퍼센트도 안된다. 따라서 훌륭한 풍수가를 모시고 진혈에 좋은 좌향을 택하여 모시지 못할 바에는 차라리 화장하여 부모와 자식 간의 인연을 끊어버리는 게 좋은 방법이다. 부모에게 큰 죄를 짓는 행위라 여겨 화장을 기피하나 흉지에 매장한다면 더 큰 잘못이다. 흉지에서 고통 속에 지내는 부모를 생각한다면 그것보다 더 불효되는 일은 없을 것이고, 따라서 화장을 통해 고통을 덜어 주는 것도 자식의 도리라 볼 수 있다.

그러나 한 가지 유념할 것이 있다. 무덤은 한 사람이 이 땅에 살았다는 확실한 흔적이며, 그를 기억하는 사람에겐 추모할 여지를 남겨주는 최소한의 유품이다. 화장의 경우 대개는 뼈를 땅에 묻거나 가루로 만들어 산이나 강물에 뿌린다. **문제는 화장했다 하더라도 그 유골을 산이나 강물에 뿌려버리는 것만은 삼가해야 옳다. 이미 화장하여 가루를 산천에 뿌렸다면 신위(神位)만이라도 봉안하라고 권하고 싶다.**

신위는 혼령이 깃든다고 여겨져왔으며, 역사적으로도 시신이 없는 경우에는 신위만이라도 묻었다. 병자호란 때에 청나라에 붙잡혀가 순절한 삼학사의 묘가 그러하다. 모두 옷과 머리카락, 그리고 신위를 매장한 의발묘(衣髮墓)이다. 묘로 모시든, 화장한 뒤에 납골당이나 영탑에 모시든 그분을 추념할 여지는 후손에게 남겨야 한다. 효 사상이 점차 희미해져가는 요즘, 다른 것은 다 양보하더라도 이것만은 우리가 지켜야 할 도리이며 후손에게 영원히 전해야만 하는 우리만의 아름다운 풍습이다.

물은 돈이다
— 진혈의 조건

"이곳의 형국은 갈마음수형(渴馬飮水形)의 명당입니다. 그런데 목마른 말이 물을 먹으려면 혈 앞에 물이 넘쳐야 하는데, 개울밖에 는 없으니 둑을 막아 연못을 만드세요."

물형론에서는 말[馬]은 물을 많이 먹어야 힘을 쓴다고 한다. 하지만 무조건 물을 먹었다고 말이 잘 뛰는 것은 아니다. 목이 말라도 개울물이면 충분한데, 더 큰 욕심과 발복을 위해 억지로 연못에 가득 찬 물을 먹이려 든다. 물을 먹되 적당히 먹어야 잘 달리지, 자연의 이치를 무시하고 억지로 말에게 물을 많이 먹인다면 물배가 터져 죽을지도 모른다.

자연은 몇 억 년의 세월 동안 음양이 서로 조화를 이루며 지금에 이르렀다. 양(물)이 커지면 음(산)도 따라서 커지고, 양이 작아지면 음도 따라서 작아져 서로 균형을 이루어왔다. 만약 인위적으로 연못을 막아 양인 물의 기운을 키운다면 음인 산도 양의 기운에 따라

갈마음수형의 묘 / 계곡물을 막아 저수지를 만들어 더 큰 부귀발복을 기원하였다.

변할 것이다. 그렇다면 그곳에 묻힌 시신은 급격한 자연의 변화에 따라 하루도 편할 날이 없다. 따라서 풍수는 발복을 위해 인위적으로 자연의 조화를 파괴하는 것을 꺼려하고 두려워한다.

그런 경우를 제외하고 자연의 순환이 잘못되어 자연과 사람이 조화롭게 살 수 없는 땅은 풍수적 술법을 감행하여 자연을 고치고 치료해야 한다.

안동에는 여러 곳에 거대한 고목이 하늘로 치솟아 있는데, 이것들은 정승 맹사성이 낙동강의 물기운을 차단하기 위해 심은 것이라 한다. 맹사성이 안동 부사로 부임했을 때, 그곳에는 젊은 과부가 많아 그의 마음을 아프게 하였다. 풍수에 뛰어났던 그가 여러 가지로 생각한 끝에 그 원인을 물의 기운이 너무 세기 때문이라고 결론지었다. 그는 즉시 낙동강의 물길을 고쳐 흐르게 하여 물기운을 줄이고, 나아가 나무를 심어 바람까지 막아버렸다. 그러자 안동 땅에서는 젊은 과부의 울음소리가 멈추었다고 한다.

이와 같이 자연의 흉한 기운을 인위적으로 막고 치료하여 그 피해를 줄이는 것을 비보방살(裨補防殺) 혹은 비보풍수(裨補風水)라 하며 이는 우리의 전통적인 지리 사상이다.

풍수에서 물은 재물로 해석하여 귀하게 여기는데, 꼭 흐르는 물이 아니라도 도로나 바람이 통과하는 공간도 물과 같은 개념으로 본다. 바람과 물은 같은 양의 개념이기 때문이다. 하지만 **물이 있다고 무조건 다 좋은 것은 아니다. 물의 깊이나 흐름이 산세와 조화를 이루어야 좋지, 조화롭지 못하다면 그 역시 흉할 뿐이다.**

예를 들어 어부의 묘터를 바다가 훤히 내려다보이는 전망 좋은 곳에 잡았다면 길지에 잡은 것일까? 아니다. 만약 산세와 바닷물이 서로 균형을 이룬다면 그런대로 쓸만하지만, 대개는 산세에 비해 물의 기운이 거세어 양이 음보다 지나치게 강하다. 이럴 경우는 혈장의 기맥이 물기운에 압도당하여 지극히 흉하다. 토질을 살펴보면, 부석부석하고 자갈이 많아 개미나 벌레가 들끓기 쉽고, 바람 때문에 윤기나 끈기조차 없다. 풍수의 기본인 바람조차 가두지 못했기 때문에 생기가 응집되지를 못한 것이다.

섬이나 바닷가에 묘터를 잡을 경우라면 오히려 산이 앞을 가린 곳이나, 오목하게 들어가 바다가 보이지 않는 곳이라야 좋다. 다만 멀리 바닷물이 잔잔하게 모습을 드러내고, 좌우의 청룡과 백호가 혈장을 완벽하게 감싸줘 매서운 바닷바람을 막아준다면 재복이 따른다고 여긴다. 풍수의 격언에 '바닷가에 귀인(貴人)이 없다'고 한 것은 바다를 정면에서 대하는 곳치고 명당이 없다는 뜻이다.

큰 저수지나 강물을 바라보면서 온갖 석물로 위엄 있게 치장한 묘가 우리의 산하에는 수없이 많다. 아마도 경관이 수려하기 때문에 산 사람을 기준으로 그런 곳에 부모를 모시는 모양이다. 세월이

안동 하회마을 / 낙동강이 복주머니의 바깥 선을 따라 그린 것처럼 휘감아 흐르는데, 그 안쪽에 위치하여 매우 좋은 터이다.

오래도록 흘러 땅이 물과 서로 조화를 이루어 흙이 밝거나 차진 기운이 있으면 문제는 별반 없다. 하지만 그런 경우는 매우 드물고 대개는 부석부석하거나 자갈이 많아 못 쓸 땅이다. 모두 정신 나간 사람들이 자연의 이치를 모르거나 무시한 채 저지른 짓이다.

풍수는 물의 종류를 여러 가지로 분류하여 길흉을 따진다. 물은 혈장의 좌우와 앞을 유순하고 천천히 흘러야 좋다. 구불구불 서서히 다가와서 혈장을 둥글게 감싸안으며 흐르거나, 혈을 향해 사각에서 물이 들어와 나갈 때도 머뭇거리는 듯이 서서히 빠져야 좋다. 본래부터 혈장 앞에 넘치듯이 고여 있는 샘, 즉 연못은 - 풍수는 이를 진응수(眞應水) 혹은 선저수(漩渚水)라 부른다 - 산세가 극히 왕성한 증거라고 여기며 게다가 맑고 수려하다면 재복(財福)이 크다고 한다. 이런 경우는 곡식이 쌓여서 썩을 정도로 부귀하다는 좋은 물이다.

반면 혈을 향해 직선으로 쳐들어오면 혈장에 나쁜 살(殺)을 불러들여 생기맥을 파괴하고, 혈에서 물이 빠지는 것이 보이면 재물이 들어와 끝없이 나가는 것으로 여겨 흉하다. 단, 물이 혈장을 향해 오는 모습이면 좋은 징조로 간주한다.

그 이외에 물을 오행으로 나누어 설명하는 경우도 있다. 물이 혈장 앞을 활처럼 둥글게 감싸안고 흐르면 이를 금성수(金星水)라 하여 귀한 것으로 친다. 금성수가 흐르면 부귀하고 세상의 존경을 받는 후손이 태어난다. 다음은 혈 앞으로 물이 일자(一字)처럼 곧고 길게 흐르면, 이는 목성수(木星水)로 부자는 못 되어도 성품이 강한 자손이 대대로 이어진다고 한다. 그리고 혈 앞을 천천히 흐르되 그 흐름이 꾸불꾸불하면 - 풍수는 이를 수성수(水星水) 혹은 구곡수(九曲水)라 부른다 - 후손 중에 거부가 나고, 물이 혈장 앞에서 직선으로 곧게 빠지면(화성수) 성품이 오만한 후손이 나며, 물이 혈 앞에서 호치키스의 철심처럼('⊓' 모양) 흐르면 자손이 번성하고 대대로 부자로 산다고 한다.

물과 연관하여 또 다른 격언은 '물 안은 행복하고 물 바깥은 불행하다'란 말이 있다. 이것은 물이 'S' 모양으로 굽이굽이 굽어 흐를 때, - 풍수는 '之'자나, '玄'자로 흐른다 한다 - 'S'자의 안쪽은 생기가 모인 곳이나, 바깥 부분은 물이 가득 찬 곳으로 피하라는 뜻이다.

안동의 하회(河回) 마을을 예로 들면, 낙동강이 복주머니의 바깥선을 따라 그린 것처럼 휘감아 흐른다. 이 경우 복주머니 안쪽에 위치한 마을은 길하고, 바깥쪽에 위치한 마늘봉 아래의 절벽은 물길이 혈장을 등지고 흐르는 반궁수(反弓水)에 해당되어 흉한 곳이다. 하회 마을은 『택리지』에서도 살기 좋은 곳으로 첫 손가락에 꼽았고, 태백산과 소백산이 감싸 언제나 포근한 정취가 느껴진다.

사람의 욕심은 한도 끝도 없다. 물이 있어야 좋다고 하니까, 인위적으로 물 흐름을 바꾸거나 혈 앞쪽에 큰 연못을 만든다. 그런 경우 풍수적으로 어떨까. 물론 두말하면 잔소리다. 풍수는 바람직하지 않다고 말한다. 풍수는 넓은 의미에서 사람이 자연의 섭리를 이해하고, 그에 따라 최상의 자연 조건을 찾는 것이다. 자연을 마구잡이로 변화시키거나 파괴하면 그 흉살이 곧바로 광중에 모신 시신에게 미치고, 그 다음에는 후손에게 영향을 미쳐 각종 재앙에 시달린다고 경고한다.

토네이도를 가둬라
― 풍수와 바람

　몇 년 전에 상영한 '트위스터'라는 영화는 미국 중부 지방에 국지적으로 발생하는 토네이도를 소재로 삼아 자연의 위력을 실감케 했다. 토네이도는 일종의 회오리바람으로 자동차나 사람은 물론 심지어 불도저까지 뒤집어놓을 만큼 위력이 대단한 바람이다. 천둥번개라는 뜻을 가진 스페인어 '트로나다'에서 비롯되었고, 발생 원인은 아직 정확하게 밝혀지지 않았다. 캐나다 북쪽의 한랭 건조한 대기와 멕시코 만 연안의 고온 다습한 대기가 만나면서 주로 발생하는데, 갑자기 하늘 높이 돌풍 기둥이 치솟아 짧게는 수분 길게는 1시간 동안 지상을 유린한 뒤에 홀연히 사라져버린다.

　내부에는 초속 130미터 정도의 바람이 불며 순간적인 기압이 250헥토파스칼(hpa) 정도까지 떨어져 대형 건물도 간단하게 파괴시켜버린다. 60톤이나 되는 열차를 가볍게 들어올려 수십 미터나 날려버렸다거나, 살아 있는 닭의 털만 몽땅 뽑아놓았다는 것으로 미루어 그 위력을 짐작하고도 남음이 있다. 1997년 5월, 미국 텍사스 주

토네이도 / 일종의 회오리바람으로 자동차나 사람은 물론 심지어 불도저까지 뒤집어놓을 만큼 위력이 대단한 바람이다.

를 강타한 토네이도는 32명의 인명을 앗아가고, 가옥 70여 채를 대파시켰다. 미국 역사상 가장 큰 피해는 1925년 3월 인디아나 주를 강타한 F5급 크기의 토네이도로 695명이 사망하고 2천 명 이상이 다친 공포의 재앙이었다.

한국에도 토네이도와 비슷한 기상 이변이 울릉도에서 나타난다. 주민들은 '용이 하늘로 올라가는 현상' 같다고 '용오름'이라 부르는데, 바다 한가운데서 회오리바람이 갑자기 일어나 물보라를 하늘 높이 들어올리는 현상으로 운이 좋아야 볼 수 있다. 최근에 관찰된 것은 1989년 10월 도동 앞바다에서 나타난 용오름으로 높이가 104

미터나 되는 물기둥이 5분 동안이나 치솟았다고 한다. 바람의 위력
은 상상을 초월할 만큼 대단하다.

　그런 바람이 묘 안으로 치고 들어간다면 어떤 현상들이 일어날
까. 풍수는 묘 안으로 바람이 드나들면 보통 후손이 끊어지거나 엄
청난 화를 당한다고 본다. **바람이 들면 혈에 응집된 생기가 흩어지고 묘 뒤쪽의
입수나 혈을 감싼 청룡과 백호까지도 손상을 입는다.** 그래서 『장경』도 혈이 바
람을 받을 경우를 경고하였다.

　　혈장의 사방이 허공으로 남아 있으면 바람을 받아 생기가 흩어진다.
그러므로 혈장은 청룡과 백호가 좌우에서 감싸주고, 주작과 현무가 전
후에서 잘 둘러싸야 생기가 결집되어 길지가 된다. 내룡(來龍)의 입수
가 비록 첩첩해도 청룡과 백호가 없이 좌우가 허공이거나 주작에 해당
하는 산이 없어 앞이 공허하거나 뒤쪽의 현무가 단절되어 오목하게 들
어간 곳은 바람을 많이 받아 혈장의 생기가 흩어지니 흉지이다.

　어느 한 방향에서 바람이 묘쪽으로 계속 불어온다면 바람으로 인
해 흙과 잔디의 수분이 증발하고, 그 결과 무덤을 덮고 있는 잔디는
말라죽는다. 또한 수년간 풍살(風殺)을 받으면 유골은 까맣게 타서
매우 흉한 모습으로 변하거나 뼈가 녹아 형체까지 없어진다. 공기
중에는 산소가 21퍼센트나 함유되어 이 공기가 바람을 타고 묘 안
으로 드나들면 유골이 급속도로 산화됨은 당연하다. 풍수는 이로
인하여 후손들이 각종의 풍병(風病)을 앓거나, 재산상의 손해나 송
사에 휘말려 어려움을 겪는다고 본다.
　바람은 자연의 순환을 돕는 생명의 기운이기도 하다. 꽃가루를
날려 멀리 있는 나무나 식물에 열매를 맺게 하는 것은 모두 바람의

이숙번의 묘 / 조선 초 태종이 왕권을 강화하는 데 큰 공로를 세운 인물로, 근래 들어 묘의 청룡 자락이 도로공사로 잘려 나갔다.(경기도 시흥 소재.)

덕택이다. 양귀비나 민들레 씨는 150킬로미터나 되는 거리까지 날아간다고 한다. 민들레의 씨가 땅에 떨어지지 않고 바람을 타고 날아가는 것은 씨에 명주실과 같은 가는 털이 나 있기 때문이다. 햇빛을 받아 따뜻해지면 털을 둘러싸고 있는 공기도 풍선과 같이 가벼워져 씨앗을 공중으로 띄울 수 있다.

풍수는 바람을 음풍(陰風)과 양풍(陽風)으로 나누어 설명한다. 음풍은 산세가 험준하고 골짜기가 깊어서 골짜기에서 생기는 찬바람이고, 양풍은 땅위로 부는 바람을 가리킨다. 풍수는 양풍보다는 음풍을 더욱 나쁜 것으로 본다. 음풍은 혈 주변의 산들이나 입수, 묘 앞쪽에 있는 전순(氈脣) 등을 손상시키거나 허약하게 만듦으로서 마침내 묘지의 광중까지 드나들게 된다. 따라서 주변 산세들의 특성을 잘 관찰하여 음풍이 묘까지 드나들 곳은 묘터로 삼지 않아야 한다.

또 주의할 것은 인위적으로 변한 지리적 환경도 자세히 관찰해야 한다. 용맥을 비롯하여 혈을 이루고 있는 주위의 형세가 도로나 댐 건설로 파괴되는 경우가 많다. 이 경우 처음에 묘 터로 잡았을 경우에는 풍수 조건에 맞았다 해도 각종 공사로 자연 환경이 파괴되거나 변하면 그로 인해 혈의 맥이 끊어지거나 풍수적 명당도 흉지로 변한다.

특히 청룡이나 백호 자락의 중간이 잘려 그곳으로 바람이 통한다면 청룡·백호 자락의 끝이 아니라 잘려 나간 부분의 영향을 받는 것으로 보아야 한다. 따라서 조상의 묘를 늘 찾아보고 입수, 청룡, 백호 중 어딘가 끊어지거나 파헤쳐지지 않았는가 지속적으로 관찰하여 풍살을 방지해야 한다.

제 4 장

패철에는 자연이 담겨 있다

이기론이란 무엇인가
─ 이기론 풍수

1997년 헤일 - 봅 혜성이 4200년만에 지구에 가까이 다가오자 세상은 온통 공포에 휩싸였다. 지구와 충돌하여 지구가 불바다로 변할 거라며 떠벌리는 천문학자도 있었다. 종말론적 사교(邪敎)인 '천국의 문' 교주 마선 애풀화이트와 그를 따르던 38명의 신도들은 혜성을 따라오는 UFO가 그들을 구원해줄 것을 믿고서 집단 자살했다. 하지만 혜성은 마치 인간의 어리석음과 오만을 비웃기라도 하듯 지구를 비껴나 유유히 사라졌고, 서기 4397년경에나 다시 지구에 다가올 것으로 추정되고 있다.

우주는 작은 오차도 없이 그 나름대로 일정한 궤도를 유지하며 순환하는데, 오직 인간만이 우주의 법칙을 벗어나 제멋대로 오만방자한 짓을 저지른 꼴이다. 억울한 사람은 사이비 교주의 말만 믿고 자살한 사람들이다. 공동묘지에는 한 개라도 핑계없는 무덤이 없듯이 그들 역시 염라대왕 앞에 서서 어리석었음을 깨달았을 것이다. 하지만 그들의 죽음을 동정하는 사람은 아무도 없다.

헤일-봅 / 혜성이 1997년 4200년만에 지구에 가까이 다가오자 세상은 온통 공포 분위기에 휩싸였다.

풍수지리학이 음양오행론에 바탕을 두고 하늘과 땅, 그리고 사람이 서로 조화를 이루는 터를 구하는 경험 과학적인 학문이라고 누차 이야기했다.

여기서 땅, 즉 산천의 형세만 - 풍수는 이를 만두 형세(巒頭形勢)라 부른다 - 보고서 사람이 살 만한 터와 시신이 편안할 묘터를 구하는 형기론은 노력만 하면 누구든지 깨우칠 수 있다. 산천의 형상

을 눈으로 직접 확인할 수도 있고, 전해 내려오는 경전(經典)도 많
으니 그렇다. 위서(僞書)도 거의 없으며 전문지식을 습득한 사람도
많으니 찾아가 배우면 된다.

그렇지만 천문(하늘)에 속하는 이기론(理氣論)은 형태가 없으니
눈으로 직접 확인도 곤란하고, 경전까지 어려워 혼자 깨우치기는
어렵다. 중국에서조차 이 분야만큼은 은밀히 전수된다고 한다. 그
런데 힘든 천문 분야를 어렵게 터득해 땅과 서로 조화를 이루었다
해도 막상 그 영향을 받을 사람이 그 조화에 동참하지 못한다면 아
무런 소용이 없다. 따라서 풍수는 하늘과 땅과 사람이 서로 저촉되
지 않고 조화를 이루는 터를 연구하는 종합 학문이 될 수밖에 없다.
그래서 풍수 연구가를 삼재(三才 : 天 · 地 · 人)를 전공한 사람이라
부른다.

좀더 쉽게 설명하면, 혈을 중심으로 태양계 항성(恒星)들의 움직
임, 산세의 형세와 방향, 물과 바람이 흐르는 순환궤도와 양, 죽은
자와 상주(喪主)의 출생년도, 매장의 일시 등이 한 치의 저촉됨이
없이 조화를 이루어야만 시신뿐만 아니라 후손도 좋은 영향을 받는
다는 것이다.

여기서 중요한 것은 산천의 형세(땅)가 아무리 빼어나도 천문(하
늘)의 이기를 재는 패철의 용법에 어둡거나 장사를 지내는 날짜와
시간(사람)을 모르고서는 진혈도 불구덩이에 불과하다는 점이다.

사람과 관련하여 매장할 날짜와 시간을 잡는 분야는 장택법(葬擇
法)이라 하여 풍수에서 별개의 학문으로 다룬다. 이것 역시 매우 중
요한 분야로 풍수는 정확한 장법을 강조한다.

*같은 진혈이라도 양공(楊公 : 양균송)이 묘지를 만들면 장군이 나오
고 다른 사람이 묘지를 만들면 강도가 나온다.*

장택법에 밝은 양균송이 장사를 주관하면 장군이 태어나지만 만약 장택에 어두운 사람이 장사를 주관하면 똑같은 혈에서도 강도가 나온다는 뜻으로 장사를 지내는 날짜와 시간을 중요시한 말이다.

풍수의 이기론(理氣論)은 천·지·인 중에서 산천의 형세를 논하는 형기론을 포괄하면서도 나아가 천문적인 산천의 이기까지도 판단하는 천문과 지리가 복합된 이론이다. 이때 산천의 이기는 방향으로 판단되며 이때 사용되는 도구가 바로 패철이다.

또한 이기론은 득수론(得水論)이라 불릴 만큼 물을 중요시 여기고, 좌향론(坐向論)이라 불릴 만큼 패철로 판단된 방향도 중요시한다. 산천의 형세를 음양오행의 논리로 따지다 보니, 주역과 관련된 전문용어도 많고 이론 자체가 심오하면서도 복잡하여 대단히 어려운 체계로 잡혀 있다.

그러나 어려운 만큼 풍수에서 패철로 천문·지리를 연구하는 분야는 이기론밖에 없다. 그러므로 땅, 하늘, 사람을 모두 고려하는 이기론이야말로 풍수의 본질론에 가장 접근된 분야임이 확실하다.

이기론은 먼저 중국에서 태동되었는데, 한나라 때에 청오자(靑鳥子)가 저술한 풍수의 원전인 『청오경(靑鳥經)』에 좌향의 중요성이 나와 있다.

향을 정할 때는 음양을 가려야 하고, 끊는 것과 같이 어그러지지도 않아야 한다. 털끝만큼 착오가 있으면 천리의 오차가 나게 된다.

하지만 이기론은 그 후 12방위〔지지(地支)〕로만 구성된 패철로는 산세의 길흉만을 판단할 수밖에 없어 뚜렷한 발전을 보지 못했다. 패철이 지금처럼 24방위로 세분화되어 산세뿐만 아니라 천문까지도 판단할 수 있게 된 것은 당나라의 양균송에 의해서이다. 그는 『청낭서(靑囊序)』와 『청낭오어(靑囊奧語)』를 저술하여 땅의 모양과 지질을 변화시키는 바람과 물의 순환궤도와 양을 격정하는 수법(水法)을 창안하였다. 양균송은 『청낭오어』에서, "24 산(山)에 금은보화가 있고, 24 산에 불구덩이가 있다"고 주장하였다. 이 말은 아무리 산세가 좋은 혈이라도 이기가 정확하지 못하면 좋은 영향을 받지 못한다는 뜻이다.

<table>
<tr><td align="center">중국</td><td align="center">한국</td></tr>
<tr><td>청오자 : 『청오경』 - 방향의 중요성 강조</td><td>도선국사 : 『도선비기』 - 풍수의 시조</td></tr>
<tr><td align="center">⇓</td><td align="center">⇓</td></tr>
<tr><td>양균송 : 『청낭서』 - 패철 24방위 완성
『청낭오어』 수법의 창안</td><td>무학대사 : 『무학비결』
하륜 : '호순신' 에 의거 신도안 불가론 주장</td></tr>
<tr><td align="center">⇓</td><td align="center">⇓</td></tr>
<tr><td>호순신 : 『지리신법』 - 12포태의 완성</td><td>이지함 : 『토정가장결』</td></tr>
<tr><td align="center">⇓</td><td></td></tr>
<tr><td>조정동 : 『지리오결』 - 용,혈,사,수에 88향법 추가</td><td></td></tr>
</table>

이기론의 계보

　양균송에 의해 일단 완성을 본 이기론은 그 후 이론의 심오함 때문에 제대로 계승, 발전되지 못했다. 이것은 세월이 지나면서 시대적 배경과 환경적 차이로 언어의 전달에도 문제가 있고, 게다가 인쇄술의 미비로 필사본이 전해지다 보니 '甲' 자가 '申' 자로 잘못 기록되고, 심지어는 저자가 고의로 이론의 해석을 뒤틀리게 한 경우도 있었기 때문이다. 그런 까닭에 이기론은 다른 풍수 이론에 비하여 유별나게 위서가 많고, 선지자(先知者)의 특별한 지도 없이는 원리를 깨우칠 수가 없었다.

송나라 때에는 패철의 24개 방향으로 산수의 길흉을 측정할 정도
로 발전되었고, 명나라 때는 연구의 폭이 상당히 넓어져 이전에 비
해 더욱 세밀한 부분까지 패철로 측정하였다. 특히 호순신(胡舜申)
은 『지리신법(地理新法)』을 저술하여, 현재 이기론의 토대가 되는
오행(五行)의 12포태법(胞胎法)을 완성하였다. 이 술법은 나라의
도읍지나 마을을 정하는 이론에 주로 쓰였다. 또한 묘터를 잡는 데
에도 적중한 것으로 유명하다. 그는 서문에서 이렇게 말했다.

*세상의 몽매를 깨우치고, 모든 사람들이 흉화를 면하고 길복을 얻도
록 하기 위해 이를 펴내서 널리 행하기 위함이다.*

하지만 그의 이론은 난해하여 깨우치기가 매우 어려운 것으로 악
명 높다.

현대 이기론의 경전은 누가 뭐라 해도 조정동(趙廷棟)이 쓴 『지
리오결(地理五訣)』을 들 수 있다. 이 책은 양균송의 이론을 밑바탕
에 깔면서 용, 혈, 사, 수에 향법(向法)까지 추가하여 이기 풍수를
한단계 발전시켰다. 단순히 산수의 형세로만 혈을 찾기보다는 패철
로 감지한 각 요소의 이기에 따라 혈과 좌향을 잡으니, 자연의 순환
원리를 연구하는 데 가장 귀중한 연구서이다. 필자 역시 『지리오
결』에 근거하여 풍수를 공부하고, 이 책에서 다루는 내용도 『지리
오결』에 바탕을 두고서 이기 풍수를 어떻게 한국의 산천에 적용할
것인가를 연구한 것이다.

한국에 풍수 사상이 정착되기 시작한 것은 통일신라 말엽의 도선
국사(道詵國師) 때부터이다. 그의 『도선비기(道詵秘記)』는 고려시
대의 정치, 사회적인 면뿐만 아니라 조선시대까지 많은 영향을 끼
쳤다. 특히 조선의 법전인 『경국대전』에는 풍수서를 과학의 한 과

목으로 열거함은 물론 음양과를 통해 풍수사(風水師)를 선발하기까지 하였다.

이때 이기론의 원전(原典)격인 『호순신』은 지리학 과목 중에서 시종 일관되게 과거 과목으로 채택되어 권위 있는 풍수서로 인정을 받았다. 하지만 조선시대를 통해 이기론은 민간에 널리 보급되거나 혹은 계보를 갖추며 계승되지는 못했다. 이것은 이기론이 왕족이나 지배 계층의 전유물로 이용되었기 때문이다.

'악화가 양화를 구축한다'는 그레샴(Gresham)의 법칙은 책에서 배워 알고 있다. 소재(素材)가 다른 금속으로 만든 2종 이상의 화폐가 같은 명목 가치를 가질 때면 소재가 좋지 않은 화폐(악화)가 과대 평가되면서 소재가 좋은 양화는 유통과정에서 사라진다는 법칙이다. 한국의 풍수도 마찬가지였다. **가장 뛰어난 이기론은 정통으로 계승되지 못한 채 사장되고, 쉽게 터득할 수 있는 형기론이나 물형론만이 세상에 자리잡은 것이다.**

이유는 간단하다. 어느 풍수가가 이기론을 이용하여 임금이 태어날 터나 고관대작이 나올 터를 가르쳐주었다. 그 말에 따라 그 터에 조상을 모시고 실제로 임금이 되고 재상이 되었다면 그 풍수가는 칭찬을 듣는 것이 아니라 오히려 죽음을 면치 못했다. 왜냐하면 또 다른 사람에게도 임금이나 재상이 태어날 터를 지목해줄 수 있는 위험천만한 인물이기 때문이다. 따라서 음택을 위주로 발전한 한국에서 이기론는 점차 설자리를 잃어갔고, 죽음을 피하는 수단으로 도참설(圖讖說)이나 비기(秘記)로만 전해졌다.

조선의 이 태조가 신도안을 버리고 한양으로 도읍을 정한 배경에도 이기론이 있었다. 이는 한국의 도읍지 선정에 이기 풍수가 적용된 귀중한 예로 『태조실록(太祖實錄)』에 그 전말이 전한다.

하륜(河崙)은 "계룡산의 위치가 산은 건방(乾方)에서 오고 물은 손방(巽方)으로 흘러 나가니 도읍지로 불가하다"라며 호순신의 이론을 들어 반대하였다.

이 경우를 이기론으로 감결하면 신도안은 수국(水局)의 목욕룡(沐浴龍)에 해당하며 자연 형세는 명당처럼 꾸며져 있으나 사실은 사람들을 현혹시키는 사악한 본색이 숨겨진 터로 수맥이 흐르거나 물구덩이이다. 이 태조는 하륜의 주장을 시험하기 위하여 고려조의 여러 능과 산수의 형세를 호순신의 이론, 즉 이기론과 일일이 대조하며 조사케 했다. 그 결과 과연 한 치의 길흉도 어긋남이 없었다.

이 태조는 놀라움을 금치 못하며 1년을 넘게 공사했던 신도안을 버리고 한양을 새 도읍지로 결정하였다. 고려조의 능터가 이기론에 의해 묘지가 잡혀졌다는 사실은 한국 풍수에서 대단히 주목할 내용이다. 즉, 도선국사에 의해 태동된 한국의 풍수가 '훈요십조'의 통치이념으로까지 발전한 배경에는 곧 이기론 풍수가 주류를 이루었다는 점이다.

그 이외에도 앞서 설명한 바와 같이 비기나 도참설, 그리고 도선국사의 『유산록(遊山錄)』에서 더러 이기론을 다루고 있다. 각 고을에는 예로부터 이인(異人)들이 점해 놓은 명당 터가 소문과 비결로 전해진다. 입에서 입으로 전해지는 소문은 대개가 물형론적 설명이지만 비기만은 좀 달라 이기론적 설명도 많다.

> 안성의 남쪽 십리 지점인 청룡산의 남쪽에 있는데, 좌선(左旋) 인 경룡(庚龍)이다. 경유수득(庚酉水得)의 계파(癸破)다. 백대에 걸쳐 명재상이 나올 땅이다.

앞으로 설명이 있겠지만 이 경우는 즉, 물이 빠져 나가는 수구(水口)가 북동쪽인 계방(癸方)이고, 내룡은 경유방에서 뻗어왔으니 이

한양 명당도 / 김기혁 그림. 『서울설화대전』에서 참고.

기상 장생룡(長生龍)에 해당된다. 이 경우는 금국(金局)의 정생향 (正生向)인 건좌손향(乾坐巽向)을 놓으면 부귀가 집안에 가득하고 후손 중에 문장가가 대대로 이어진다고 한다. 비기에 나오는 이기 론은 현대에 와서도 설명이 가능하며 지도를 참고하면 그 터까지 정확하게 찾을 수 있다.

일부의 사람들은 이기론이 중국 풍토에 맞게 만들어진 땅의 이치 고, 또 음양론이나 주역적 사고에 억지로 꿰어 맞춰놓아 한국의 땅 에는 맞지 않는다고 주장한다. 또 이기론은 물을 중시하는데, 이는 반 건조 지역인 중국에서는 물이 귀하기 때문이고, 상대적으로 풍 토가 나쁘니 미세한 차이의 방위라도 크게 신경을 쓴 것이라 한다. 그렇지만 한국의 풍토는 물도 흔하고 풍토도 악조건이 아니니 풍수 에서 물과 방향을 그처럼 고려할 필요가 없다는 설명이다.

하지만 이 말은 이기론에서 물을 중시하는 근본적인 이유를 모르고 한 말이다. **이기론에서 물을 중요시하는 이유는 절대로 물이 귀해서가 아니라 물이 자연의 순환에 중요한 위치를 차지하기 때문이다.** 움직이지 않는 산은 물과 바람에 따라 기계적 풍화가 일어나서 변화한다. 따라서 물의 아주 민감한 영향도 중요하게 생각하지 않을 수 없다. 또한 방위를 중시하는 이유는 물과 바람이 아무렇게나 움직이는 것이 아니라 일정한 궤도를 순환하기 때문이다.

많은 풍수가들은 올바로 풍수를 배우기 위해서는 형기론과 이기론을 병행하여 연구해야 한다고 주장한다. 그럼에도 불구하고 이기론은 앞서서도 설명했듯이 풍수의 다른 분야와는 달리 자료도 충분치 못하여 정확한 전문 지식을 습득하기가 쉽지 않다. 또 특수한 문자로 구성되어 해석이 곤란하고, 현대인에게 의미를 올바로 전달하기도 힘들다. 그런 이유로 일부 사람들은 번번이 형기론에만 머무르거나, 혹은 물형론으로 방향을 획 돌아서버리기 일쑤이다.

하지만 험난한 산일수록 오르기는 힘들어도, 그 정상에 섰을 때 더욱 성취감을 느끼듯이 이기론 또한 공부하기는 힘들어도 일단 깨우치면 풍수와 자연의 묘한 이치를 터득하는 기쁨을 뿌듯하게 맛볼 수 있다. 이기론은 하나의 혈에서 모두 같은 결론을 낼 수 있을 뿐만 아니라 자연의 순환 원리를 천문과 관련지어 가장 명쾌하게 설명하는 이론이기 때문이다.

현장을 찾아 전국을 누빈 필자 역시 이기론의 정확성에 대해 새삼 감탄한 경우가 수도 없었다. 따라서 21세기의 풍수론은 분명한 계보를 갖추었으나 학문의 난해성과 죽음을 피해 발전하지 못한 이기론을 되살려 다시 꽃을 피워야 한다. 그것만이 풍수의 신비성을 한 꺼풀씩 벗겨내고 풍수를 과학적 학문으로 거듭나게 하는 길이다.

배가 고파도 참아라
—풍수 공부

단원 김홍도(檀園 金弘道)는 벼슬이 현감에 이르렀으나 집이 가난하여 끼니를 잇지 못하였다. 하루는 어떤 사람이 매화 한 분(盆)을 파는데 매우 기이한 것이었으나 매화와 바꿀 돈이 없었다. 그런데 마침 그림을 그려 달라며 돈 삼천 냥을 보낸 이가 있었다. 그러자 김홍도는 곧 이천 냥을 던져서 매화를 사고, 팔백 냥으로 술 몇 말을 사고는 친구들을 모아 매화를 감상하는 술잔치를 벌였다. 남은 이백 냥으로 쌀과 땔감 밑천을 삼았으나 하루 생계도 되지 않았다.

이 일화는 장부의 통 크고 멋스러운 풍류를 일깨워서 가슴속까지 시원하게 풀어주며, 현대인의 꾀죄죄함을 잊게 한다. 커다란 멋을 위해서라면 현실의 괴로움이나 작은 이익에 집착하는 어리석음은 과감히 벗어던져야 한다.

앞장에서 이기론의 난해성에 대해 충분히 설명했다. **이기론을 깨우치려면 마치 수험생이 시험공부를 하듯이 꾹 참고 견디는 성품이 필요하다. 어떤 것은**

원리를 이해할 것도 있고, 어떤 것은 무조건 외워야 할 것도 있다. 특히 처음에는 영어의 철자를 외우듯이 억지로라도 오행과 24방위, 그리고 사국(四局)의 생왕묘(生旺墓)를 외워야 한다. 다음은 패철의 각층에 표시된 이치를 암기하여 필요할 때마다 응용해야 하고, 그런 다음 용맥과 물의 흐름을 형상뿐만 아니라 이기상으로도 훤히 분별할 줄 알아야 한다.

이론의 난해성을 극복하지 못하여 이기 풍수를 포기한다면, 이것은 형기(形氣)만을 선택하고 나머지는 모두 버리는 것과 같은 절름발이 풍수가 된다. 그러므로 기왕 풍수에 관심을 가졌다면 독한 마음을 먹고 풍수의 원리와 현장 풍수까지 깨우쳐야지, 요행수만 바란다면 자연의 오묘함 앞에 결국은 굴복당하고 만다. 멀고 험한 풍수의 길 앞에서 초보자들이 참을성을 길렀으면 하는 뜻에서 일화 한 토막을 소개한다.

이이첨(李爾瞻, 1560~1623)은 광해군 때의 권신으로 25세에 과거에 급제하여 선조 때에는 대북파(大北派)의 우두머리가 되었다. 광해군이 왕위에 즉위하자 공로가 인정되어 일약 예조 판서에 올랐다. 그 후 임해군에게 사약을 내리거나 영창대군을 강화도에 안치하는 데 앞장 섰고, 인목대비를 유패시키는 등 패륜행위를 자행한 인물이다. 그러나 인조 반정이 있은 후 도망가다가 붙잡혀 능지처참을 당하였다.

그의 말로를 보면 인생의 영화란 무엇일까 하는 생각이 든다. 이이첨은 광해군의 총애를 받으며 호의호식했지만, 그 전에는 매우 가난하였다.

하루는 안방에 들어가니 부인이 배고픔을 견디지 못하고 벽의 흙을 긁어서 먹고 있었다. 이를 본 이이첨은 부귀를 위한 일이라면 어떤 짓이라도 서슴지 않아 패륜행위를 앞장 서서 저질렀다. 비록 출세에 눈이 멀었지만 한편으로 세상에 두려움을 가졌던 그였나보다. 어느 여름날, 집으로 돌아오던 이이첨은 몰매를 맞아 피투성이가 된 장님이 울며 지나가는 것을 보게 되었다. 자초지종을 물었다.

"공의 자식이 나를 불러 앞날을 점쳐 달라기에 내가 '1623년에 반드시 나쁜 일이 있다' 했더니, 화를 내며 나를 이처럼 만들었소."

이 말을 들은 이이첨은 장님을 집으로 데려가 대접하고는 자식들을 불러 꾸짖었다.

"내가 영화가 넘치고 죄가 많아 화를 면하기 어려움을 스스로 잘 알고 있는데, 어찌하여 너희들은 장님을 매질했느냐? 내가 너희 아비이니 이 일만으로도 죽어 마땅하다."

인조 반정이 있은 후, 그는 죽으면서 세상 사람들을 돌아보며 참회의 말을 내뱉었다.

"배가 고파도 좀 참으시오."

자신이 그 지경이 된 것은 오로지 영화만을 좇은 탓으로 돌렸다.

풍수에 사계절이 있다

―4국

슬픔도 오래 되면 꽃을 피운다. 분노도 곰삭으면 꽃을 피운다. 눈물과 고통 속에서 피운 꽃. 봄꽃은 그래서 더 아름답다. 구례에서 하동에 이르는 하동 포구 물길 팔십 리. 강 아래 속세와 강 위 지리산 절 집의 피안 사이를 흐르는 강. 산 아래 강변 이곳 저곳에 지천으로 피어 있는 산수유 벚꽃들은 이미 무수한 꽃잎들만 강물에 띄워놓고 피안의 숲속으로 또 다른 꽃 세상을 만들려 달려가고 있다. 가슴속에 창날이 우뚝우뚝 서는 날, 대책 없이 땅바닥에 주저앉아 울고 싶던 날, 가도 가도 길이 안 보이는 그런 날에는 저문 섬진강 길을 따라간다. 붉은 진달래. 쌀밥처럼 가지에 매달려 있는 하얀 조팝나무. 노란 장다리 무꽃. 유채꽃. 기세 등등하게 고개를 꼿꼿이 들고 서 있는 청보리들. 삶은 꽃이다. 들꽃같이 사는 것도 쉽지가 않다. 평생 꽃 한 번 피우지 못하고 가는 사람이 얼마나 많은가. 무화과처럼 열매 속에서 속꽃 피우는 사람이 얼마나 많은가. …(중략)… 봄은 참 달다.

이 글은 『동아일보』 김화성 기자가 쓴 「구례~하동 섬진강 길」이
란 기사인데 사계절 중 봄을 예찬한 글로는 백미로 꼽고 싶다.

먼저 9층으로 구성된 패철을 보자. 자연에 사계절이 있듯이 풍수
에도 계절이 있다. 어떤 장소(혹은 혈)에 서서 물이 빠지는 곳의 ―
풍수는 파(破) 혹은 수구(水口)라 부른다 ― 방향을 패철 8층으로
본다.

제대로 된 혈이라면 자연의 흐름을 보아 좌선수면 백호의 끝자락
이 파이고, 우선수라면 청룡의 끝자락이 파이다. 파가 을진(乙
辰)·손사(巽巳)·병오(丙午)의 구획에 있으면 그곳은 수국(水局)
이며 겨울 나라를 뜻한다. 그 외에 목국(木局), 화국(火局), 금국
(金局)은 아래 도표와 같다.

국(局)	파(破)	계절
수국(水局)	을진(乙辰)·손사(巽巳)·병오(丙午)	겨울
목국(木局)	정미(丁未)·곤신(坤申)·경유(庚酉)	봄
화국(火局)	신술(辛戌)·건해(乾亥)·임자(壬子)	여름
금국(金局)	계축(癸丑)·간인(艮寅)·갑묘(甲卯)	가을

여기서 오행을 좀더 쉽게 설명하면 만물이 상생(相生)하는 순서
이다. 배가 고파도 참고 외워야 한다.

동(東) ⇨ 목(木) ⇨ 봄(春) ⇨ 푸른색(靑色)
남(南) ⇨ 화(火) ⇨ 여름(夏) ⇨ 빨간색(赤色)
중앙(中央) ⇨ 토(土) ⇨ 사계(四季) ⇨ 노란색(黃色)
서(西) ⇨ 금(金) ⇨ 가을(秋) ⇨ 흰색(白色)
북(北) ⇨ 수(水) ⇨ 겨울(冬) ⇨ 검정색(黑色)

즉, 자연은 봄 → 여름 → 가을 → 겨울로 순환하듯이 오행도 목 → 화 → 토 → 금 → 수로 순행한다. 만약 수 → 화 → 금 → 목 → 토로 역행한다면 상극(相剋)으로 모든 생명체는 멸망하고 만다.

자연은 상생의 관계로 순환하지만 사람은 자연을 상극의 관계로 이용한다. 문명의 산물들은 모두 상극의 원리에 따라 발명되어 사람의 삶에 도움을 준다. 즉 물로 불을 끄고, 불로 쇠를 녹여 철물을 만들고, 쇠로 나무를 자르고, 나무로 흙을 파내어 사람에게 이롭게 이용한다. 이에 비하여 상생의 원리는 나무로 불을 만들고, 불이 타면 흙(재)이 되고, 흙에서 쇠를 캐고, 쇠가 녹으면 물이 되는 이치이다.

우리는 풍수의 사계절을 알았고, 상생과 상극의 관계가 무엇인지도 알게 되었다. 그렇다면 이제는 생명체나 우주가 생성되어 멸망해가는 순환의 법칙을 알아야 한다. 이를 풍수는 12운성(十二運星) 혹은 12포태(十二胞胎)라 부른다. 자연이 춘·하·추·동으로 순환하는 것처럼 사람 역시 태어나고, 자라고, 왕성해지고, 쇠해져서, 병들고, 죽어가는 과정을 12운성으로 정하고, 용(龍), 혈(穴), 사(砂), 수(水), 향(向)의 이기까지 12운성을 이용해 체계적으로 설명한 법칙이다.

포태법은 산수의 모양과 생김새보다는 그들의 위치와 방향으로 생기의 흐름과 응결된 지점을 파악한 개념이다. 그 순서를 12단계로 정해놓았으니 무조건 외워야 한다.

① 절(絶) 혹은 포(胞): 모든 형체가 절멸된 채 기(氣)조차도 형성되지 못하고 쉬는 상태이다. 사람으로 말하면 아직 임신이 되지 않은 상태이다.

② 태(胎) : 생명의 기운은 받고 있으나 외부적으론 형태가 없는 것

이다. 즉 정자와 난자가 수정되어 어머니 뱃속에 잉태된 상태를 말한다.

③ 양(養) : 생명을 다 이루어놓고 출생만 기다리는 상태이다. 즉 10개월 동안 어머니 뱃속에서 자란 태아가 태어날 때만 기다리는 상태로 기대에 부풀어 있다.

④ 장생(長生) : 드디어 한 생명이 태어나는 것이니, 경사스럽고 기쁜 일이다.

⑤ 목욕(沐浴) : '욕(浴)'이라고도 하며 태어나 보니 지저분한 것도 있는 유아기를 말한다. 음란함을 뜻한다.

⑥ 관대(冠帶) : 성년을 향해 자라나는 상태로 글도 배우고 문장도 익히는 소년기에 해당된다.

⑦ 임관(臨官) : 청년기에 해당하며 장원으로 과거에 급제하고 결혼도 하는 시기이다. 젊은 기상이 한껏 부풀어오른 상태다.

⑧ 제왕(帝旺) : 벼슬이 높아지고 재물도 많아지는 때이며, 인생의 최고 전성기이다.

⑨ 쇠(衰) : 노년기로 접어든 시기로 비록 기운은 쇠하였으나 쌓인 경륜이 있어 후학을 지도하는 상태이다.

⑩ 병(病) : 기운이 쇠하여 병이 든 것으로 젊은 날의 기상은 없어지고 죽을 날만 기다리니 흉하다.

⑪ 사(死) : 기운이 다하여 조용히 죽음에 이른다.

⑫ 묘(墓) : 장(葬), 고(庫)라고도 하며 모든 활동이 중지되고 다시 자연으로 되돌아간 상태이다.

이상의 12포태를 사람의 인생에 비유하여 설명했지만, 풍수에서는 산과 물, 그리고 방향의 모든 기(氣)가 성하고 쇠함을 뜻하는 법칙에 적용된다. '절태양생욕, 대관왕쇠, 병사묘'라고 끊어서 외우면 편하다.

12포태에는 좋은 것과 흉한 것이 있는데, 꼭 구분하여 기억해야 한다. 그 중에서 '쇠(衰)'만은 평지의 이기상은 좋으나 산 속에서는 흉하여 풍수의 적용에 신중할 필요가 있다.

좋은 것=양(養), 장생(長生), 관대(冠帶), 임관(臨官), 제왕(帝旺)
나쁜 것=절(絶), 태(胎), 목욕(沐浴), 〔쇠(衰)〕, 병(病), 사(死), 묘(墓)

또 이기론을 본격적으로 논하기 앞서 필히 알아두어야 할 사항이 있다. **풍수는 음양이 서로 배합되는 것을 중요하게 여긴다. 이것을 조금 어렵지만 쌍산오행(雙山五行)이라 부른다.** 패철을 보면 임(壬)과 자(子)는 양과 음이 조화를 이룬 부부처럼 짝을 이룬다.

여기서 임(壬)·계(癸)·간(艮)·갑(甲)·을(乙)·손(巽)·병(丙)·정(丁)·곤(坤)·경(庚)·신(辛)·건(乾)은 천간(天干)이다. 이것은 하늘의 기운으로 양(陽)이고, 태양이고, 남자이고, 변화를 일으키는 주체에 해당한다. 풍수의 천간은 10천간(十天干) 중에서 갑·경·병·임·을·신·정·계의 8천간에 사유(四維)인 건·곤·간·손을 보태어서 완성하였다. 지지(地支)는 60갑자의 아래 단위를 이루는 요소들로, 자(子)·축(丑)·인(寅)·묘(卯)·진(辰)·사(巳)·오(午)·미(未)·신(申)·유(酉)·술(戌)·해(亥)이다. 땅의 기운으로 음(陰)이고, 달이고, 여자여서 양의 기운을 받아 만물을 낳고 기르는 역할을 담당한다.

그런데 남자와 여자가 일체가 되어야 새로운 생명이 태어나듯이 풍수에서도 천간과 지지가 서로 짝을 이루어야 변화를 일으켜 자연의 순환이 이루어진다. 즉, 임(壬)은 자(子)와 음양이 서로 짝을 이룬 것으로 보아 동일한 것으로 간주하며, 풍수는 이것을 동궁(同

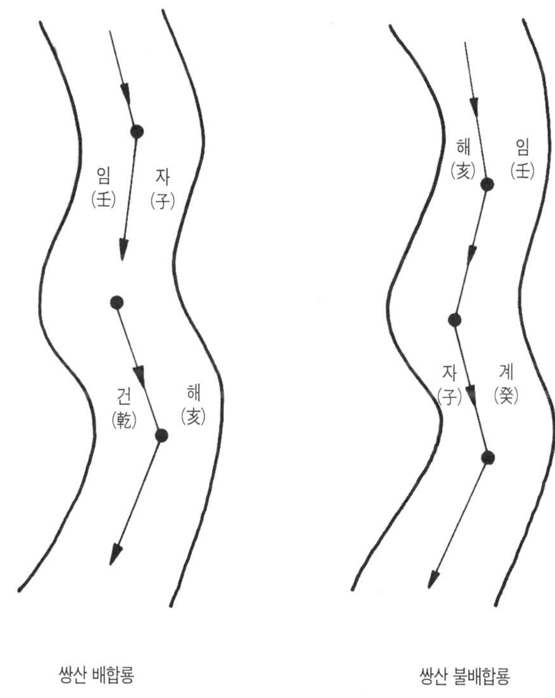

내룡의 측정방법

宮)이라 부른다. 마찬가지로 계축(癸丑)·간인(艮寅)·갑묘(甲卯)·을진(乙辰)·손사(巽巳)·병오(丙午)·정미(丁未)·곤신(坤申)·경유(庚酉)·신술(辛戌)·건해(乾亥)도 쌍산이라 하여 통일된 세계로 본다.

따라서 어느 방향에서 내룡(산줄기)이 흘러 뻗어왔는가를 패철로 잴 때에는 내룡의 중심선이 쌍산의 구획 즉, 임자·갑자·병오·경유 등의 중간선으로 들어와야 좋지, 만약 해임(亥壬)이나 자계(子癸)처럼 음양이 불배합된 구획 안으로 들어오면 잠룡(潛龍)이라 하여 생기가 왕성하지 못한 땅이다.

유명한 인물의 묘를 찾다 보면 쌍산의 기본적인 배합원칙도 무시하고 잠룡 지점에 묘터를 잡은 경우를 흔하게 볼 수 있다. 조상의 묘를 찾을 때면 꼭 패철을 들고 조상의 묘가 쌍산이 배합된 지점에 모셔졌는지 혹은 불배합된 곳에 모셔졌는지 감결해보기를 독자에게 권한다. 여기까지 참고 외웠다면 다음부터는 식은 죽 먹기다.

패철에는 자연이 담겨 있다
― 패철의 응용

"생기가 모인 곳에 이르면 손에 기(氣)가 전달되어옵니다."

어느 역술인이 명당을 찾는 비법이다. 심지어 어떤 풍수가는 멀리서 명당의 훈훈한 기운이 올라오는 것만을 보고 혈을 잡는다고까지 말한다.

"패철의 용법에 대해 아세요?"

"나침반이요? 몰라요."

나침반은 단순히 방위만을 알아보는 도구이고, 패철은 음양오행의 이기까지 담겨 있어 쓰임새가 전혀 다른 물건이다.

"그럼 패철은 왜 가지고 다니죠?"

"그래야만 아는 것처럼 보여 지관 노릇이라도 하지요."

일부 풍수가는 이처럼 단순히 동서남북의 방향만 보기 위해 패철을 가지고 다닌다. 그 이유 중 하나는 패철의 각 층에 대해 이해를 도울 수 있는 책을 시중에서 구하기 어렵고, 특히 패철 9층의 용법

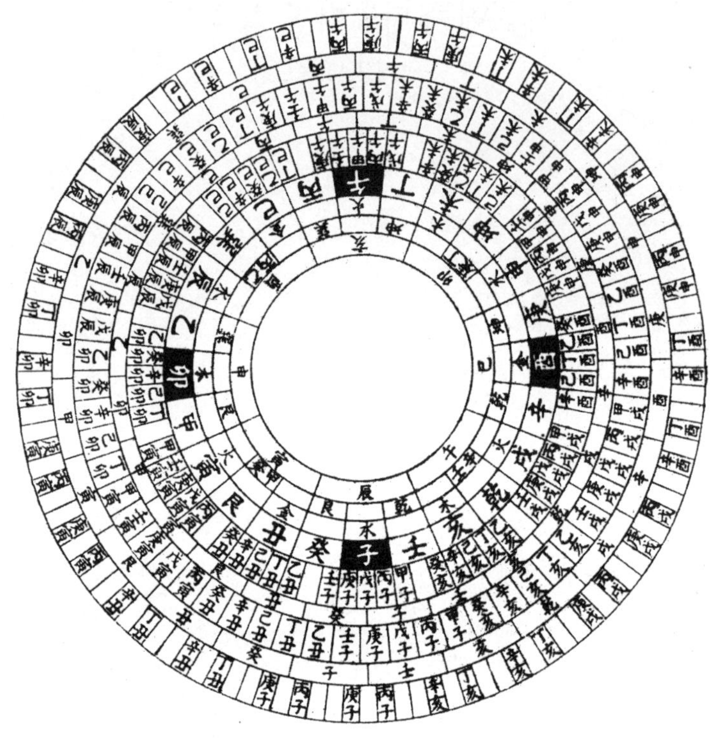

패철 / 패철은 음양오행의 이기까지 담겨 있어 나침반과는 쓰임새가 전혀 다른 물건이다.

까지 상세히 설명한 책은 더욱 드물기 때문이다. 이것은 패철의 용법을 자세히 알면서 현장에 적용하는 사람이 없기 때문이며, 이 점을 안타깝게 생각하여 이 책은 현장을 중심으로 패철의 운용을 자세히 다루었다.

패철은 주역의 후천 팔괘를 응용해 처음에는 12지지(十二地支)가 표시된 12방위뿐이었으나, 한(漢)나라 장량(張良)이 사유팔간(四維八干:乾坤艮巽 甲庚丙壬 乙辛丁癸)을 더하여 24방위로 세분화하였고, 이것을 당나라 양균송이 양기(陽氣)를 측정하기 위해 8층을 지

용상팔살에 걸린 묘 / 봉분뿐만 아니라 무덤의 아래쪽까지도 황토 그대로 드러나 매우 흉한 모습이다(고양시 소재).

어 좀더 이해하기 쉽게 완성하였다. 이것은 종래의 12방위가 음(陰)의 지지(地支)로만 이루어져 음인 내룡만을 측정하고, 양(陽)인 물과 향은 측정할 수 없었기 때문에 양을 재는 방위가 더 필요했던 것이다. 그 후 역대 선현들이 삼십여 층의 많은 용법을 패철에 추가하여 현재에 이른다.

패철이 만들어진 과정을 여기서 다시 소개한 것은 이것이 바로 이기론의 발전 과정을 대변해주기 때문이다.

9층 패철의 용법을 본격적으로 설명하기에 앞서 먼저 집고 넘어가야 할 사항이 있다. 지구는 천구의 적도면과 황도면이 약 23.5도 기울어져 있다. 즉 지구의 자전축이 공전 궤도면에 대하여 약 66.5도가 기울어져 있기 때문에 우주의 영향을 땅 속과 땅 위가 서로 다르게 받는다. 지도를 보면 지도의 정북에 비해 북극성은 약 0.5~1.0도로(도편각) 오른쪽으로 치우쳤고, 나침반의 정북은 약 6

도가(도자각) 지도의 정북에 비해 왼쪽으로 치우쳐 있다.

패철 4층에 비하여 패철 8층의 각 간지(干支)가 우측으로 7.5도 기울어진 것은 바로 땅과 천문의 이기를 개별적으로 정확히 재기 위함이다.

그런 까닭에 땅에 붙어 있는 것 즉, 내룡, 주택의 방향은 패철 4층으로 격정(格定)하고, 땅위를 흘러다니는 물 · 바람 · 방향은 패철 8층으로 격정한다. 대단히 중요하기 때문에 꼭 기억해야 할 원리이다.

먼저 패철을 놓고 자세히 들여다보자. 패철 중앙에 바늘이 보일 것이다. 이를 가리켜 천지침(天地針)이라 하며 붉은 표시가 있는 쪽은 오방(午方)이라 하여 남쪽을 가리키고, 검은 표시가 난 곳(구멍난 곳)은 자방(子方)이라 하여 북쪽을 가리킨다. 검은 부분이 자방에 오도록 패철을 돌려 맞춘다.

① **패철 제1층은 황천수(黃泉水)를 측정하는 칸으로 일반적으로 용상팔살(龍上八殺)이라 한다.** 황천수는 무덤 속[광중(壙中)]으로 스며드는 양기를 가리킨다. 이러한 방향으로 살이 들면 후손들이 암이나 당뇨, 신장병 등에 걸리고, 재난을 당하여 하루아침에 망한다고 한다. 패철 4층을 기준으로 보아 내룡이 임자계(壬子癸) 방위에서 왔을 때에 묘를 진향(辰向) 즉, 술좌진향(戌坐辰向)을 놓으면 용상팔살에 걸린다. 다른 방위도 마찬가지로 아래와 같다.

미곤신 룡(未坤申龍) → 묘향(卯向)

갑묘을 룡(甲卯乙龍) → 신향(申向)

진손사 룡(辰巽巳龍) → 유향(酉向)

술건해 룡(戌乾亥龍) → 오향(午向)

경유신 룡(庚酉辛龍) → 사향(巳向)

축간인 룡(丑艮寅龍) → 인향(寅向)

병오정 룡(丙午丁龍) → 해향(亥向)

풍수의 목적은 흉한 것은 피하고 길한 것을 찾는 것인데, 막상 묘를 찾아가 보면 용상팔살에 걸린 묘를 자주 보게 된다. 일부 풍수가는 용상팔살조차 이해하지 못하는 경우가 있다. 용상팔살에 걸린 묘를 보면 대개는 봉분뿐만 아니라 무덤의 아래쪽까지도 황토 그대로 드러나 매우 흉한 모습이다. 만약 조상의 묘 중에서 아무리 잔디를 심어도 뿌리를 내리지 못하고 벌건 황토가 드러나면 용상팔살에 걸렸는가를 의심해야 한다.

② 패철 제2층은 무덤으로 침입하는 바람인 팔요풍(八曜風)의 방위를 측정하는 칸이다. 산에는 깊은 산골짜기에서 일어나는 냉기가 바람이 되어 불어오는데, 이 바람은 혈을 허약하게 만들므로 꼭 막아야 한다. 패철 4층으로 보아 내룡이 임자방이나 신술방에서 왔을 때는 건해방에서 바람이 불어오니, 건해방 쪽을 막아서 바람이 불어오지 못하도록 해야 한다. 패철 2층의 건(乾)자 옆에 비어 있는 칸은 앞에서 설명한 바와 같이 음양의 조화를 이루기 위해 해(亥)자가 들어가야 하나 비워둔 것이다. 이와 같은 방법으로 각 내룡에 따라 팔요풍이 드는 방향을 보아 허약하다면 방풍을 해주어야 한다.

임자 · 신술 룡 → 건해 방
계축 · 갑묘 룡 → 간인 방
을진 · 병오 룡 → 손사 방
정미 · 경유 룡 → 곤신 방
건해 룡 → 신술 · 임자 방
간인 룡 → 계축 · 갑묘 방
손사 룡 → 을진 · 병오 방

곤신 룡 → 정미·경유 방

팔요풍이 들면 보통 자손이 끊어지거나, 후대에 가서 가문이 쇠퇴한다고 한다. 산소가 21퍼센트나 함유된 바람이 광중으로 드나들면 유골이 급속히 산화되어 나쁜 기를 발산하기 때문에 후손들 중에 중풍에 걸리거나 재산상의 손해를 입어 점차 몰락해가는 것이다. 그러나 현장에서는 팔요풍이 드는 방향이 내룡의 방향과 가까이 붙어 있어 판별하기가 어렵다. 보통의 무덤에서는 풍습적으로 묘를 감싸는 곡장(曲墻)이나 내성(內城)을 둘러 팔요풍을 방지한다.

③ **패철 제3층은 동양의 우주관이 집약된 삼합오행(三合五行)의 운용이 표시된 칸으로 이기론 풍수의 골격을 이룬다.** 이는 오행국(五行局)을 판별하고, 내룡과 향의 길흉과 득수(得水:물을 얻는 것)와 거수(去水:물이 빠져나가는 것)의 합법 유무를 판단한다. 수(水)자를 보면 자(子), 신(申), 진(辰)에 있는데, 이는 천간의 짝인 임(壬), 곤(坤), 을(乙)도 함께 본다.

즉 이 경우는 오행국 중 수국(水局)이며 내룡이 임자(壬子)방에서 오고, 물이 을진(乙辰)방으로 빠지면 묘의 향은 곤신(坤申)방을 하라는 뜻이다. 또 내룡이 곤신방에서 오고 물이 을진방으로 빠지면 묘의 방향은 임자방으로 하라는 뜻이다. 화국(火局)과 목국(木局) 그리고 금국(金局)도 마찬가지로 본다.(다음 장에서 상세히 설명한다.)

일부 풍수가는 제 3층의 용법을 소홀히 한다. 앞으로는 자연의 순환 원리에 맞는 용[관(關)]과 향[원(元)]과 수[규(窺)]가 삼합을 이루도록 혈을 정하는 과학적인 이기론 풍수가 정립되어야 한다.

④ **패철 제4층은 지반정침(地盤正針), 또는 내반정침(內盤正針)이라 하여 내룡의 용맥과 입수(혈을 만들기 위해 최종적으로 생기 에너지를 응결시킨 곳)의 방위를 재고,**

양택 풍수에서는 주택의 좌향까지도 정한다. 그러나 한 가지 명심할 사실은 묘의 좌향이나 물의 방향을 정하는 데는 절대로 쓰지 않는다는 것이다. 물과 좌향은 패철 제8층의 천반봉침으로 정해야 한다.

내룡의 이기를 잴 경우, 내룡이 배합되었는가 아니면 불배합되었는가를 중요하게 보아야 한다. 내룡도 음과 양이 조화를 이루어야 길하니 쌍산오행(雙山五行)이 잘 배합되었는지 살펴야 한다. 만약 쌍산의 중심선상으로 뻗지 못한 불배합룡은 잠룡(潛龍)이라 하여 흉한 것으로 본다. 이를테면 임자방으로 내룡이 뻗지 못하고, 바로 옆의 해(亥)자와 임(壬)자 사이로 뻗으면 불배합룡이다. 중요한 원리이기 때문에 다시 설명하였다.

⑤ **패철 제5층은 천산 72룡(穿山七十二龍)을 나타낸 것으로 과협(過峽)의 길흉을 잰다.** 내룡이 아래로 뻗어내리다 다시 솟구치기 직전의 낮은 부분을 과협이라 풍수는 부르는데, 보통은 결인과 동일한 개념이다. 즉 과협의 길흉을 재는 것으로 사실상 현장 풍수에서는 쓰임이 적다. 9층으로 된 패철이 아니라, 5층으로 된 패철을 사용하는 풍수가는 혈의 만두〔승금(乘金) : 묘의 위 중앙 부분〕에 패철을 놓고 내룡의 길흉을 재는데 이는 잘못된 것이다. 혈을 이룬 내룡의 길흉은 제5층이 아니라 제7층으로 감결해야 한다. 패철 5층은 내룡이 아니라 과협의 길흉을 재는 것이다.

과협의 길흉을 감결할 때는 천산 72룡 중에서 5개의 칸만 따진다. 즉 내룡의 중심선을 기준으로 좌우측으로 70~90센티미터의 간격을 두고 생기의 흐름이 변하는데, 중심선은 쇠기맥으로 생기가 쇠한 곳이라 좋지가 않다. 임자룡의 경우 갑자(甲子)는 병기맥이고, 병자(丙子)는 왕기맥이고, 무자(戊子)는 쇠기맥이고, 경자(庚子)는 생기맥이고, 임자(壬子)는 사기맥이 된다. 이것은 원리를 적어놓은 것이니 외우기보다는 현장에서 분금에 맞추어 적용하면 된다. 이

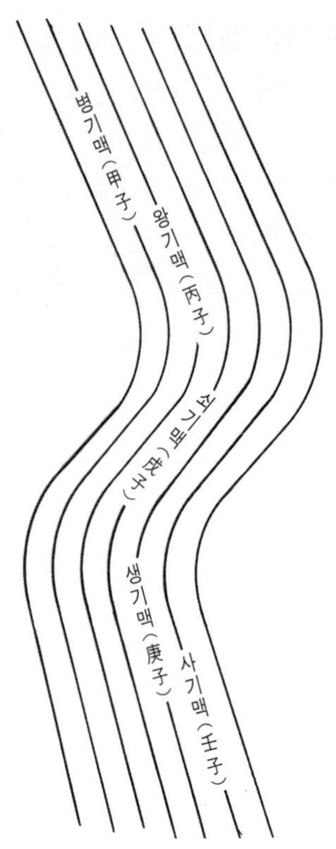

내룡의 기맥 / 중심선인 쇠기맥은 생기가 쇠한 곳으로 쓰지 못한다. 그렇지만 대부분의 묘는 쇠기맥에 안장되어 있다.

경우 생기맥과 왕기맥으로 과협이 들어와야 좋다. 중간의 빈 칸은 대공망(大空亡)이라 하여 이 칸으로 들어오는 내룡과 맥은 쓰지 않는다. 중국의 패철에는 정(正)자로 표시되어 있다.

⑥ 패철 제6층은 인반중침(人盤中針)으로 송나라 때 뇌포의(賴布衣)가 창안했다. 그는 『최관편(催官扁)』을 저술하여 혈처를 중심으로 주변의 사봉(砂峰 : 혈을 둘러싸고 있는 주변의 모든 산)이 혈에 도움을 주는 것인지 혹은 해를 주는 것인지 밝혔다. 24방위 중에 사봉이 어디에 해당되는지 감지하여 길흉을 감결하며, 아파트나 철도 등 인조 건조물도 풍수는 사봉으로 본다.

(1) 임(壬)-〔천보(天輔)〕— 대통령의 비서실장(공직자)

(2) 자(子)-〔천첩(天疊)〕— 대통령의 비서실장(공직자)

(3) 계(癸)-〔천도(天道)〕— 종교 지도자(목사·종정)

(4) 축(丑)-〔천주(天廚)〕— 보건복지부 장관(의사·요식업자)

(5) 간(艮)-〔천시(天市)〕— 상공부 장관(사업가)

(6) 인(寅)-〔천음(天愔)〕— 농수산부 장관(대지주·선박왕)

(7) 갑(甲)-〔천원(天苑)〕— 농수산부 장관(대지주·선박왕)

(8) 묘(卯)-〔천명(天命)〕— 보건복지부 장관(의사·요식업자)

(9) 을(乙)-〔천관(天官)〕— 내무부 장관(공직자)

(10)진(辰)-〔천강(天罡)〕— 법무부 장관(판·검사)

(11)손(巽)-〔태을(太乙)〕— 여자 비서관(여자 공직자)

(12)사(巳)-〔천병(天屛)〕— 왕궁의 관리자(공직자)

(13)병(丙)-〔태미(太微)〕— 과학기술처 장관(과학자)

(14)오(午)-〔천마(天馬)〕— 건교부 장관(건설업·운수업)

(15)정(丁)-〔남극(南極)〕— 보건복지부 장관(의사·요식업자)

(16)미(未)-〔천상(天常)〕— 상공부 장관(사업가)

(17)곤(坤)-〔천월(天鉞)〕— 상공부 장관(사업가)

(18)신(申)-〔천문(天門)〕— 왕궁의 관리자(공직자)

(19)경(庚)-〔천황(天潢)〕— 문체부 장관(문화, 예술인)

(20)유(酉)-〔소미(少微)〕— 과학기술처 장관(과학자)

(21)신(辛)-〔천을(天乙)〕— 남자 비서관(공직자)

(22)술(戌)-〔천괴(天魁)〕— 검찰총장(경찰청장)

(23)건(乾)-〔천의(天廏)〕— 교통부 장관(운수업)

(24)해(亥)-〔천황(天皇)〕— 대통령

즉 혈에서 보아 패철 6층으로 해방(亥方)에 산이 우뚝 솟아 있으면, 그 산은 후손 중에 대통령이 날 명당 터라 한다. 묘방(卯方)에 산이 있으면 의사가 태어날 터라 하고, 경방(庚方)에 산이 우뚝하면 문화 · 예술 계통의 인물이 태어난다고 본다.

⑦ 패철 제7층은 투지 60룡(透地六十龍)이라 하며, 내룡의 길흉을 정하는 데 사용되어 시신을 안장할 때는 매우 중요한 층이다. 임자룡의 경우를 살펴보면, 갑자(甲子)는 병기맥, 병자(丙子)는 왕기맥, 무자(戊子)는 쇠기맥, 경자(庚子)는 생기맥, 임자(壬子)는 사기맥에 해당됨을 뜻한다. 이 역시 내룡을 타고 흐르는 생기의 이기를 밝힌 것이니 현장에서 적용만 하면 된다.

현장에선 내룡의 중심선은 쇠기맥이고, 중심선에서 70~90센티미터 떨어진 곳은 생기맥과 왕기맥이며, 다시 그곳으로부터 70~90센티미터 떨어진 곳은 사기맥과 병기맥이다. 내당의 자연이 좌선수면 왕기맥에 혈을 잡고, 우선수라면 생기맥에 혈을 잡는다. 중요한 것은 내룡의 중심선인 쇠기맥에 혈을 잡으면 안된다는 점이다. 그런데도 옛 묘의 대다수는 내룡의 중심선인 쇠기맥에 혈이 잡혀 있다.

⑧ 패철 제8층은 천반봉침(天盤縫針) 혹은 외반봉침(外盤縫針)으로 물의 득(得)과 파(破) 그리고 묘의 좌향을 잡는 데 사용한다. 이기론 풍수에서 가장 많이 사용되는 층으로 파와 향이 천간이냐 혹은 지지냐가 매우 중요하다. 지지의 파나 향은 천간의 파와 향에 비하여 발복이 반으로 반감된다고 풍수는 말한다. 앞장에서 충분히 설명이 되었으리라 믿으며, 잘 이해가 되지 않는 분은 앞장을 다시 한번 꼼꼼히 읽어보라고 권하고 싶다.

⑨ 패철 제9층은 봉침분금(縫針分金)으로 생기를 받기 위해 최종적으로 시신의 방향을 정확히 트는 데 사용한다. 현장에서는 좌선수의 경우에는 좌분금을 놓고 우선수일 경우는 우분금을 놓는다.

예를 들어 임좌병향(壬坐丙向)의 경우 병향에는 병오(丙午)와 신사(辛巳) 분금이 있는데, 병오 분금의 경우는 시신을 우로 선회하여 분금에 맞도록 튼다. 신사(辛巳) 분금의 경우는 시신을 좌로 선회하여 분금에 맞도록 튼다.

이상으로 9층 패철의 각 층에 나타난 이기를 총괄적으로 설명하였다. 잘 이해가 되지 않으면 몇 번이고 꼼꼼히 다시 읽어보기를 바란다. 이기 풍수는 이처럼 까다롭다. 그러므로 말하지 않았던가. 배가 고파도 좀 참으시라고. 어렵다고 책을 덮어버리지 말고 참으면서 읽어가면 깨우침의 기쁨도 크게 맛볼 것이다.

풍수는 삼각형을 좋아한다
―삼합 이기론

아름다움은 조화의 균형에서 비롯된다. 어떤 사물에 짜여진 여러 가지 요소, 즉 전체를 이루고 있는 부분이 전체에 대하여 개개의 균형을 유지하고 그 결과로 조화가 이루어지면 보는 이로 하여금 아름다움를 느끼게 한다. 어떤 사물은 그를 구성하는 각 부분과 부분이 상호 일정한 질서를 가지고 있는데, 이를 합법적 관계라고 한다.

전체와 부분의 양(量)쪽 비율이 1 : 0.618의 비율로 나누어질 때 가장 아름다운 조화를 가지며, 이 비율을 황금분할(黃金分割, Golden Section)이라 부른다.

수덕사의 대웅전을 보고 느낀 아름다움에 대한 변명이다. 이 건물은 소박하면서 단촐한 맞배지붕으로, 가운데가 불룩한 배흘림 기둥이 막돌을 딛고 서 있다. 이런 형태의 기둥은 탄력성이 있어 보여 무거운 지붕도 가볍게 받친 느낌을 준다.

패철 3층에서 수(水)가 표기된 곳을 보면, 자(子) · 진(辰) · 신(申)자 아래이다. 여기서 음양 배합의 원리에 따라 자(子) 아래에

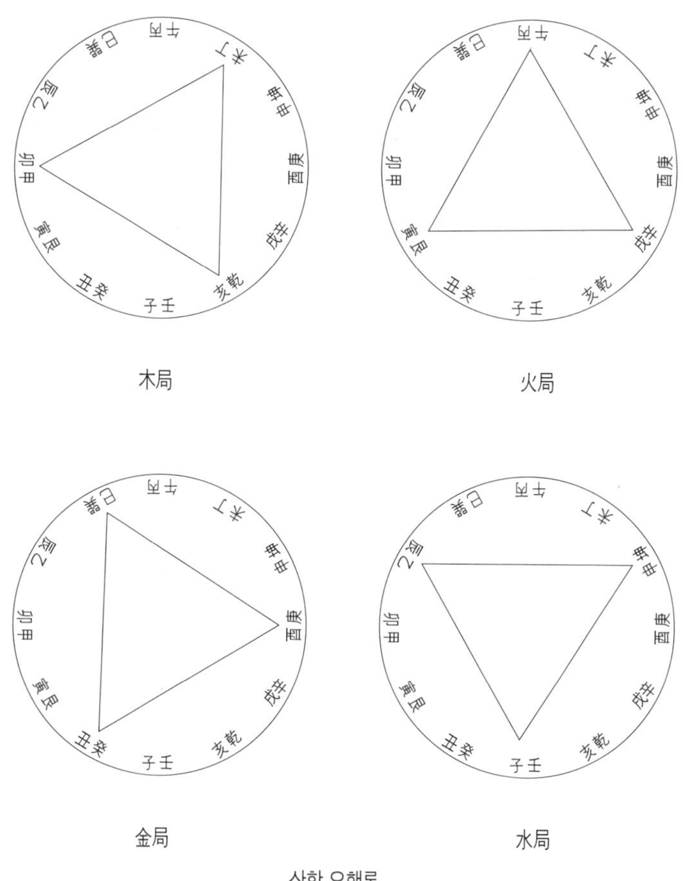

수(水)가 표기되었으면 임(壬)자 아래에도 수(水)자가 표기된 것이나 두 번 쓰지 않고 그냥 비워두었을 뿐이다. 먼저 세 곳을 선으로 이어보면 정삼각형이 된다. 수학이 수와 공간 도형의 성질을 논하는 학문이라면 이기론 풍수 역시 자연을 치밀하게 해부하는 학문이므로 도형의 개념이 도입되었다. 그렇다면 왜 수(水)자가 삼각형을 이룰까?

우리는 수국의 경우 파가 을진(乙辰)·손사(巽巳)·병오(丙午)의 구획에 있다고 배웠다. 또 자연은 크게 음과 양의 기운이 순환하며 음은 산(용)이고, 양은 물과 바람 그리고 방향이라고 배웠다. 잠깐, **꼭 기억해둬야 하는 것은 음은 시계 반대방향으로 순환하고, 양은 시계 방향으로 순환한다는 점이다.** 각 국의 기준은 포태법상으로 묘(墓)를 기준으로 본다.

이기론은 삼합오행(三合五行)이 근본 원리인데, 여기서 삼합이란 12포태 중에서 생(生), 왕(旺), 묘(墓)를 가리키며 이 요소들이 서로 어떻게 조화를 이루는가 분석한다.

그럼 수국의 예를 들어보겠다. 나머지 목국, 화국, 금국도 같은 원리가 적용되므로 한번 스스로 해보기 바란다. 12포태 중에서 수국의 묘(墓)는 을진(乙辰)이다. 그렇다면 내룡, 즉 산의 이기를 12포태법으로 따져보자.

갑묘(甲卯)의 경우 12포태 중 묘 다음 순환되는 절룡(絶龍)에 해당되며, 산은 음이니까 시계 반대방향으로 순환하여 간인(艮寅)의 차례가 된다. 간인은 12포태 중 절룡 다음에 해당되는 태룡(胎龍)이다. 이런 식으로 시계 반대방향으로 돌아가며 일일이 짚어보겠다.

을진(乙辰) → 묘룡(墓龍)

갑묘(甲卯) → 절룡(絶龍)

간인(艮寅) → 태룡(胎龍)

계축(癸丑) → 양룡(養龍)

임자(壬子) → 장생룡(長生龍)

건해(乾亥) → 목욕룡(沐浴龍)

신술(辛戌) → 관대룡(冠帶龍)

경유(庚酉) → 임관룡(臨官龍)

곤신(坤申) → 제왕룡(帝旺龍)

정미(丁未) → 쇠룡(衰龍)

병오(丙午) → 병룡(病龍)

손사(巽巳) → 사룡(死龍)

앞장에서 설명한 신도안이 수국의 건해룡이니 자연의 순환 원리에 맞지 않다고 한 하륜의 주장이 이해될 것이다. 왜냐하면 건해룡은 수국의 목욕룡이기 때문에 좋지 않은 생기를 품은 용맥이기 때문이다.

물과 방향도 위의 경우와 마찬가지이다. 이 경우는 양이니까 시계 방향으로 돌아가며, 표를 참고해 손으로 짚어가면 원리가 쉽게 납득될 것이다. 직접 해보기 바란다.

을진 → 묘수(墓水)와 묘향(墓向)

손사 → 절수(絶水)와 절향(絶向)

병오 → 태수(胎水)와 태향(胎向)

정미 → 양수(養水)와 양향(養向)

곤신 → 장생수(長生水)와 장생향(長生向)

경유 → 목욕수(沐浴水)와 목욕향(沐浴向)

신술 → 관대수(冠帶水)와 관대향(冠帶向)

건해 → 임관수(臨官水)와 임관향(臨官向)

임자 → 제왕수(帝旺水)와 제왕향(帝旺向)

계축 → 쇠수(衰水)와 쇠향(衰向)

간인 → 병수(病水)와 병향(病向)

갑묘 → 사수(死水)와 사향(死向)

局別	陰陽	長生	沐浴	冠帶	臨官	帝旺	衰	病	死	墓	胞絶	胎	養
水局	水·向	申坤	酉庚	戌辛	亥乾	子壬	丑癸	寅艮	卯甲	辰乙	巳巽	午丙	未丁
	龍	子壬	亥乾	戌辛	酉庚	申坤	未丁	午丙	巳巽	辰乙	卯甲	寅艮	丑癸
木局	水·向	亥乾	子壬	丑癸	寅艮	卯甲	辰乙	巳巽	午丙	未丁	申坤	酉庚	戌辛
	龍	卯甲	寅艮	丑癸	子壬	亥乾	戌辛	酉庚	申坤	未丁	午丙	巳巽	辰乙
火局	水·向	寅艮	卯甲	辰乙	巳巽	午丙	未丁	申坤	酉庚	戌辛	亥乾	子壬	丑癸
	龍	午丙	巳巽	辰乙	卯甲	寅艮	丑癸	子壬	亥乾	戌辛	酉庚	申坤	未丁
金局	水·向	巳巽	午丙	未丁	申坤	酉庚	戌辛	亥乾	子壬	丑癸	寅艮	卯甲	辰乙
	龍	酉庚	申坤	未丁	午丙	巳巽	辰乙	卯甲	寅艮	丑癸	子壬	亥乾	戌辛

자연의 순환원리

따라서 수국의 삼합 원리를 보면 을진(乙辰)은 묘(墓)이고, 임자(壬子)는 장생룡에 제왕수와 제왕향이며, 곤신(坤申)은 제왕룡에 장생수와 장생향이다.

목국의 경우 정미(丁未)가 묘(墓)이고, 갑묘(甲卯)가 장생룡에 제왕수와 제왕향이고, 건해(乾亥)가 제왕룡에 장생수와 장생향이다.

화국의 경우 신술(辛戌)이 묘(墓)이고, 병오(丙午)가 장생룡에 제
왕수와 제왕향이고, 간인(艮寅)이 제왕룡에 장생수와 장생향이다.

금국의 경우는 계축(癸丑)이 묘(墓)이고, 경유(庚酉)가 장생룡에
제왕수와 제왕향이고, 손사(巽巳)가 제왕룡에 장생수와 장생향이다.

이를 도식화하면 다음과 같으며 모두 정삼각형을 이룬다.

① 목국(木局) ─ 내룡(음) : 장생(갑묘), 제왕(건해), 묘(정미)
　　　　　　　　 수·향(양) : 장생(건해), 제왕(갑묘), 묘(정미)
② 화국(火局) ─ 내룡(음) : 장생(병오), 제왕(간인), 묘(신술)
　　　　　　　　 수·향(양) : 장생(간인), 제왕(병오), 묘(신술)
③ 금국(金局) ─ 내룡(음) : 장생(경유), 제왕(손사), 묘(계축)
　　　　　　　　 수·향(양) : 장생(손사), 제왕(경유), 묘(계축)
④ 수국(水局) ─ 내룡(음) : 장생(임자), 제왕(곤신), 묘(을진)
　　　　　　　　 수·향(양) : 장생(곤신), 제왕(임자), 묘(을진)

이제 이기론의 삼합오행을 깨우쳤다면 이것의 응용은 순전히 자
신의 노력 여하에 달려 있다. 만약 화국에 임관향이면 뭐죠?라고
물으면 머뭇거리지 않고, 곧바로 손사(巽巳)라는 대답이 나와야 한
다. 그 정도로 익숙해 질때까지 반복, 반복하는 수밖에 달리 다른
방법이 없다.

단, 한 가지! 더 알고 넘어가면 편리한 것이 있다. 항상 묘(墓)와
관대(冠帶)는 용과 수·향의 쌍산(방향)이 같다. 예를 들어 화국의
관대룡과 관대수라면 을진(乙辰)으로 동일하고, 묘룡과 묘수는 신
술(辛戌)로 동일하다.

그럼 이제 명당을 찾으러 산으로 올라갔다고 가정하자. 산 정상
에서 들이나 냇가로 뻗어내린 내룡은 일직선이 아니고 구불구불하

다. 꺾이고 휜 마디마디마다 패철을 놓고 내룡이 어느 방향에서 뻗어내렸는지 패철 4층으로 간지(看知)한다. 풍수는 이것을 격룡(格龍)한다고 말한다.

잠깐, 격룡에 앞서 무엇을 먼저 해야 하는가? 그렇다. 패철의 8층으로 파(수구 : 물이 빠져 나가는 방향)를 먼저 보아야 한다. 예를 들어 파가 신술·건해·임자의 구획 안에 있다면 바로 화국(火局)이다. 화국이라면 앞서 배운 것을 재빨리 응용해야 한다.

이 지점에서 우물쭈물 거린다면 다시 한번 앞쪽을 읽도록 권한다. 화국이라면 신술이 묘룡, 경유가 절룡, 곤신이 태룡, 정미가 양룡, 병오가 장생룡, 손사가 목욕룡, 을진이 관대룡, 갑묘가 임관룡, 간인이 제왕룡, 계축이 쇠룡, 임자가 병룡, 건해가 사룡이다.

마지막으로 강조하고 넘어갈 사항이 있다. **아무리 한 자락의 용맥에서 뻗어내려오는 내룡일지라도 꺾이고 휜 곳곳마다 격룡의 이기가 다르다는 점이다.** 이 말은 내룡의 전체를 좋거나 나쁜 것으로 판단하는 것이 아니고, 내룡의 곳곳마다 좋은 곳과 나쁜 곳이 수없이 반복되므로 여러 곳을 격룡해보아서 이기상 맞는 한 지점을 찾을 수 있다는 뜻이다.

그렇다. 우리가 찾는 좋은 내룡은 양룡, 장생룡, 관대룡, 임관룡, 제왕룡에 국한한다. 어느 지점에 패철을 놓았더니, 화국이고 내룡은 병오방에서 흘러왔다. 그렇다면 장생룡이니 매우 좋은 땅이다. 그런데 아래쪽으로 조금 내려온 지점에 내룡이 휘어서 다시 격룡했더니 이번에는 손사방이었다. 손사방은 목욕룡이라 자연의 순환이 맞지 않는 나쁜 곳이니 과감히 버려야 한다. 이런 식으로 내룡의 생왕사절을 격룡한다. 물론 수국, 목국, 금국의 경우도 마찬가지다.

병든 산과 건강한 산
— 용

물소리 산소리가 한데 어울려 이루어내는 신비로운 화음이 마치 이 작은 화폭을 넘나드는 듯 신비로운가 하면 실상 그림 속에 아무런 비밀도 있을 수 없고, 현실적인가 하면 현실보다도 크고 맑고 더 흥겨운 생명감을 느끼지 않을 수 없다. 촉촉이 돋친 아득한 만이천 봉 위에 훤하게 솟아난 비로봉, 청송이 우거진 계곡에는 자욱한 안개 속에 녹수청산을 구가하는 폭포와 여울물 소리의 억척스러운 화음이 있다니 필시 겸재는 비 갠 후의 금강산이 보여주는 청정한 모습을 그린 것임이 분명하다.

정선(鄭敾)의 만폭동도(萬瀑洞圖)를 보고 기가 막히게 잘 표현한 최순우 선생의 글이다.

만폭동은 금강산 중에서도 최고의 걸작으로 고은 시인은, "아! 미치겠구나! 이런 절경을 보고도 실성하지 않는 놈이 있으면 그 놈이 실성한 놈이다"라고 감탄했을 정도이다.

산의 형상 중에서 『장경』은 다섯 가지 모양을 피하라고 경고한다.

초목이 자라지 않는 동산(童山)과 무너지고 구덩이 지고 움푹 패어 맥이 이어지지 않는 단산(斷山)과 흙이 없이 암석으로만 이루어진 석산(石山)과 멈추는 것 없이 밋밋하게 미끄러져 나간 과산(過山)과 좌우로 가지를 치지 않고 외가닥으로 나왔거나 섬처럼 뚝 떨어져 홀로 있는 독산(獨山)은 모두가 결점이 있는 산이다. 이런 곳에 부모를 매장하면 후손에게 재앙이 나타나고, 이미 받은 복도 소멸된다.

따라서 산은 형세가 웅장하면서 신비한 위용을 갖추어야 좋고, 그곳에서 뻗은 내룡은 굴곡과 기복을 보이며 변화무쌍하게 뻗어내려서 생동감이 넘쳐야 한다. 하지만 용맥의 기세를 말처럼 정확하게 관찰하기는 쉽지 않다. 나타났다가 사라지고, 끊어질 듯하면서 면면히 이어지고, 좌측으로 가는 듯하다가도 갑자기 우측으로 꺾이기도 하는 등 일정한 법칙이 없다. 여기서 일정한 법칙 없이 제멋대로 뻗어버린 용맥의 진행을 도와주는 산이 내룡 주변에 또 있어야만 내룡에 생기가 충만한 것으로 본다.

내룡이 뻗어내리다가 방향을 90도로 틀 때에는 – 풍수는 횡룡입수(橫龍入首)라 한다 – 뒤쪽에서 생기를 보호해주는 낙산(樂山)이 꼭 있어야 한다. 또 바람을 완벽하게 가두려면 외백호와 외청룡의 끝머리가 서로 가까이 붙거나 혹은 한쪽이 다른 쪽을 감싸안는 형상이 좋은데 – 풍수는 이것을 관쇄(關鎖)라고 한다 – 이처럼 청룡·백호가 서로 포용하도록 끝 부분을 밀어 방향을 변화시켜주는 산을 탁산(托山)이라 한다. 탁산은 또 혈장을 보호하고 기맥의 손실을 막아주는 역할도 한다.

내룡은 혈에 가까이 있는 산줄기를 말한다. 내룡이 전진을 하려면 용의 몸체에 혹처럼 붙어서 몸체를 받쳐주며 생기를 밀어주는 산이나 용맥이 필요한데 풍수는 이런 것을 지각(枝脚)이라 부르며,

금강전도(金剛全圖) / 정선 작. 겨울의 금강산을 그린 대작으로 왼쪽에 나무가 무성한 토산은 음(陰)이고, 오른쪽의 바위 산은 양(陽)으로 음양의 조화가 이채롭다(국보 제 217호, 호암미술관 소장).

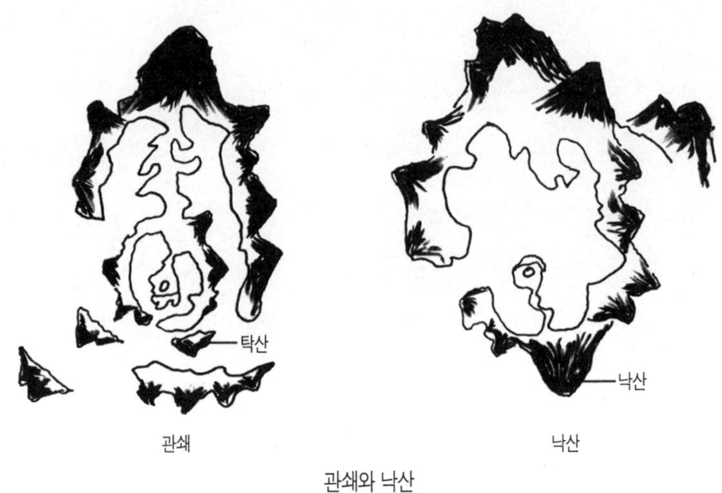

관쇄와 낙산

생기까지 보호해준다. 또 내룡이 방향을 바꿀 때는 변화를 일으키기 위해 바깥쪽에서 내룡을 받쳐주는 용맥이 필요한데, 이것을 풍수는 요도(橈棹)라 하고, 생기를 지탱하는 역할도 한다.

내룡을 볼 때면 먼저 형상의 모양으로 생기가 충만한가 그렇지 않은가를 판단해야 한다. 내룡이 패철로 보아 천간과 지지의 중심선으로 흘러오고, 그 모습이 웅장하고 빼어나면서 생기발랄하면 생룡(生龍)이라 하며 흙의 색깔은 윤기가 나는 적황색이 좋다. 만약 검고 우중충하면 생룡이 아니다. 또 내룡이 수려하면서 겹겹으로 장막을 치고 겹가지가 대칭을 이루며 장엄해 보이면 부룡(富龍)이라 여기며 귀한 것이다.

이에 비해 용맥이 뚜렷하게 형성되지 못한 채 위세 또한 기복이나 좌우의 변화가 없이 그저 밋밋하면 천룡(賤龍)이고, 한쪽이 인위적으로 단절되거나 움푹 팬 절룡(絶龍)은 후손이 끊어지거나 가문이 몰락한다고 한다.

즉 웅장한 산에서 내려뻗은 용맥이 혈장에 이르기까지 개장(開帳)하여 일어섰다 엎드리고 커졌다가 작아지면서 과협이 곳곳에 맺히고, 청룡 백호가 겹겹으로 에워싸고 있으면 좋은 내룡이다. 내룡이 생동하고 왕성한가와 천하고 끊어진 것을 먼저 관찰하는 것이 중요하다. 풍수는 이것을 형상으로 용의 생왕사절(生旺死絶)을 간지한다고 말한다.

다음으론 패철로 내룡을 격룡한다. 내룡이 입수할 때에 그것이 생왕방(좋은 방향)이냐 사절방(나쁜 방향)이냐를 이기론적으로 마디마디 살펴서 측정한다. 용맥이 변환하여 혈의 좌우에 청룡과 백호가 유정하게 감싸안으면 일단 내룡이 생왕을 얻는 것으로 본다.

여기까지 꼼꼼히 살펴보았다면 다음은 패철 8층으로 혈장에서 가장 가까이 있는 물이 패철의 어느 글자로 빠져 나가는가를 본다. 즉 파(破)를 살핀다. 파는 혈에서 가장 가까운 곳을 취하며 먼 곳의 수구는 취하지 않는다. 가령 신술(辛戌)·건해(乾亥)·임자(壬子)에 있으면 화국이므로, 12포태법에 따라 내룡은 간인(艮寅)에서 왕(旺)하고, 건해에서 사(死)하며 신술에서 묘(墓)에 들고 경유(庚酉)에서 절(絶)에 든다.

평지에서 좋은 용을 찾는 방법은 한 치만 높아도 산이요, 한 치만 낮아도 물이다(高一寸爲山 低一寸爲水)라는 말처럼 주변의 땅보다 약간 도드라진 곳을 물줄기가 동그스름하게 감싸면서 흐르는 곳을 찾는다. 또 두 줄기의 물길이 양쪽에서 흘러내려와 합치되는 곳이 바로 파이고, 용이 끝나는 지점으로 보면 된다.

내룡이 형상으로 부룡이나 생룡이고, 이기상으로도 생왕(生旺)을 얻으면 굳이 물과 주변의 산들이 좋지 않아도 혈로 정하면 크게 발복한다. 그러나 형상적으로 내룡이 아무리 좋아도, 이기상으로 좋지 않으면 크게 흉하다. 미녀가 졸부와 결혼하여 젊어서 죽으니 모두가 슬퍼하는 광경과 같다. 물론 용상팔살을 범하면 재화(災禍)가 더욱 강렬하여 남녀노소를 막론하고 방탕자가 많이 태어나 가문이 패절한다. 용상팔살에 걸린 묘가 내룡과 혈까지 이기론상으로 사절(死絶)을 범했다면 즉시 이장을 해야 할 것이다. 또 칼등과 같이 날카로운 산 등선에 묘를 쓰면 혈을 잡은 풍수사가 재앙을 당한다고 한다.

이 장에서 독자는 **혈을 이룬 내룡이 형상적으로 생룡이나 왕룡을 얻어 생기 발랄할 것과 이기상으로도 양룡, 장생룡, 관대룡, 임관룡, 제왕룡이 되어야 함을 꼭 기억해야 한다.**

장미에 독이 있다

— 목욕룡

신윤복이 그린 미인도(美人圖)를 보면, 화면을 가득 채운 요염한 여인이 몸을 살포시 비껴 틀고 서 있는 모습이다. 초승달 같은 눈썹에 은행 알 같은 두 눈, 앵두처럼 빨갛고 작은 입술, 가련한 얼굴, 배추 포기처럼 부푼 치마…… 하나하나가 고혹적일 뿐 결코 천박해 보이지 않는다. 두 손으로 가슴에 매단 노리개를 매만지는 맵시 또한 타오르는 사랑은 어쩔 수 없다는 심정을 내비친다. 끊어질 듯 이어지는 간결한 선과 정확하고도 사실적인 조형에서 조선 여인의 단아한 기품이 그대로 전해지는 명품이다.

우리가 자연에서 찾는 명당 역시 미인처럼 아름답다. 주산에서 뻗은 내룡은 박동감이 느껴지고, 좌우측에는 청룡과 백호가 유정스럽게 감싸안았다. 하지만 얼굴이 예쁘다고 모두 미인이 될 수 없는 것처럼 자연의 형상이 아름답다고 해서 무조건 명당은 아니다. 얼굴만 예쁘고 마음이 사악한 여자를 만나면 신세를 망치듯이 산천의

미인도 / 신윤복 작. 조선 여
인의 단아한 기품이 그대로
전해지는 명품이다.

이기를 감결하지 않고, 형상에 매혹되어 부모를 매장하면 그 화가
후손들에게 두고두고 미친다.

풍수를 안다는 사람이 현장에서 가장 속기 쉬운 내룡이 목욕룡(沐浴龍)이다. 대개
의 목욕룡은 주변 형상이 완벽할 정도로 명당처럼 보인다. 청룡과
백호가 좌우를 감싸안고, 주산은 볼록 솟아 혈을 향해 머리를 조아
리고 혈 앞쪽에는 물이 유정하게 흘러 나간다. 하지만 아름다운 형
상에 속으면 안된다. 그런 곳은 자연의 사악함이 감추어져 있기 때

목욕룡에 자리잡은 묘(안성군 보개면 소재).

문이다.

　목욕룡은 물이 가득히 찬 땅으로 장사를 지낼 때 광중에 물이 스며들거나 고이면 대개가 목욕룡이니 피해야 한다. 그리고 목욕룡에 쓴 묘는 잔디가 자라지 않고 억새풀이나 물풀(이끼)만이 봉분을 뒤덮는다. 조상의 묘를 억새풀이나 이끼가 가득 덮고 있다면 혹시 목욕룡이 아닌가 의심해볼 필요가 있다.

　그럼 어떤 방향이 목욕룡인가? 수국은 건해룡이고, 목국은 간인룡이고, 금국은 곤신룡이고, 화국은 손사룡이 목욕룡이다. 목욕룡에 안장된 대표적인 경우가 국립묘지 내에 있는 박 대통령의 묘이다. 형상으로 보면 주산이 우뚝 서고 청룡과 백호가 혈을 감싸안고, 앞쪽으로는 한강이 유유히 흘러가 완벽해 보이지만 자세히 보면 흑석동에서 내려온 물이 금호동에서 내려온 큰 물을 치는 격으로 자연 황천에도 걸려 있다.

박 대통령의 묘는 간자(艮字)로 물이 빠지니 금국이다. 그리고 내룡은 곤신룡(坤申龍)이 되어 바로 목욕룡에 해당한다. 묘를 쓰지 못하는 터이다. 게다가 향도 인향(寅向)을 놓아 물이 혈을 감싸안지 못한 채 좌측에서 나와 무정하게도 좌측으로 빠져버린다. 아래에 자리잡은 장군들 묘역 역시 금국의 목욕룡에 해당되어 어느 것 할 것 없이 잔디가 잘 자란 무덤이 없다.

『지리오결』에 따르면 목욕룡뿐만 아니라 목욕수 역시 도화수(桃花水)로 음란하다며 경계한다. 수국은 경유수, 목국은 임자수, 금국은 병오수, 화국은 갑묘수가 바로 목욕수이다.

목욕방에서 물이 흘러 들어오면 여자들이 음란해지고 강물에 투신자살 또는 목매어 자살하는 일이 생기고, 꾀임에 빠져 재물을 잃으니 집안이 망한다. 목국과 금국의 목욕수는 사업에 실패하고 화국과 수국의 목욕수는 도박이나 사치가 심해 탕아가 된다. 만약 목욕방에서 물이 들어와 생방으로 흘러 나가면 살림은 망가지고 색정으로 파탄과 수감 생활을 면치 못한다.

거북아, 머리를 내놓아라
— 혈

소나무 아래에서 동자(童子)에게 물으니,
스승은 약초를 캐러 갔다고 하네
분명 이 산 속에 있을 터인데
구름이 하도 깊어 있는 곳을 모르겠네

松下問童子 言師採藥去
只在此山中 雲深不知處

세상을 벗어나 깨끗하게 살아가는 은자(隱者)를 만나러 갔더니, 약초를 캐러 산에 들어갔다는 얘기를 듣고 허탈해하는 모습이 역력하다. 명당을 찾겠다고 산을 올라서도 마찬가지이다. 형기론에서 설명하는 명당 역시 초목으로 덮인 산 속에서 찾기가 어렵다.

풍수에서는 생기가 응집된 곳을 명당(明堂), 혈장(穴場), 혈(穴), 진혈(眞穴) 등으로 나누어 부르는데 혼동을 해서는 안된다. 혈장이란 시신이 묻히는 공간을 말하며, 명당은 혈장을 포함한 주변의 평평한 땅을 뜻한다. 보통 내룡의 끝 부분에 위치하며 명당 외의 땅보다 약간 도톰하고 후덕한 모습이다. 혈은 혈장과 같은 개념으로 태양 광선이 볼록렌즈를 통해 한 점에 모이듯이 생기가 최대한 응집된 공간이며, 진혈이란 생기가 응집된 곳임을 확증한다는 말의 표현이다.

생기가 응집된 혈을 찾는 방법은 풍수론에 따라 설명이 다르다. 형기론은 진혈임을 증명하는 4가지 요소가 모두 확연히 드러난 곳이라야 명당으로 간주한다. 만약 한 가지라도 갖추지 못했다면 후손이 화를 당한다며 경고한다.

첫째는 입수(入首)를 본다. 내룡의 생기를 최종적으로 잘 가다듬어 응축시켰다가 혈로 전달해주는 통로가 입수인데, 일반적으로 두뇌(頭腦)라고 한다. 입수가 잘 발달하면 후손이 건강하고 명예가 따른다고 한다.

둘째는 혈의 좌우에 날개처럼 붙어서 생기를 지탱해주고 아울러 생기가 응집되도록 도와주는 땅 모양이 있어야 하는데, 이를 선익(蟬翼)이라 한다. 좌측에 있는 선익을 청룡선익(靑龍蟬翼), 우측의 선익을 백호선익(白虎蟬翼)이라 부르며 좌우에서 혈장을 감싼 형상으로 본다.

셋째는 혈장의 앞쪽으로 나온 전순(氈脣)으로 생기의 여운이 표출된 부분이다. 혈장의 기를 받쳐주고 보호하는 역할을 한다. 전순은 사람의 턱처럼 후덕하고 원만해야 좋다고 친다.

넷째는 혈장을 덮고 있는 흙[穴土]인데, 비옥하고 생기가 있어 보여야 좋다고 한다.

그러나 형기론은 이상의 네 가지 조건이 모두 갖추어졌다고 명당이라 보지 않는다. 주산에서 혈장으로 이어지는 입수의 모양새도

진혈의 4요소

까다롭게 따진다. 그 모양이 반드시 부모(父母) → 태(胎) → 식(息) → 잉(孕) → 육(育)의 형상이어야 명당의 증거가 된다는 것이다. 부모는 주산을 말하고, 태는 주산에서 내려온 산줄기가 약간 도톰한 곳이고, 식은 학의 다리처럼 잘록하게 들어간 곳이고, 잉은 다시 살짝 솟아오른 부분이고, 육은 바로 시신을 하관하는 혈장을 가리킨다. 즉 주산에서 혈장에 이르는 산세의 모양도 부분마다 까다롭게 따져 명당의 조건을 만들어놓았다.

하지만 형기론은 풍수 현장의 조건을 무시하고 너무 이론에만 치우친 경향이 있다.

실제로 산에 올라 보면 주산에서 혈장에 이르는 산줄기에서 명당의 증거가 되는 여러 조건들을 찾기란 쉬운 일이 아니다. 나무며 풀이 무성하게 자라났으니 어디가 부모이고, 태이고, 잉인지 도무지 분간할 수가 없다. 또 혈장도 어디가 입수이고, 선익이고, 전순인지 도통 알 수가 없다. 그럼에도 불구하고 형상론에서는 위의 조건 중에서 하나라도 부족하면 후손이 큰 재앙을 당한다니, 가슴이 답답해질 지경이다.

이 정도에서 끝나지 않고 형기론은 혈장의 모양까지도 이모저모를 따진다. 진혈은 거북이 등처럼 약간 도톰하거나 혹은 반대로 약간 오목하게 들어가야 한다고 한다. 이를 와혈(窩穴), 겸혈(鉗穴), 유혈(乳穴), 돌혈(突穴)로 구분하여 설명하는데 꼭 그런 모양이 되어야 한다고 단정내린다. 하지만 그 역시 산에서는 찾기가 어렵다. 산 속에는 비슷비슷한 모양새의 땅들이 곳곳에 있기 때문에 어느 것이 과연 이론에 꼭 맞는 것인지도 확신이 안 선다. 산에 올라 형기론에 꼭 맞는 혈을 찾기란 불가능하며 욕심을 내다보면 곧 장님이 되어버린다. 책에서는 꼭 이렇게 저렇게 생겨야 진혈이라 하는데, 산에서는 그런 곳을 찾기가 매우 어렵기 때문이다.

예를 들어 혈장의 좌우에서 혈장을 감싸안은 부분이 선익인데, 그 모양이 마치 매미나 제비의 날개를 닮아서 붙인 이름이다. 선익은 혈에 응축된 생기를 보호하고 혈장에 에너지를 계속하여 공급하는데 주로 단단한 돌이나 바위 덩어리로 이루어졌다고 한다. 하지만 산을 내집처럼 드나드는 등산 애호가라도 흙과 수풀로 덮여 있는 선익을 본 사람은 드물 것이다. 오랜 세월 동안 명풍수들의 좋은 이론들만 뽑아서 형기론의 골격을 세웠으니 현장이 무시된 형이상학적 이론에 치우친 경향이 많다.

얼마나 형기론으로 혈을 잡기가 어려웠으면 주변의 산세를 보고 진혈의 위치를 판단하는 방법까지 나왔겠는가. 꼭 이렇게 저렇게 생긴 모양새가 있어야 혈이 됨은 틀림없으나, 현장에서는 찾기 어려우니 주변의 산세를 어림잡아 혈을 잡으라는 주장이다.

　　용에 혈이 있으나 찾기 어려우니, 오직 조산(朝山)을 살펴서 조산이 높으면 혈을 높은 곳에 정하고, 낮으면 낮은 곳에 혈을 정하라.

그토록 깐깐하게 진혈의 조건을 따지던 형기론의 말이라고는 도무지 믿기지가 않는다. 이 정도면 앞의 이론적 배경이 너무 심하게 망가진 것이 아닌가 싶다. 독자 여러분은 형기론에 꼭 맞는 진혈을 산에서 찾기는 어려우니, 다만 그렇게 생긴 곳을 진혈이라고 하더라 하는 정도만 기억하면 좋을 것이다.

진혈에 대한 문제는 물형론에서 더욱 심각하다. 물형론자들은 명당의 땅일수록 사람이나 짐승을 닮은 물형(物形)으로 정확히 나타나고 물형이 없다면 명당이 아니니, 해로울 것도 이익이 될 것도 없는(無害無得) 땅이라고 주장한다.

"물형론은 기본적으로 형기론과 맥을 같이 하면서 산을 생물체로 보면 자연히 산의 모양이 어떤 물체의 형을 이루고 있다는 것을 알 수 있고 그 물형 중에서 핵심이 되는 지점인 혈을 찾는 방법이기 때문에 오차가 없다."

하지만 현장에서 물형의 핵심을 이루는 혈을 두고 사람마다 해석이 주관적이다. 산천 형세를 사람이나 동물에 비유하다 보니 술사(術士)에 따라 풍수의 신비적 요소만을 강조한다. 갈마음수형의 물형에서 어떤 사람은 혈이 입 부분에 있다고 말하고, 어떤 사람은 생식기 부분 혹은 등에 난 갈기 부분에 있다고까지 말한다. 물론 왜 그곳에 생기가 응집되었는지도 아주 애매모호하게 설명한다. 목이

갈마음수형의 산도

마르니 입으로 물을 마셔야 하고, 새끼를 낳아야 하니 생식기가 중요하고, 폼이 중요하니 갈기가 멋져야 한다는 것이다. 그럼 진짜 혈은 어디에 있는가?

자연이 아닌 사람의 주관으로 선택된 혈은 크게 믿을 바가 못된다. 그래서 일부 학자는 '풍수학은 역사학, 지리학, 윤리학을 위시하여 모든 학문 활동과 정면으로 배치되며 결코 현대 사회에서 용납할 성질의 것이 못되는 잡술이다' 라고까지 매도하였다.

풍수가 사회적 관심이 된 것은 정당치 못한 방법으로 권력과 부를 축적한 자들이 그들의 심리적 불안을 달래기 위해 그러한 신비적 요소에 기대하게 되는 데서 말미암은 것으로 판단된다.

일부 몰지각한 사람들 때문에 풍수 전체가 매도당하는 것은 옳지 못하다. 사람다운 삶을 지향하는 동양적 자연관인 풍수를 언어적 형태나 실험적 방법으로 좀더 객관화하고 검증한다면 무쇠처럼 차가운 서구 과학보다는 분명 더 따뜻하고 정겨운 구석이 있는 것이다.

나쁜 여자와 착한 여자
—사

가다가 서보아도 거기가 한라산이요 한 바퀴 돌아보아도 또 거기가 한라산이요 이제는 힘껏 벗어나려고 숨어보려고 굴 속으로 들어가보아도 거기 마저 한라산인데 우리는 이제 무슨 이 같은 어리석은 말로 한라산을 찾아간다 하는 것인가?

한라산을 등산하겠다며 실컷 한라산을 돌아다녔으나 제주도 자체가 온통 한라산임을 실감하는 이은상 선생의 넋두리이다.

혈을 둘러싼 여러 산이나 산줄기를 사(砂)라고 하는데, 이것은 옛날에 산천의 이치를 모래로 형상을 만들어 설명하였기 때문에 붙여진 이름이다. 먼저 사는 혈장을 향하여 자신이 품고 있는 생기를 분사할 뿐만 아니라 혈장으로 침범하는 외부의 좋지 못한 기운(바람)까지 막아주는 역할을 한다. 그 모양은 수려하면서도 유정하여 혈을 받들어 모시고 호위하는 모양이어야 좋고, 기울거나 추악하거나 혈장을 등지거나 하면 무정한 것으로 흉하다 한다.

풍수는 사의 진위를 분별할 줄 알면 후손의 화복(禍福)도 판단할 수 있다고 주장한다. 예를 들면 장생방(長生方)에 산이 있으면 그 집은 후손이 면면히 이어지며, 제왕방(帝旺方)에 산이 우뚝 솟아 있으면 항상 재물이 풍성하다고 단정을 내려도 좋다. 산의 모양과 형태가 단정하면 좋은 것이고, 암석으로 뒤덮여 있으면 흉한 것이다.

사 중에서 좌우에 있는 청룡과 백호가 가장 중요하다. 청룡은 혈장의 왼쪽에 담을 치듯 완만하게 흘러 뻗은 산을 뜻한다. 바람을 막기 위해 2~3겹으로 거듭거듭 감싸주면 좋고, 혈에서 바라볼 때 만약 청룡과 백호 너머로 들판이나 강물이 보이면 월수(越水)라 하며 장풍이 되지 않으므로 피해야 한다.

청룡은 남자 후손의 건강과 수명에 관계가 있으며 그 중에서 장손이 가장 커다란 영향을 받는다. 청룡이 끊어지면 집안이 절손되고, 짧거나 부실하면 남자쪽 후손이 단명하거나 병치레를 한다고 한다. 만약 혈장을 감싸지 않은 채 등을 돌리고 있으면(바깥쪽으로 구부러짐) 불효자가 나고, 끝머리가 끊어지거나 미약하면 객사하는 후손이 나오고, 끝머리에 암석이 돌출해 있으면 인재가 태어난다고 한다.

백호는 혈장의 오른쪽으로 담을 치듯 완만하게 흘러 뻗은 용맥이다. 청룡과 반대로 백호는 딸이나 며느리 등 여자 후손의 운수나 재물운을 관장한다. 백호가 아름다우면 재색을 겸비한 여자가 나오고, 백호가 부실하면 여자 후손이 빨리 죽어 홀아비가 나온다. 형세가 전체적으로 왜소하면 굶어 죽는 후손이 나오고, 끝머리가 뚝 끊겨진 듯 뭉툭하면 후손이 끊기거나 과부가 생겨난다. 청룡보다 백호의 위용이 지나치게 당당하면 청상과부가 생기거나, 며느리의 주장이 거세어진다고 한다.

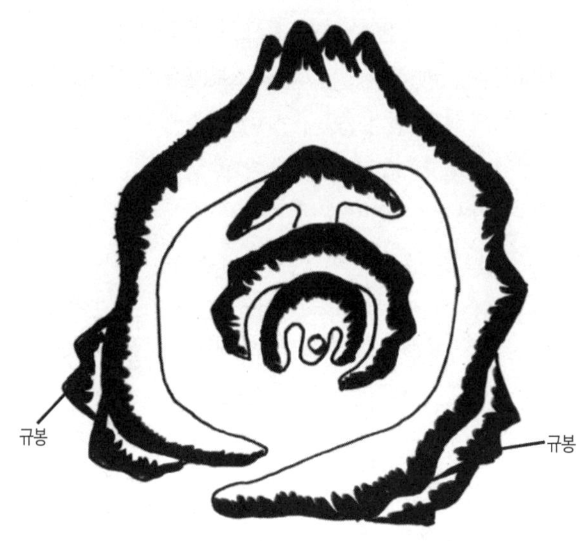

규봉 / 혈을 향하여 언뜻언뜻 넘겨다보는 산으로 마치 구경꾼이 담을 넘어다보는 형상을 하고 있다.

사를 볼 때 가장 주의 깊게 살펴볼 것은 혈에서 보아 청룡과 백호 너머로 산자락이 있으면 - 풍수는 이를 규봉(窺峰) 혹은 월견(越肩)이라 한다 - 흉하다. 이것은 혈을 향하여 언뜻언뜻 넘겨다보는 산으로 마치 구경꾼이 담을 넘어다보는 형상을 하고 있다. 백호를 넘겨보는 규봉이 있으면 도적질로 형무소에 가는 후손이 생긴다고 한다. 만약 용호가 나란히 뻗으면 - 풍수는 상부((相符)라고 부른다 - 후손간에 우애가 없고 다툼이 잦으며, 또 백호가 청룡을 찌르면 - 풍수는 자연이 올바로 순환하지 못하는 상태를 충(沖)이라 한다 - 남자 자손 중에 요절하거나 사고를 당하는 화를 입는다고 한다.

이처럼 **주변의 사가 좋고 나쁨을 따질 경우 방위로 보는 방법과 산의 모양새로 보는 두 가지 방법이 있다.**

먼저 방위로 길흉을 감결하는 방법은 패철 6층인 인반중침(人盤中針)을 이용하며, 이 경우 삼길육수(三吉六秀)가 좋다고 한다. 삼

길은 경(庚), 묘(卯), 해(亥) 방위에 있는 산이고, 육수는 간(艮), 병(丙), 손(巽), 정(丁), 신(辛), 유(酉) 방위에 있는 산으로 혈장의 생기를 강화시켜 후손의 발복을 촉진한다고 전한다.

대체로 각국의 임관방(臨官方)에 산이 우뚝 솟아 있으면 가문을 빛낼 후손이 나오고, 각국의 생왕방에 산이 있으면 대대로 부모에 효도하고 나라에 충성하는 성현이 난다고 한다. 만약 목욕방에 산이 있으면 여색을 탐하는 음란한 후손이 나고, 관대방에 솟아 있으면 신동이 태어나 어려서 급제를 하지만 풍류를 좋아한다고 한다.

산의 모양별로 방위를 정해보면 아래와 같다. 문필사(文筆砂)는 붓처럼 뾰족한 산으로 임관방(臨官方)에 있어야 좋은데, 그 중에 화국의 손방(巽方)에 있는 문필사를 제일로 친다. 특히 간방(艮方)의 문필봉은 이기상으로 하늘의 장사꾼인 천시(天市)에 해당하니 재복을 장악하는 산이다. 고궤사(庫櫃砂)는 창고에 곡식이 쌓인 형상의 산을 일컬으며 목국과 수국의 간방(艮方)에 있으면 거부가 난다고 한다. 하늘로 오르는 계단처럼 산봉우리가 연이어 높이 솟은 산을 천마사(天馬砂)라고 하는데, 복을 빨리 가져오는 산이라 한다. 특히 화국에서 오(午)자에 천마가 있으면 과거에 장원으로 급제한다고 한다. 그밖에 도장처럼 생긴 인합사(印盒砂)는 귀인이 될 산이고, 사모처럼 생긴 사모사(紗帽砂)는 벼슬이 높은 후손이 태어난다고 한다.

앞서 나열한 주변의 산봉우리 말고도 혈장 앞에 있는 안산(案山)을 귀중하게 여기는데, 보통 혈 앞쪽에 낮게 엎드려 있는 산을 가리킨다. 안산은 책상과 같은 것으로 높으면 눈썹의 높이요, 낮으면 심장의 위치로 가지런해야 좋다고 한다. 그 모양이 초승달이나 반달과 같은 아미사(蛾眉砂)라면 딸 중에서 왕비가 나거나 미인이 나고, 안산 앞으로 맑은 물이 흘러가면 재색을 겸비한 딸이나 며느리가 나온다고 한다. 만약 안산이 없으면 생활이 궁핍하고, 지나치게 높으면 혈장의 생기를 눌러 압혈(壓穴)이 되므로 후손 중에 눈이 멀거나 불구자가 태어난다.

안산 바로 뒤쪽의 커다란 조산(朝山)도 중요하게 관찰한다. 만약 조산이 없고 안산만 있다면 주인 혹은 임금으로서 품위를 잃는다. 왜냐하면 손님은 없고, 덩그렇게 상만 놓여 있는 셈이기 때문이다. 손님이 주인을 뵙고, 신하가 임금을 배알하고, 아들이 아버지를, 부인이 남편을 따르는 것처럼 혈에 대하여 예를 갖추어야 좋고, 혈에서 보아 눈썹의 위치가 좋다고 하며, 너무 높으면 오히려 혈을 압도하여 흉하다 한다.

좋은 물은 먹고 찌꺼기는 배설하라
—수

냇물이 사뭇 풍부한 것으로 미루어 우기이며 한 차례 소나기가 지나
간 듯 보여진다. 날씨가 다시 심상치 않다. 바람이 거세지고 투망을 걷
어올리는 인물의 동작이 잽싸진다. 다소 스산한 정경이나 그만큼 싱그
러운 자연의 내음이 짙게 다가온다.

모내기가 끝나갈 무렵, 물 그득한 냇가에서 고기잡이를 하는 정
세광의 그림, 「삼태그물 거두기」를 감상한 이원복 선생의 부러운
한 소리이다.

**생기가 응집된 명당을 이루려면 물 또한 혈을 유정하게 감싸안으며 완만하게 흘러야
좋다.** 물이 오염되었거나, 요란한 소리를 내면 혈의 생기를 탁하게
하여 좋지가 않다.

물이 처음 시작되는 발원지를 풍수는 득수(得水)라 하는데, 득수
가 좋아야 함은 당연하다. 즉 산을 생명을 가진 소우주로 생각할

때, 입으로 먹고 항문으로 배설해야 생명을 유지하듯이, 혈 역시 득수가 입이 되어 좋은 물을 먹으면 항문에 해당되는 파(破)가 찌꺼기를 배설해야 좋은 것이다. 『장경』에서도 득수를 중요하게 다루었다.

> 풍수의 술법은 득수함이 으뜸이요 장풍이 다음이다.
> (風水之法 得水爲上 藏風次之)

호순신(胡舜申)도, 다음과 같이 물의 중요성을 강조하였다.

> 산은 정물(靜物)로 음에 속하고 수는 동물(動物)로 양에 속한다. 그런데 음은 체상(體常)을 도(道)로 하고 양은 변화를 주로 하기 때문에 길흉화복은 수에 더 잘 나타난다

용맥뿐만 아니라 물의 형상에도 좋고 나쁨이 있다.

우선 음양의 조화를 위해 산세와 적정한 비율을 가진 물이어야 좋다. 즉 산세에 비해 물이 지나치게 양이 많으면 독양(獨陽)이라 하여 마치 홀아비가 사는 격이고, 또 산세에 비해 물의 양이 적으면 독음(獨陰)이라 하여 과부가 혼자 사는 격이다.

위의 두 경우는 모두 생명을 탄생시키지 못한다. 산세가 지나치게 강한 경우 이는 아이 못 낳는 여자가 밤마다 태몽을 꾸는 경우와 같은 꼴이다. 따라서 인위적으로 연못이나 저수지를 만들어 혈 앞쪽에 물을 가두거나 수로 공사를 하여 물의 흐름을 바꾸면 자연의 순리를 거역하는 일이라 음양의 조화가 파괴된다.

그러나 인위적으로 고인 물이 아니라 자연적으로 고인 물이라면 해석이 다르다. 혈장 앞쪽에 물이 자연스럽게 고인 연못이 있으면

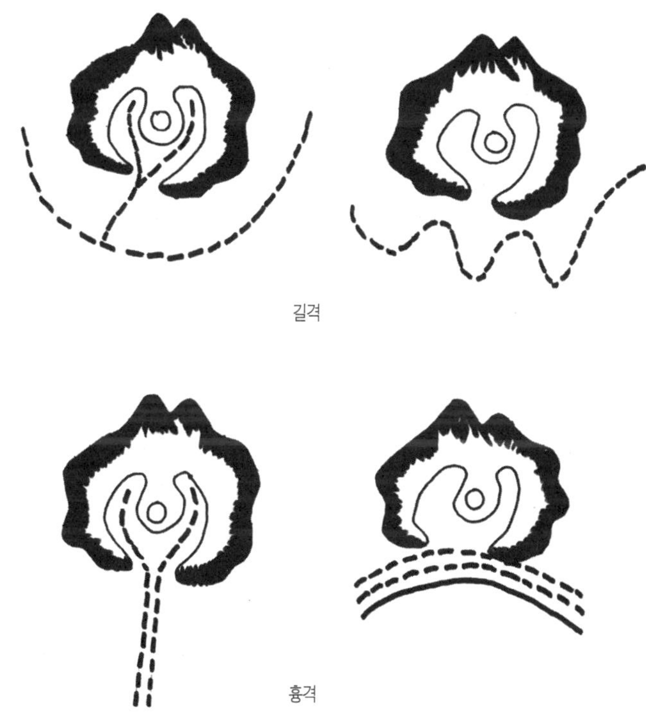

물의 길흉

재복이 크다고 한다.

둘째는 물의 흐름이 혈에 어떤 영향을 미치는가를 유심히 살펴볼 필요가 있다. 혈에서 보아 물이 빠지는 모습이 산자락 끝에 걸려 그 끝이 보이지 않아야 좋으며, 혈을 감싸안고 흐르는 금성수(金星水)는 부귀가 길이 쉬지 않아 중국의 석숭(石崇)처럼 큰 부자가 된다. 또 허리에 벨트를 찬 것처럼 흐르면 귀함이 치렁치렁 열린다고 한다.

물이 혈장을 향해 들어 오는 역수(逆水)는 재물이 들어오는 것으로 보아 길격이다. 하지만 물이 혈 앞쪽으로 곧게 뻗어 나가거나 물

산수 / 이상범 그림. 그는 우리의 토속적인 자연을 무한한 사랑과 편안함으로 바라보고 있다.

길이 혈장을 등지고 흐르거나, 높은 암벽에서 곧바로 떨어지는 폭포 등은 매우 흉하여 주변에 혈을 잡지 않는다. 즉 현장의 묘에서 바라보아 혈 앞쪽으로 물이 끝간 데 없이 뻗어 나가면 재물이 몽땅 빠져 나가 가난뱅이를 면치 못한다는 해석이다.

물의 길흉은 형상보다는 이기적으로 감결해야 정확하다. 아무리 형상적으로 좋은 물이라도 이기적으로 흉하면 절대 안된다. 먼저 풍수의 격언에 "좋은 물은 먹고 찌꺼기는 배설하라"라는 말이 있다. 이 말은 다분히 물을 이기론 적으로 설명한 말이다. 즉 진혈을 이루려면 득수는 좋은 방향에서 오고 파는 흉한 방향이어야 한다는 뜻이다.

그럼 길한 방향은 어디인가? 양수(養水) · 장생수(長生水) · 관대수(冠帶水) · 임관수(臨官水) · 제왕수(帝旺水)가 이에 해당된다.

정생향(正生向)은 우측의 제왕방 · 장생방에서 물이 시작하여 혈을 감싸돌고는 다시 흉한 방위인 묘방(墓方)으로 나가면 후손과 재물이 모두 왕성한 것이고, 정왕향(正旺向)은 좌측의 양수가 묘방(墓方)으로 나가면 장사 후에 힘을 얻어 횡재한다고 한다. 묘향(墓向)은 좌측의 관대수가 절방(絶方)으로, 양향(養向)은 우측의 임관수·관대수·장생수가 합쳐져 절방(絶方)으로 나가면 부귀가 사방에 가득하다. 여기서 향(向)을 논했는데 조금 어렵더라도 그냥 그런 것이 있다고 생각하고 넘어가기를 권한다. 요점은 '어떤 경우든 물은 좋은 방향에서 와야 한다'는 것이다.

만약 이기상 병(病), 사(死), 묘(墓)의 방위에서 물이 시작되면(얻으면) 다 큰 자식이 죽고 재물과 곡식을 탕진해 가난해진다. 그리고 절태수(絶胎水)가 혈 앞으로 들어오면 아이를 갖지 못한다. 따라서 다시 한번 확인하지만 물은 길한 방향에서 득수해야 하고, 빠지는 곳은 사국(四局)의 흉방인 묘방, 절방, 태방 중 하나로 빠져야 한다. 주의할 점은 물은 패철 8층(외반봉침)의 천간(天干) 구획으로 빠져야 좋지, 만약 지지(地支) 구획으로 빠지면 부귀는 반으로 줄어든다고 한다.

예를 들어 수국의 묘방으로 물이 빠질 때, 을자(乙字)는 천간이고 진자(辰字)는 지지이니, '진'자보다는 '을'자로 물이 빠져야 발복이 월등하다. 이것을 풍수는 천간파(天干破)가 지지파(地支破)보다 이기상으로 훨씬 좋다고 말한다.

또 풍수는 물이 빠지는 수구(水口)의 모양새로도 길흉화복을 감결하는데, 먼저 혈을 감싼 주변의 형국은 비록 넓더라도 물이 빠지는 수구의 모양새는 배가 다닐 수 없을 정도로 좁아야 좋다고 한다. 즉 청룡과 백호가 서로 유정하게 가까이 다가섰거나, 한쪽이 다른 쪽을 감싸안은 형태이면 좋은 모습이다.

또한 물체를 닮은 돌이나 바위가 수구 부분을 가로막고 서거나 우뚝 서 있으면 좋은데, 새의 모양을 닮은 돌이〔금성(禽星)〕수구를 막고 있으면 한림학사(翰林學士)가 태어난다. 도장같이 생긴 돌이 있으면 문장이 빛나고, 사자의 형상이 수구를 지키면 장원급제가 나며, 일월(日月) 같은 돌이 서 있으면 공후장상(公侯將相)이 나온 다고 해석한다.

그러나 무엇보다 물의 길흉은 이기론적으로 감결해야 옳으며, 각 향(向)에 맞는 방위에서 정확하게 물을 얻고, 그 물이 혈을 둥글게 감싸 흐른 뒤에는 각 국의 천간자로 빠지면 최고로 친다.

제5장

자연은 냉혹하다

명당 터는 이렇게 잡는다
— 진혈

천년의 풍우는 이미 전설의 꽃동산을 말끔하게 삼지(三池)에서 소탕해버렸다. 사람에 아는 이가 없고 삼지 당사자도 또한 입을 다무니, 이것을 어디에 알까? 이것이 언제나 들춰날까?

백두산의 삼지를 돌아본 최남선의 감탄사로, 풍수의 명당 역시 스스로는 말을 하지 않는다. 그저 찾고 발견하는 사람에게만 수줍게 밝은 미소를 보낼 뿐이다.

이기론으로 혈을 찾을 때는 패철의 운용을 기본으로 하는데, 자연이 올바로 순환하는 내룡은 기본적이며 필수적인 조건이다. 수려한 태조산에서 뻗어온 용맥이 혈을 응집할 곳에 이르면 내당이 우선수면 외당도 우선수로 같은 자연조건에 있어야 하고, 장풍득수 또한 잘 갈무리된 곳을 찾아 패철을 놓고 내룡과 물의 순환궤도를 이기적으로 감결한다.

형세상으로 생기 왕성한 내룡을 찾았다면 우선 패철 8층으로 물이 빠지는 파(破)를 정확히 간지하여 국(局)을 정한다. 특히 수구가 묘방(墓方)이냐 절방(絶方)이냐 태방(胎方)이냐를 잘 관찰하여야 우리가 찾을 내룡을 정할 수 있다.

패철 4층을 이용해 내룡이 뻗어내린 방향을 파악한 뒤 용의 생왕사절(生旺絶死)을 정하는데, 형세상 내룡의 입수가 풍성하고, 거북 등처럼 반듯하면 생기가 있는 것으로 간주한다.

내룡의 생왕사절을 정할 때는 아래의 사항을 명심하여 외워야 한다. 그것은 파와 자연의 흐름에 따라 이기적으로 합당한 내룡이 법으로 정해져 있기 때문이니, 원리가 맞느냐 틀리느냐 하는 것은 우문(愚問)이다. 현대의 지리학자가 밝혀낸 이론이 아니라 2천 년을 두고 자연을 관찰한 풍수가의 경험이 총집합된 원리임을 명심하자.

먼저 내당의 물이 우선수이고 파가 4국의 묘방(墓方:乙,辛,丁,癸)으로 빠지면 각국의 장생룡을 찾는다. 예를 들어 파가 패철 8층으로 보아 정미(丁未)에 있으면 목국이고 물이 오른쪽에서 왼쪽으로 흐른다면 내룡 중에서 패철 4층으로 갑묘방에서 내려온 내룡을 찾고, 내룡을 오르락내리락하면서 파가 될 수 있으면 천간인 정자(丁字)의 중앙선에 걸치는 지점을 찾는다.

만약 내당의 물이 좌선수이고 파가 묘방으로 빠지면 각국의 제왕룡을 찾는다. 예를 들어 파가 계축(癸丑)에 있으면 금국이고 물이 왼쪽에서 오른쪽으로 흐른다면 손사(巽巳)방에서 내려온 내룡을 찾고, 내룡을 오르락내리락하면서 파가 될 수 있으면 계자(癸字)의 중앙선에 걸치는 지점을 찾는다.

또 내당의 물이 우선수이고 파가 4국의 절방(絶方:乾,坤,艮,巽)으로 빠지면 각 국의 장생룡을 찾는다. 예를 들어 파가 패철 8층으로 보아 건해(乾亥)에 있으면 화국이고 물이 오른쪽에서 왼쪽으로 흐른다면 내룡 중에서 패철 4층으로 병오방에서 내려온 내룡을 찾

고, 내룡을 오르락내리락하면서 파가 될 수 있으면 건자(乾字)의
중앙선에 걸치는 지점을 찾는다.

만약 내당의 물이 좌선수이고 파가 절방으로 빠지면 각국의 관대
룡을 찾는다. 예를 들어 파가 손사(巽巳)에 있으면 수국이고 물이
왼쪽에서 오른쪽으로 흐른다면 신술(辛戌)방에서 내려온 내룡을 찾
고, 내룡을 오르락내리락하면서 파가 될 수 있으면 손자(巽字)의
중앙선에 걸치는 지점을 찾는다. 즉, 다시 간략하게 설명하면 비록
내룡의 이기가 양룡, 장생룡, 관대룡, 임관룡, 제왕룡같이 좋다고
하더라도 아래와 같은 원칙에서 벗어난 내룡은 소용되지 않는다.

〔자연의 흐름〕	〔파의 이기〕	〔내룡의 이기〕
우선수	사국의 묘파	장생룡
좌선수	사국의 묘파	제왕룡 혹은 임관룡
우선수	사국의 절파	장생룡 혹은 양룡
좌선수	사국의 절파	관대룡

4국마다 4개씩 진혈을 찾을 수 있고, 천간(天干)과 지지(地支)의
파까지 나누어 혈을 찾으니 32개의 진혈을 찾을 수 있는 방법이다.
물론 파가 지지로 빠지면 부귀가 반으로 준다는 것은 이미 설명하
였다. 하지만 현장에서는 꼭 천간으로 파를 빼기가 어렵고 지지로
파를 잡아야 하는 경우도 많으니 이는 어쩔 수 없는 일이다.

위에서 설명한 예를 참고하여 나머지 국도 진혈을 찾아보면 재미
있을 것이다.

현장 풍수는 이론 풍수보다 훨씬 오묘하고 어렵다. 특히 파가 문제이다. 패철을
놓고 수구를 감결하지만 정확히 어떤 글자로 빠졌는지 가늠하기 어
렵고, 게다가 여름이면 수구가 나뭇잎에 가려 더욱 알아보기 힘들

어진다. 또 수국에서 장생룡을 찾겠다는 욕심으로 내룡의 굽이굽이 마다 패철을 놓다 보면 어느새 파가 경계선을 넘어 금국이나 목국으로 넘어가는 수도 있으니 세심한 주의가 필요하다.

파가 다른 국으로 넘어가면 세상이 변한 것이니 처음부터 다시 시작해야 한다. 그러고도 만약 정확한 자리가 잡히지 않으면 진혈이 없는 곳이니 단념하고 하산하라.

파는 일반적으로 백호 혹은 청룡의 끝자락을 기준으로 잡는데, 예외가 있다. 만약 청룡과 백호가 도로나 굴이 뚫려 함몰되었다면 파는 도로의 끊어진 지점으로 잡아야 되고, 댐의 건설로 물이 찼을 경우는 자연이 변한 것이니 변한 기준으로 파를 잡아야 한다.

옛 무덤의 경우, 공사로 인해 혈의 국이 완전히 바뀐 경우도 많으니 주의 깊게 살펴야 한다. 청룡과 백호의 중간이 뚫렸을 경우 후손이 감옥에 가거나 목을 매 자살하는 경우가 있고, 혈장 뒤쪽이 깎여나가 비어 있으면 재물이 쌓이지 않는다고 한다.

이기론에서는 88개의 진혈을 잡을 수 있어 시중에 『88향 진결』이란 책도 나와 있다. 이 정도 뿐 아니라 좀더 세밀하게 잡으면 96개의 진혈까지 잡을 수 있다. 그러나 가장 조심해야 할 것은 조금이라도 오차를 범하면 그 즉시 패절(敗絶)한다는 경고이다. 그래서 이 책에서는 실수를 범할 확률이 적은 32개의 진혈만을 다룬 것이다. 나머지 진혈에 대해서는 다음에 집필할 것을 약속한다.

위에서와 같은 **이기적인 방법으로 혈처를 정했을 경우 보통 그 자리는 형기론에서 말하는 대로 주위보다 약간 도톰한 경우가 대부분이다.** 심지어 어떤 경우는 꿩이 알을 낳은 자리이거나 혹은 산짐승이 새끼를 낳은 장소여서 감결한 사람마저 이기론의 정확성에 감탄하고 만다.

진혈을 찾는 세 가지 방법, 즉 형기론, 물형론, 이기론 중에서 어느 이론이 가장 정확한가는 책으로 논할 수는 없다. 백문이 불여일

局 \ 向		正生向 右旋水 · 左旋龍	正旺向 左旋水 · 右旋龍	正墓向 左旋水 · 右旋龍	正養向 右旋水 · 左旋龍
水	龍	장생룡(壬子)	제왕룡(坤申)	관대룡(辛戌)	장생룡(壬子) · 양룡(癸丑)
	向	정생향(坤申)	정왕향(壬子)	정묘향(乙辰)	정양향(丁未)
	破	墓庫(乙辰)	墓庫(乙辰)	絶破(巽巳)	絶破(巽巳)
木	龍	장생룡(甲卯)	제왕룡(乾亥)	관대룡(癸丑)	장생룡(甲卯) · 양룡(乙辰)
	向	정생향(乾亥)	정왕향(甲卯)	정묘향(丁未)	정양향(辛戌)
	破	墓庫(丁未)	墓庫(丁未)	絶破(坤申)	絶破(坤申)
火	龍	장생룡(丙午)	제왕룡(艮寅)	관대룡(乙辰)	장생룡(丙午) · 양룡(丁未)
	向	정생향(艮寅)	정왕향(丙午)	정묘향(辛戌)	정양향(癸丑)
	破	墓庫(辛戌)	墓庫(辛戌)	絶破(乾亥)	絶破(乾亥)
金	龍	장생룡(庚酉)	제왕룡(巽巳)	관대룡(丁未)	장생룡(庚酉) · 양룡(辛戌)
	向	정생향(巽巳)	정왕향(庚酉)	정묘향(癸丑)	정양향(乙辰)
	破	墓庫(癸丑)	墓庫(癸丑)	絶破(艮寅)	絶破(艮寅)

4국의 점혈

견이라고 한 번이라도 현장에 직접 가보면 어떤 이론이 더 과학적
인가 금방 느끼게 된다.

　진혈을 찾을 때 혈증의 4요소로 찾을 것인가? 아니면 신안을 가
지고 생기가 뭉친 곳을 저절로 알 것인가? 아니면 패철을 이용해
내룡과 물의 이기를 감결하여 찾을 것인가는 어디까지나 독자의 판
단에 달려 있다.

자연은 냉혹하다
—좌향

나는 매화를 볼 때마다 항상 말할 수 없이 놀라운 감정에 붙들리고야 마는 것을 어찌할 수가 없으니, 왜냐하면 첫째로 그것은 추위를 타지 않고 구태여 한풍(寒風)을 택하여 피기 때문이오, 둘째로 그것은 그럼으로써 초지상적인, 비현실적인 인상을 내 마음속에 던져주기 때문이다.

기품이 빼어나 선구자적 성격을 지닌 매화를 예찬하는 김진섭 선생의 글이다. 아름다운 혈을 찾았다 하더라도 풍수는 주변의 자연과 조화를 이루는 향(向)을 놓아야만 자연의 이기를 제대로 받을 수 있다. 이것은 매화에서 풍기는 청초한 향기와도 같은 풍수의 정수이기도 하다.

무덤의 좌향을 정하는 방법으론 이기론을 제외하고는 원칙이 없다. 물형론에선 일체의 언급이 없고, 그저 산줄기가 끝날 때의 방향으로 정하라고 한다. 전라도 지방에서는 안대(案對)라 하여 조산과 안산의 봉우리와 무덤의 방향을 일치시킨다. 하지만 이기론은 좌향론(坐向論)이라 부를 만큼 방향을 중요하게 여긴다. 『지리오결』은 '천리 강산이 오직 향 속에 있다(千里江山一向間)'는 말을 인용하며 향을 용혈사수(龍穴砂水)의 집합점이라고 주장하였다.

> 용의 첫째 근본으로 향에서 생왕사절을 찾고, 혈의 첫째 근본으로 향에서 유기무기(有氣無氣)를 찾고, 사(砂)의 첫째 근본으로 향에서 득위(得位)와 불득위(不得位)를 찾고, 수의 첫째 근본으로 능히 그 살인황천(殺人黃泉)과 구빈황천(救貧黃泉)을 찾는다.

이기론에서 설명하는 향법은 현장 풍수에 즉시 적용되며, 이론대로 향을 잡았을 경우는 대개가 앞쪽에 산세가 수려한 산이 마주 보인다. 좌향론은 양균송이 말한 가난을 구제하는 비법으로 아침에 가난하던 사람이 저녁에 부자가 되었다는 술법이다. 용의 생기가 충만하면 지극히 부귀해지고, 용에 생기가 없더라도 향만 제대로 놓으면 부귀하지는 못하더라도 후손만은 면면히 이어진다. 이는 향의 좋음이 능히 용의 흉함을 구제하기 때문이라 한다.

이렇듯 중요한 향은 이론이 몹시 까다롭고 어렵다. 그러므로 여기서는 기본이 되는 32향만을 각 국에 따라 설명하기로 하고, 32향에 익숙하여 현장에서 자유자재로 응용한다면 차츰 더 상세한 향을 다루게 될 것이다. 풍수에서 귀하게 생각하는 향은 4가지로, 정생향(正生向)과 정왕향(正旺向), 묘향(墓向) 그리고 양향(養向)이다.

혈을 정하는 앞 장의 내용을 다시 음미해보자.

자연의 흐름이 우선수이고 파가 묘파이고 내룡이 장생룡이면 정생향을 놓고, 자연의 흐름이 좌선수이고 파가 묘파이고 내룡이 제왕룡이나 임관룡이면 정왕향을 놓고, 자연의 흐름이 좌선수이고 파가 절파이고 내룡이 관대룡이면 묘향을 놓고, 자연의 흐름이

우선수이고 파가 절파이고 내룡이 장생룡 혹은 양룡이면 양향을 놓는다.

　이것은 이기론의 법칙이므로 그대로 외우고 적용해야지, 다른 응용은 자연의 이치를 그르친다. 각 국에 4개의 향을 놓을 수 있으니 16개 향이고, 그것을 다시 천간향과 지지향으로 놓을 수 있으니 32개 향이 된다.

　화국(火局)의 정생향은 곤좌간향(坤坐艮向) 혹은 신좌인향(申坐寅向)으로 물은 우선수로 제왕, 임관, 관대수가 향 앞의 장생수와 합쳐져 신술 묘(墓) 방위로 소수한다. 내룡은 좌선룡에 병오방에서 뻗어내린 장생룡이다. 정왕향(正旺向)은 임좌병향(壬坐丙向) 혹은 자좌오향(子坐午向)으로 물은 좌선수로 장생, 관대, 임관수가 향 앞의 제왕수와 합쳐져 신술 묘방으로 소수한다. 내룡은 우선룡으로 간인방에서 뻗어내린 제왕룡이다. 정묘향(正墓向)은 을좌신향(乙坐辛向) 혹은 진좌술향(辰坐戌向)으로 물은 좌선수로 임관, 제왕수와 정미 쇠(衰) 방의 거문수(巨門水)와 함께 오른쪽의 장생수와 합쳐져 건해 절(絶) 방으로 소수한다. 내룡은 우선룡으로 을진방에서 뻗어 내린 관대룡이다. 정양향(正養向)은 정좌계향(丁坐癸向) 혹은 미좌축향(未坐丑向)으로 물은 우선수로 제왕, 임관, 관대, 장생수가 아울러 향 앞의 양수와 함께 건해 절(絶) 방으로 소수한다. 내룡은 좌선룡으로 병오방에서 뻗어내린 장생룡이다.

　수국(水局)의 정생향(正生向)은 간좌곤향(艮坐坤向) 혹은 인좌신향(寅坐申向)으로 물은 우선수로 제왕, 임관, 관대수가 향 앞의 장생수와 합쳐져 을진 묘(墓) 방위로 소수한다. 내룡은 좌선룡에 임자방에서 뻗어내린 장생룡이다. 정왕향(正旺向)은 병좌임향(丙坐壬向) 혹은 오좌자향(午坐子向)으로 물은 좌선수로 장생, 관대, 임관수가 향 앞의 제왕수와 합쳐져 을진 묘방으로 소수한다. 내룡은 우선룡으로 곤신방에서 뻗어내린 제왕룡이다. 정묘향(正墓向)은 신좌

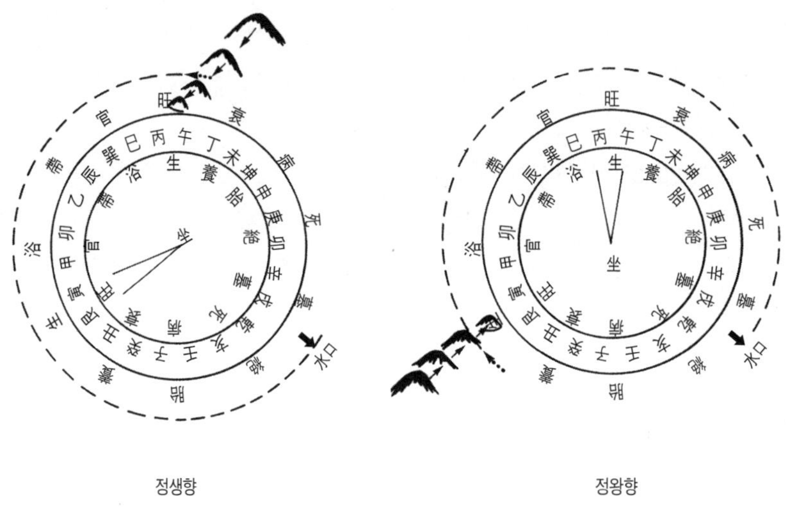

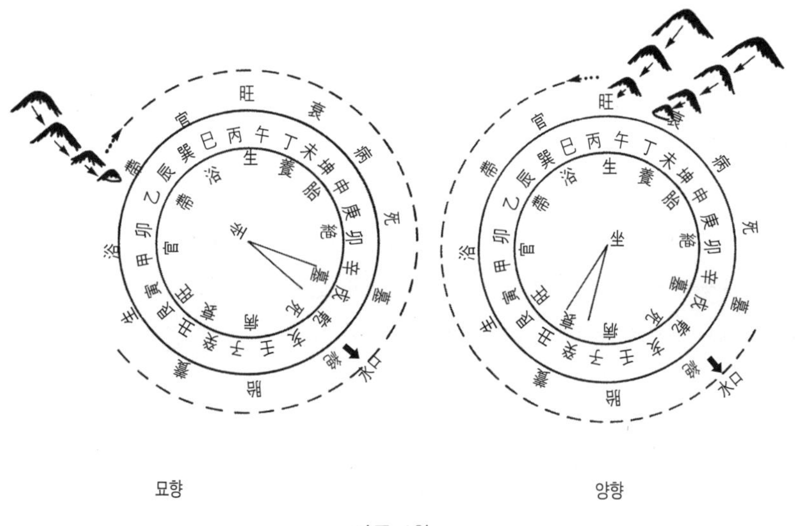

화국 4향

을향(辛坐乙向) 혹은 술좌진향(戌坐辰向)으로 물은 좌선수로 임관, 제왕, 장생수가 합쳐져 손사 절(絕) 방으로 소수한다. 내룡은 우선 룡으로 신술방에서 뻗어내린 관대룡이다. 정양향(正養向)은 계좌정 향(癸坐丁向) 혹은 축좌미향(丑坐未向)으로 물은 우선수로 제왕, 임관, 양수가 아울러 향 앞의 손사 절(絕) 방으로 소수한다. 내룡은 좌선룡으로 임자방에서 뻗어내린 장생룡이다.

금국(金局)의 정생향(正生向)은 건좌손향(乾坐巽向) 혹은 해좌사향 (亥坐巳向)으로 물은 우선수로 제왕, 임관, 관대수가 향 앞의 장생 수와 합쳐져 계축 묘(墓) 방위로 소수한다. 내룡은 좌선룡에 경유 방에서 뻗어내린 장생룡이다. 정왕향(正旺向)은 갑좌경향(甲坐庚 向) 혹은 묘좌유향(卯坐酉向)으로 물은 좌선수로 장생, 관대, 임관 수가 향 앞의 제왕수와 합쳐져 계축 묘방으로 소수한다. 내룡은 우 선룡으로 손사방에서 뻗어 내린 제왕룡이다. 정묘향(正墓向)은 정 좌계향(丁坐癸向) 혹은 미좌축향(未坐丑向)으로 물은 좌선수로 임 관, 제왕과 장생수가 합쳐져 간인 절(絕)방으로 소수한다. 내룡은 우선룡으로 정미방에서 뻗어내린 관대룡이다. 정양향(正養向)은 신 좌을향(辛坐乙向) 혹은 술좌진향(戌坐辰向)으로 물은 우선수로 제 왕, 관대, 임관수가 아울러 향 앞의 간인 절(絕)방으로 소수한다. 내룡은 좌선룡으로 경유방에서 뻗어내린 장생룡이다.

목국(木局)의 정생향(正生向)은 손좌건향(巽坐乾向) 혹은 사좌해향 (巳坐亥向)으로 물은 우선수로 제왕, 임관, 관대수가 향 앞의 장생 수와 합쳐져 정미 묘(墓) 방위로 소수한다. 내룡은 좌선룡에 갑묘 방에서 뻗어내린 장생룡이다. 정왕향(正旺向)은 경좌갑향(庚坐甲 向) 혹은 유좌묘향(酉坐卯向)으로 물은 좌선수로 장생, 관대, 임관 수가 향 앞의 제왕수와 합쳐져 정미 묘방으로 소수한다. 내룡은 우 선룡으로 건해방에서 뻗어내린 제왕룡이다. 정묘향(正墓向)은 계좌정향(癸坐丁向) 혹은 축좌미향(丑坐未向)으로 물은 좌선수로 제왕수와 장생수가 합쳐져 곤신 절(絶)방으로 소수한다. 내룡은 우선룡으로 계축방에서 뻗어내린 관대룡이다. 정양향(正養向)은 을좌신향(乙坐辛向) 혹은 진좌술향(辰坐戌向)으로 물은 우선수로 제왕, 관대, 임관수가 아울러 향 앞의 곤신 절(絶)방으로 소수한다. 내룡은 좌선룡으로 갑묘방에서 뻗어내린 장생룡이다.

자연의 순환원리는 냉혹할 정도로 일정한 궤도상에 있다. 따라서 눈에 보이는 산천형상으로 묘의 좌향을 잡는다면 그것은 전적으로 사람의 기대에 불과할 뿐이지, 자연과는 상관없는 일이다.

여기에 소개한 향법(向法)은 적용에 대단히 엄격하여 한 치의 에누리도 용납하지 않는다. 만약 자연이 우선수인데 정왕향을 놓았다거나 내룡이 관대룡이나 임관룡인데 정생향을 놓았다면 이것은 자연의 순환원리를 무시한 것으로 진혈이라도 곧 흉지로 변해버린다.

『지리오결』은 이 향법을 '대지(大地)는 대발(大發)하고 소지(小地)는 소발(小發)하며 백발백중하는 진결(眞訣)'이라고 주장한다. 따라서 생기가 응집된 명당을 찾았다면 화룡점정(畵龍點睛)같이 위에서 말한 향법을 적용하여 마무리를 끝내야 한다. **진혈에 올바른 향을 놓을 수 있다면 바로 최고의 명사(明師)이다.**

어떤 복을 받을까
─ 각 국의 길흉화복

이기론은 자연의 순환으로 보아 이기상으로 합당한 방향에서 뻗어온 내룡을 찾아 혈을 잡고, 혈에서 내룡과 물의 이기에 맞는 향을 놓는 방법이다.

옛 묘를 볼 때면 먼저 생기가 응결된 곳에 묘가 제대로 안장되었는지를 살피고, 혈을 둘러싼 전후좌우의 산봉우리(砂)는 혈을 향해 공손하게 예를 취하고 있는가를 보고, 청룡과 백호는 바람을 가둘 만큼 잘 감싸져 있는지 살핀다.

그 다음은 내룡의 생기가 왕성한지 아니면 병들고 죽은 용인지를 살피고, 혈을 감싸 흐르는 좌우의 득수와 소수를 가늠하여 자연의 흐름이 좌선수인지 우선수인지를 판별한다. 만약 물이 우측에서 나와 혈을 감싸안지 않고 무정하게 우측으로 바로 빠지는 우득우파(右得右破)이거나 혹은 좌득좌파(左得左破)라면 산천 음양의 이기가 올바로 순환하지 못하는 자연 황천에 걸린 곳이므로 명당 터가 될 수 없다.

패철 8층으로 수구(破)를 살펴 국(局:水,木,火,金)을 정한 다음 패철 4층으로 내룡의 입수가 배합 혹은 불배합인지를 판별한 후 내룡의 생왕사절을 이기상으로 판단한다. 장생룡, 제왕룡, 관대룡, 임관룡, 양룡은 좋고, 목욕룡을 비롯하여 병룡, 사룡은 쓰지 못한다. 또한 묘의 좌향을 패철 8층으로 살펴서 각 국의 생왕사절향을 이기상으로 감결한다.

이런 모든 복잡한 확인 절차가 끝났다면 다음이 남아 있다. 즉, 용상팔살과 팔요풍을 범하지 않았는가도 살피고, 패철 6층으로 사봉과 건축물의 이기도 살펴본다. 명당은 용, 사, 수, 향이 이기적 법칙에 꼭 맞아 저절로 탄성이 쏟아져 나온다.

명당에 따라 어떠한 복을 받는지에 대해서는 김명제(金明濟) 선생이 저술한 『88향 진결(八十八向 眞訣)』을 참고로 하여 각 국의 길흉화복을 쉽게 설명한다. 다소 앞 장의 내용과 중복되는 점이 있더라도 다시 한번 강조한 것이니 복습한다는 의미에서 보기 바란다.

① 수국이란 물이 을진, 손사, 병오방으로 소수해야 한다. 내룡의 끝이 왼쪽에서 오른쪽으로 구부러지면(좌선용) 물은 당연히 오른쪽에서 왼쪽으로 흘러 자연이 조화를 이룬다.

수국의 정생향 (간좌곤향, 인좌신향)

좌선용에 우선수이어야 한다. 임자왕수가 혈 앞에 와 묘방인 을진으로 빠지니, 소위 제왕방에서 물이 나와 장생향을 만나는 '왕거영생(旺去迎生)' 이라 하며 부귀를 값으로 칠 수가 없다고 하였다.

이 경우 내룡은 임자방에서 온 장생룡이 좋고, 계축방에서 온 양룡도 쓸 수 있다. 곤신방에서 산봉우리가 우뚝 서 있으면 후손이 문장으로 이름을 날린다. 하지만 산이 눈높이 정도여야 좋고 너무 높을 경우는 오히려 혈을 압도하여 좋지 못하다.

만약 곤신방에 산이 없고, 곤신방으로부터 물이 발원하여 향 앞에 이르면 누에고치의 실처럼 천년의 수를 누린다고 한다. 또 건방의 산이 높거나 혹은 건방으로 천마봉이 있으면 집안에 오복(五福)이 쌓이고 아내는 어질고 자식은 효도하며 부귀하다고 한다.

수국의 정왕향(병좌임향, 오좌자향)

우선용에 좌선수이어야 한다. 곤신장생수가 묘방인 을진으로 빠지니, 소위 장생방에서 물이 나와 제왕향을 만나는 '생래회왕(生來會旺)'한다고 한다.

이 경우 내룡은 곤신방에서 온 제왕룡이 좋다. 건해방에 천마를 닮은 산이 있고, 건해방에서 물이 발원하여 들어오면 자식이나 손자가 과거에 급제하여 이름을 떨치게 된다.

그러나 혹 건해방으로 물이 빠져 나가면 제왕수가 마르고 부딪쳐서 살인대황천(殺人大黃天)을 범하여 집안이 패절한다. 따라서 임자방의 물 한 방울은 금과 같이 귀중하게 맞이하는 것이 좋다.

수국의 묘향(신좌을향, 술좌진향)

우선용에 좌선수이어야 한다. 임자왕수가 절방인 손사로 빠지니, 부귀를 누린다. 내룡은 신술방에서 온 관대룡이 좋다.

이 경우 임자 장생룡에 술좌진향(戌坐辰向)을 하면 용상팔살을 범하니 신중 또 신중하게 판단해야 한다.

수국의 양향(계좌정향, 축좌미향)

좌선용에 우선수이어야 한다. 임자왕수가 절방인 손사로 빠지니, 향 중에서 제일로 좋으며 복이 오래도록 이어지고 집안이 흥하고 여자가 모두 빼어나다.

② 먼저 목국이란, 물이 정미, 곤신, 경유방으로 소수해야 한다.

목국의 정생향(손좌건향, 사좌해향)

좌선룡에 우선수이어야 한다. 갑묘제왕수가 왼쪽으로 흘러 향에 이르고, 다시 돌아 묘방인 정미로 빠지면 왕거영생한다. 이때 내룡은 갑묘장생룡이 좋다. 갑묘방에 산이 우뚝 솟아 있으면 후손이 문장으로 이름을 떨치고 간인방에 사모사(紗帽砂)가 있으면 귀인이 나며, 건해방에 천마가 있으면 발복이 빨리 일어난다.

목국의 정왕향(경좌갑향, 유좌묘향)

우선룡에 좌선수이어야 한다. 건해장생수가 묘방인 정미로 빠지니, 생래회왕하며 총명한 후손이 난다. 이때 내룡은 건해제왕룡이 좋다. 간인방에 사모사가 있으면 소년에 장원급제를 하고, 갑묘방의 제왕수는 한 방울이 천금과 같으니 잘 살펴야 한다.

목국의 묘향(계좌정향, 축좌미향)

우선룡에 좌선수이어야 한다. 갑묘왕수가 절방인 곤신으로 빠지니, 부귀하다. 이때 내룡은 계축 관대룡이 좋다. 오래 되면 후손 중에 풍질(風疾)이 발생하나 발복과는 무관하니 크게 염려할 필요가 없다.

목국의 양향(을좌신향, 진좌술향)

좌선룡에 우선수이어야 한다. 갑묘왕수가 절방인 곤신으로 빠지니, 크게 부귀하고 여자가 빼어나다. 이때 내룡은 갑묘 장생룡이 좋다.

③ 화국의 형상이란, 물이 신술, 건해, 임자방으로 소수해야 한다.

화국의 정생향(곤좌간향, 신좌인향)

좌선룡에 우선수이어야 한다. 제왕수가 왼쪽으로 흘러 향인 간인에 이르고, 다시 묘방인 신술로 빠진다. 이때 내룡은 병오방에서 온 장생룡이 좋다. 간인방에 산이 우뚝 솟아 있으면 문장으로 이름을 떨친다.

화국의 정왕향(임좌병향, 자좌오향)

우선룡에 좌선수이어야 한다. 생방 간인수가 묘방인 신술로 빠지니, 생래회왕하며 총명한 후손이 난다. 이때 내룡은 간인방에서 온 제왕룡이 좋다.

화국의 묘향(을좌신향, 진좌술향)

우선룡에 좌선수이어야 한다. 병오왕수가 절방인 건해로 빠지니, 부귀하다. 이때 내룡인 을진방에서 온 관대룡이 좋다.

화국의 양향(정좌계향, 미좌축향)

좌선룡에 우선수이어야 한다. 병오왕수가 절방인 건해로 빠지니, 여자들이 모두 빼어나고, 자식마다 충효현랑하다.

④ 금국의 형상이란, 물이 계축, 간인, 갑묘방으로 소수해야 한다.

금국의 정생향(건좌손향, 해좌사향)

좌선룡에 우선수이어야 한다. 제왕수가 왼쪽으로 흘러 향인 손사에 이르고, 다시 묘방인 계축으로 빠진다. 아내는 현명하고 자식은 효성이 지극하며, 오복이 집안에 가득하다. 이때 내룡은 경유방에서 온 장생룡이 좋다. 손사방에 산이 우뚝 솟아 있으면 문장으로 이름을 떨친다.

금국의 정왕향(갑좌경향, 묘좌유향)

우선룡에 좌선수이어야 한다. 생방손사수가 묘방인 계축으로 빠지니, 생래회왕하며 총명한 후손이 난다. 이때 내룡은 손사방에서 온 제왕룡이 좋다. 손사방에 문필봉이 있으면 학문이 대대로 이어진다.

금국의 묘향(정좌계향, 미좌축향)

우선룡에 좌선수이어야 한다. 경유왕수가 절방인 간인으로 빠지니, 문장이 난다. 이때 내룡은 정미방에서 온 관대룡이 좋다.

금국의 양향(신좌을향, 술좌진향)

좌선룡에 우선수이어야 한다. 경유왕수가 절방인 간인으로 빠지니, 크게 부귀해지고 자식마다 충효현량하다.

내룡에 혈을 잡을 때는 중심선에서 70~90센티미터를 띄우며 5개의 선을 긋되, 생기맥과 왕기맥상에 혈을 잡아야 한다는 것을 명심해야 한다. 좌선수일 경우는 왕기맥에, 우선수일 경우는 생기맥을 택하고, 부득이 산의 형상이나 아래위의 묘 그리고 석물 때문에 묘를 제대로 된 향으로 두기 어려우면 광중에 놓인 시신의 향만이라도 제대로 놓고, 무덤은 위아래를 보아 좋도록 성분하는 것도 무방하다.

현장에 가보면 소위 높은 벼슬을 지낸 분의 묘 중에서 쇠기맥에 자리를 잡았거나, 혹은 좌향이 잘못 잡힌 경우가 흔하다. 이것은 지관이 목숨을 부지하기 위해 의도적으로 진혈을 피했거나 혹은 진혈이나 좌향을 보는 눈이 없었기 때문이다. 너무 흔하게 보아 안타까운 일로 독자들 스스로도 조상의 묘를 감결해보라는 뜻에서 다시 한번 소개한 것이다.

또 대개 묘를 남향으로(子坐午向) 두는데, 이것은 햇볕이 좋으면 잔디가 잘 자랄 것이란 오랜 풍습 때문이다. 하지만 **이기상으로 남향은 가장 좌향을 잡기가 어려운 향으로 자칫 황천을 범할 우려가 많다.** 남향은 화국의 정왕향일 경우에만 국한하여 놓을 수 있는 향이니, 자연의 원리도 모르면서 사람의 생각만으로 남향을 고집하는 잘못된 풍조는 하루 빨리 고쳐져야 한다(이 경우 자왕향도 있으나 여기서는 생략한다).

합장이냐, 쌍분이냐
― 회두극좌

사람은 태어나면서부터 우주에서 고유한 위치를 차지하게 되는데, 태어난 해(갑자)에 따라 누구나 세 가지 방향은 피해야 한다. 함부로 웃어 넘겨버릴 이야기가 아니다. 비즈니스를 위해 자리에 앉을 때나, 잠을 잘 때나, 아니면 고스톱을 칠 때도 그 방향은 피해야 성공을 거둔다.

"이곳은 천하에 둘도 없는 명당입니다."

"그런데 왜 선친을 모시지 못한다는 말입니까?"

"명당을 차지하려면 생전에 덕을 쌓아야 되는데 적덕이 부족한 탓입니다."

"그렇다 해도 이곳에 저의 선친을 모실 수 있게 해주십시오."

"효심은 이해되지만 만약 선친을 이곳에 모시면 맏아들과 장손이 며칠 내로 큰 화를 당합니다."

장사를 지낼 때에 가끔 겪는 일이다. 보통 사람들은 이 내용을 이해하지 못한다. 명당이 있는데, 덕을 쌓지 못해 그 자리의 주인이 될 수 없다는 말이 믿기지 않을 것이다.

풍수가는 겉으론 적덕을 문제삼지만 사실은 회두극좌(回頭剋坐)를 피하여 좌향을 잡다 보니, 그 혈에서는 망자의 갑자(甲子)로 보아 좋은 좌향을 놓을 수 없기 때문에 모실 수 없다고 말하는 것이다.

그럼 회두극좌란 무엇인가. 죽은 자(망자)의 생년(生年)이 중궁(中宮)에서 갑자(甲子)를 일으켜 순행하며 도궁(到宮)되는 좌향을 놓치 않는 것을 뜻한다.

회두극좌를 정하는 원리는 매우 복잡한 체계로 이루어져 있으므로 설명은 피하고, 다만 일상에서 적용하는 방법만 기술하려 한다.

이것은 오래 전부터 이 땅에 전해진 풍수적 관습으로 비록 이기론적으로 합당한 혈이라도 회두극좌를 범하면 그 혈처는 망자의 자리가 아니라 간주하여 다른 곳을 찾아야 한다.

전남 벌교에서 유명 잡지사 H사장의 양친 묘를 이장한 적이 있었다. 그곳의 혈은 금국〔癸破〕에 병오 임관룡이었다. 이 경우 자왕향(自旺向)으로 병좌임향(丙坐壬向)을 놓으면 내룡의 방향과 일치하여 보기에는 좋다. 그런데 양친이 1913년(癸丑) 생이라 병좌임향을 놓으면 회두극좌에 걸리게 된다.

한참을 고민하다 결국 내룡이 내려온 방향에서 90도가 완전히 꺾인 금국의 정왕향인 갑좌경향(甲坐庚向)으로 좌향을 잡았다.

어떻게 회두극좌를 잡느냐 하는 법칙은 매우 복잡하므로 그것까지 소개할 수는 없고, 그 결과만 소개한다. 독자들은 자기가 태어난 해를 보고 자기에게 나쁜 방향을 알면 족하다. 여기서 나이는 1998년〔무인(戊寅)〕을 기준으로 삼았다.

<table>
<tr>
<td>辰巽巳坐　四祿
巽
④
丁戊己庚辛壬
巳申亥寅巳申</td>
<td>丙午丁坐　九紫
離
⑨
壬癸甲乙丙丁戊
戌丑辰未戌丑辰</td>
<td>未坤申坐　二黑
坤
②
乙丙丁戊己庚
卯午酉子卯午</td>
</tr>
<tr>
<td>甲卯乙坐　三碧
震
③
丙丁戊己庚辛
辰未戌丑辰未</td>
<td>中　五黃
宮
⑤
甲戊己庚辛壬癸
子午酉子卯午酉</td>
<td>庚酉辛坐　七赤
兌
⑦
庚辛壬癸甲乙丙
申亥寅巳申亥寅</td>
</tr>
<tr>
<td>丑艮寅坐　八白
艮
⑧
辛壬癸甲乙丙丁
酉子卯午酉子卯</td>
<td>壬子癸坐　一白
坎
①
癸甲乙丙丁戊己
亥寅巳申亥寅巳</td>
<td>戌乾亥坐　六白
乾
⑥
己庚辛壬癸甲乙
未戌丑辰未戌丑</td>
</tr>
</table>

회두극좌

① 4:사록(四祿)

임신(壬申, 67세), 신사(辛巳, 58세), 경인(庚寅, 49세), 기해(己亥, 40세), 무신(戊申, 31세 · 91세), 정사(丁巳, 82세)년에 태어난 사람은 서북방인 진좌술향(辰坐戌向), 손좌건향(巽坐乾向), 사좌해향(巳坐亥向)을 피해야 한다.

② 9:구자(九紫)

무진(戊辰, 71세), 정축(丁丑, 62세), 병술(丙戌, 53세), 을미(乙

未, 44세), 갑진(甲辰, 35세·95세), 계축(癸丑, 86세), 임술(壬戌, 77세)년에 태어난 사람은 북동쪽인 병좌임향(丙坐壬向), 오좌자향(午坐子向), 정좌계향(丁坐癸向)을 피해야 한다.

③ 2:이흑(二黑)

경오(庚午, 69세), 기묘(己卯, 60세), 무자(戊子, 51세), 정유(丁酉, 42세), 병오(丙午, 33세·93세), 을묘(乙卯, 84세)년도에 태어난 사람은 북동쪽인 미좌축향(未坐丑向), 곤좌간향(坤坐艮向), 신좌인향(申坐寅向)을 피해야 한다.

④ 3:삼벽(三碧)

신미(辛未, 68세), 경진(庚辰, 59세), 기축(己丑, 50세), 무술(戊戌, 41세), 정미(丁未, 32세·92세), 병진(丙辰, 83세)년에 태어난 사람은 서북방인 갑좌경향(甲坐庚向), 묘좌유향(卯坐酉向), 을좌신향(乙坐辛向)을 피해야 한다.

⑤ 5:오황(五黃)

계유(癸酉, 66세), 임오(壬午, 57세), 신묘(辛卯, 48세), 경자(庚子, 39세), 기유(己酉, 90세), 무오(戊午, 81세), 갑자(甲子, 75세)년에 태어난 사람은 중궁(中宮)으로 회두극좌와 관계없이 어느 좌향이든 택할 수 있다.

⑥ 7:칠역(七亦)

병인(丙寅, 73세), 을해(乙亥, 64세), 갑신(甲申, 55세), 계사(癸巳, 46세), 임인(壬寅, 37세·97세), 신해(辛亥, 88세), 경신(庚申, 79세)년에 태어난 사람은 동남방인 경좌갑향(庚坐甲向), 유좌묘향

(酉坐卯向), 신좌을향(辛坐乙向)을 피해야 한다.

⑦ 8:팔백(八白)

정묘(丁卯, 72세), 병자(丙子, 63세), 을유(乙酉, 54세), 갑오(甲午, 45세), 계묘(癸卯, 36세·96세), 임자(壬子, 87세), 신유(辛酉, 78세)년에 태어난 사람은 북서방인 축좌미향(丑坐未向), 간좌곤향(艮坐坤向), 인좌신향(寅坐申向)을 피해야 한다.

⑧ 1:일백(一白)

기사(己巳, 70세), 무인(戊寅, 61세), 정해(丁亥, 52세), 병신(丙申, 43세), 을사(乙巳, 34세·94세), 갑인(甲寅, 85세), 계해(癸亥, 76세)년에 태어난 사람은 남서방인 임좌병향(壬坐丙向), 자좌오향(子坐午向), 계좌정향(癸坐丁向)을 피해야 한다.

⑨ 6:육백(六白)

을축(乙丑, 74세), 갑술(甲戌, 65세), 계미(癸未, 56세), 임진(壬辰, 47세), 신축(辛丑, 38세·98세), 경술(庚戌, 89세), 기미(己未, 80세)년에 태어난 사람은 동남방인 술좌진향(戌坐辰向), 건좌손향(乾坐巽向), 해좌사향(亥坐巳向)을 피해야 한다.

예를 들어 1958년 기해(己亥)년에 출생한 사람이라면 서북방인 진좌술향(辰坐戌向), 손좌건향(巽坐乾向), 사좌해향(巳坐亥向)을 피해야 한다.

조상을 모신 선영을 가보면, 어떤 무덤은 부부를 합장하고, 어떤 무덤은 쌍분을 하고, 어떤 무덤은 세 개의 봉분을 만든 경우를 본다. 또 합장의 묘비를 보면 남자가 가운데에 눕고 양 옆으로 두 분

최명길의 묘 / 병자호란 때 화친론을 주장하여 위기에 처한 조선을 구해냈다.(충북 청원 소재.)

의 여자가 누워 마치 '내 천(川)' 자 모양으로 시신을 안장한 무덤도 볼 수 있다. 그렇다면 어떤 경우에 합장을 하고 어떤 경우에 쌍분을 하는가? 어려운 문제가 절대로 아니며 회두극좌가 명쾌하게 설명해 준다.

예를 들어 내룡이 북쪽에서 남쪽으로 뻗은 임자룡(壬子龍)이라 가정하고, 묘의 좌향을 내룡이 흘러온 대로 임좌병향(壬坐丙向) 혹은 자좌오향(子坐午向)을 놓는다고 결정했을 경우이다. 그런데 부친이 일백(一白)에 해당되는 기사(己巳, 70세), 무인(戊寅, 61세), 정해(丁亥, 52세) 등등에 태어났다면 그분은 임좌병향(壬坐丙向) 혹은 자좌오향(子坐午向)을 놓을 수 없다. 이 경우 모친을 남향으로 모셨다면 부친은 남향이 안되어 다른 향을 잡아야 하니 쌍분으로 무덤을 해야 한다. 두 분 모두 일백(一白)에 해당하지 않으면 당연히 남향을 해서 합장으로 모시면 된다.

즉, 무덤의 좌향을 잡았을 경우 그곳에 안장될 부부의 태어난 해

[갑자]가 그 향으로 회두극좌에 걸리지 않으면 합장으로 그 좌향을 놓을 수 있고, 두 분 중에 한 사람이라도 회두극좌에 걸리면 쌍분을 해야 한다.

전라도 지방의 무덤들을 보면 대개가 쌍분인데, 그것은 부부가 회두극좌에 걸려 따로 안장한 것이 아니라 그 지방 특유의 장례풍습 때문이다. 그곳에서는 사람이 죽고서 약 3년이 지나 육탈이 된 다음에야 정식으로 석물을 갖춘 무덤을 만든다. 육탈이 완성되어 정식으로 안장할 때다. 합장을 하려면 부친 혹은 모친의 봉분을 허물어뜨려야 하는데 그것이 못내 죄송스럽고 꺼림칙하여 옆에 쌍분으로 모시는 것이다.

충청도 지방은 생전에 금슬이 좋았으면 부부를 합장으로 모시고 허구헌날 싸움질만 했다면 쌍분으로 모시기까지 한다. 모두 회두극좌를 피하기 위해 생겨난 장묘문화라는 것을 모르고 하는 처사이다.

옛날 한(漢) 나라 때 탁문군(卓文君)이란 여류 시인이 있었다. 남편 사마상여(司馬相如)가 무릉의 딸인 미희(美姬)를 첩으로 맞으려고 하자, 탁문군은 '백두음(白頭吟)'이란 시를 읊어 남편의 마음을 되돌렸다.

"검은 머리가 파뿌리가 될 때까지 백 년을 같이 살고지고……"

비록 세상살이가 사람의 일이라 만남에 헤어짐이 있다 해도 평생을 부부로 화락하여 자식을 키우고 살았다면, 회두극좌에 걸리지 않는 한 부부는 합장으로 모심이 당연하다.

며칠 장을 지낼 것인가

— 장택일

    풍수의 목적이 우주의 기가 응집된 진혈을 찾는 것이라면 장사를 지낼 때의 제반 조건을 결정하는 장택법(葬擇法)은 시신에게 영향을 미치는 모든 요소들이 완벽한 조화를 이루도록 만드는 법칙이다.

    장택법의 중요한 요소는 진혈, 묘지의 방향, 천문의 이기에 따른 매장의 일시, 그리고 망자와 후손들의 사주(四柱) 등이다. 이처럼 천문·지리·인사(人事)가 서로 조화를 이뤄야 비로소 완전한 진혈이 되면서 시신에서 좋은 생기가 발하여 후손이 발복한다.

    이는 지리적으로 아무리 좋은 형세를 가진 혈장이라도 망자를 매장하는 과정에서 장법이 올바르지 못하면 여러 조건들이 파괴되기 때문에 시신을 버리는 것과 같다는 뜻이다. 『청오경』도 이를 경계하며 다음과 같이 말하였다.

    혈이 좋더라도 장일(葬日)이 나쁘거나 장법(葬法)에 맞지 않으면 시체를 아무렇게나 버리는 것과 마찬가지다.

또 『설심부』에서도, 다음과 같이 말하고 있다.

비록 혈이 길하다 하여도 장사가 흉하면 꺼리니라.

진혈도 매장할 때의 연월(年月)이 통하지 않거나 일진(日辰)이 나쁘면 명당도 도리어 흉하게 된다는 것이다. 지구를 순환하는 해, 달과 온갖 별들이 시시각각으로 위치를 변경하면서 지구에 영향을 미치는데, 좋은 때란 그 중에서 흉화가 없는 때를 택하여 장사를 지내는 것이다.

『장경』의 「귀혈편(貴穴篇)」에서도 장택의 중요성을 강조하였으니, 장택은 풍수의 목적상 대단히 중요한 요소로 보아야 한다.

사자를 매장할 때는 혈의 방향에 따라 각각 좋은 일시가 있을 뿐만 아니라, 망자와 상주의 배합도 잘된 길일양시(吉日良時)를 택해야 지리와 조화를 이루어 좋은 현상이 나타난다. 하지만 매장하는 일시가 일정한 법칙에서 어긋나면 지리와의 조화가 파괴되어 지리적으로 아무리 훌륭한 혈이라도 좋은 영향을 받을 수 없다.

요즘은 보통 3일만에 장사를 끝내는데, 이는 장택법이 무시되고 현대인의 편의만을 추구한 결과이다. 전통적으로 장사 날짜는 장례 문화에서 매우 중요한 비중을 차지하여 5일장, 7일장도 흔한 일이었다.

1997년 1월에 치러진 박효수(朴孝秀) 선생의 장례식은 20세기 마지막 유림장(儒林葬)이었는데, 운명하신 날로부터 무려 15일 지나서 장사를 지냈다. 중국에서는 좋은 장택일을 찾아 한 달 이상을 영안실에 시신을 내버려두는 경우도 흔하다고 한다.

부모가 돌아가셨을 경우 며칠 장을 지낼 것인가 선택하려면 먼저 『대한민력(大韓民

1) 角木 … 建屋·修家·婚姻에는 吉하고 廢建·修墳(莎草)·立石에는 不利하다.

2) 亢金 … 成造를 犯하면 長男·長婦에게 해롭고, 婚姻하면 空房수가 있으며, 葬事에는 重喪이 일어난다.

3) 氐土 … 建屋·修家·婚姻에는 吉하고 葬事·修墓에는 不利하다.

4) 房日 … 모든 일에 吉하나, 다만 葬事에만 不利하다.

5) 心月 … 모든 일에 不利하다.

6) 尾火 … 建屋·修家·婚姻·開門·放水에 吉하다.

7) 箕水 … 建屋·修家·修墓·安葬·開門·放水에 모두 吉하다.

8) 斗木 … 起造·葬事 등에 모두 吉하다.

9) 牛金 … 穀神이 많은 날이니 모든 일에 不利하다.

10) 女土 … 建屋·修家·修墓·安葬·開門·放水에 모두 不吉하다.

11) 虛日 … 모든 일에 吉하나 오직 葬事에만 不利하다.

12) 危月 … 建屋·修家·安葬·開門·放水에 不利하다.

13) 室火 … 建屋·修家·安葬·開門·放水에 모두 吉하다.

14) 壁水 … 婚姻·起造·莎草·安葬·開門·放水에 모두 吉하다.

15) 奎木 … 다만 起造·工作에만 吉하고, 安葬·開門·放水에 모두 不利하다.

16) 婁金 … 起造·婚姻·修墳·安葬·開門·放水에 모두 吉하다.

17) 胃土 … 建屋·修家·葬事에 吉하다.

18) 昴日 … 建屋·修家·工作에만 吉하고, 莎草·安葬·婚姻·開門·放水에는 不利하다.

19) 畢月 … 建屋·修家·婚姻·開門·放水에 大吉하다.

20) 觜火 … 오직 葬事에만 吉하고 그 외는 不利하다.

21) 參水 … 오직 起造에만 吉하고 安葬·婚姻·開門·放水에는 不利하다.

22) 井木 … 建屋·修家·開門·放水에만 吉하고 葬事·修墳에는 不利하다.

23) 鬼金 … 葬事·修墳에는 吉하고, 建屋·修家·婚姻·開門·放水에는 不利하다.

24) 柳土 … 建屋·修家·開工·安葬·修墳·開門·放水에 不利하다.

25) 星日 … 모든 일에 불리하나 新房을 꾸미는 데는 좋다.

26) 張月 … 建屋·修家·修墳·葬事·婚姻·外出·出兵 등에 모두 吉하다.

27) 翼火 … 오직 修墳·安葬·立石에만 吉하고, 建屋·修家·開業·開門·放水에 不利하다.

28) 軫水 … 外出·造舟·建屋·修家·工作·葬事·裁衣 등에 모두 吉하다.

1)建日 … 家屋淸掃 · 外出 · 入學 · 求人 · 訪問에는 吉하고, 建屋 · 修家 · 葬事 · 婚姻 등에는 不利하다.
2)除日 … 祭祀 · 治療 · 手術 · 播種 등에는 吉하고, 移徙 · 求職에는 不利하다.
3)滿日 … 祭祀 · 家屋淸掃 · 請客 · 播種에 吉하고, 移徙 · 立柱 등에 不利하다.
4)平日 … 平土 · 祭祀에 吉하고, 播種 · 伐草에 不利하다.
5)定日 … 祭祀 · 約婚 · 求職 · 求人 · 建屋 · 修家 · 裁衣 · 葬事에 大吉하나, 오직 外出 · 訴訟 · 播種에는 不利하다.
6)執日 … 祭祀 · 婚姻 · 建屋 · 葬事에 吉하나, 外出 · 移徙에 不利하다.
7)破日 … 破屋 · 手術 · 治療에는 吉하고 開業 · 外出 · 移徙 · 宴樂에 不利하다.
8)危日 … 祭祀 · 建屋 · 修家에 吉하고, 배나 항공여행은 피한다.
9)成日 … 祭祀 · 婚姻 · 求職 · 求人 · 建屋 · 修家 · 葬事 등 萬事에 吉하다.
10)收日 … 祭祀 · 植木 · 播種 · 婚姻 · 收金에 吉하고, 外出 · 葬事에 不利하다.
11)開日 … 祭祀 · 婚姻 · 建屋 · 外出에는 吉하나, 葬事는 不利하다.
12)閉日 … 祭祀 · 葬事에 吉하고, 開業 · 外出 · 移徙 · 建屋에는 不利 하다.

曆)』을 시중에서 구입해야 한다. 이 소책자는 연초에 발간되는데, 농사나 고기잡이에 필요한 정보가 담기고, 음택과 양택에 필요한 길일(吉日)을 잡는 데도 요긴하다. 여기서는 장택일을 정하는 방법에 국한하여 1998년(戊寅) 3월을 기준으로 설명하며, 양택도 같은 기준으로 보면 된다.

장택을 위해서는 먼저 4가지를 중심으로 좋은 날짜를 잡아야 하는데, 그 중에서 갑순(甲旬)이란 것이 있다. 세상에서는 보통 생갑순(生甲旬) · 병갑순(病甲旬) · 사갑순(死甲旬)이라하여 10일 간격으로 생(生) → 사(死) → 병(病)이 순환한다.

생갑순은 일상생활과 관련된 혼인 · 건옥 · 이사 등에 좋고, 풍수의 음택(장사 · 이장)을 위해서는 사갑순이 좋고, 병갑순은 보통에 속한다. 만약 생갑순 때에 매장이나 이장을 하면 가축이 손해나고 사람이 불안하며 재산이 손해난다고 한다.

三甲 年	生 甲 旬	病 甲 旬	死 甲 旬
子午卯酉年	甲子·甲午旬	甲寅·甲申旬	甲辰·甲戌旬
辰戌丑未年	甲辰·甲戌旬	甲子·甲午旬	甲寅·甲申旬
寅申巳亥年	甲寅·甲申旬	甲辰·甲戌旬	甲子·甲午旬

1998년은 무인(戊寅)년이다. 『민력』의 간지(干支)부분에서 생갑순은 갑인(甲寅)과 갑신(甲申)에서 시작하여 10일간이고, 사갑순은 갑자(甲子)와 갑오(甲午)에서 시작하여 10일간이고, 병갑순은 갑진(甲辰)과 갑술(甲戌)에서 시작하여 10일간임을 알 수 있다.

연도의 지지(地支)에 따라 갑순의 처음이 변하는 것에 주의해야 한다. 1998년 3월(陽曆)을 기준으로 보면 1일~7일은 병갑순, 8~17일은 생갑순, 18~27일은 사갑순이고, 28~31일은 다시 병갑순에 속한다. 따라서 양택을 위해서는 8~17일이 좋고, 음택을 위해서는 18~27일이 좋음을 알고 해당 구획에 색을 달리하여 표시한 다음 28수성(二十八宿星)으로 넘어가자.

28숙성은 천문의 이기 중에서 길성(吉星)을 선택하는 것으로 〈표 1〉에서 보듯이 장택일에 좋은 날짜는 11숙(宿)으로 기성(箕星), 두성(斗星), 실성(室星), 벽성(壁星), 누성(婁星), 위성(胃星), 자성(觜星), 귀성(鬼星), 장성(張星), 익성(翼星), 진성(軫星)이다.

양택·음택에 모두 좋은 날짜는 기성(箕星), 두성(斗星), 실성(室星), 벽성(壁星), 누성(婁星), 위성(胃星), 장일(張星), 진성(軫星)이고, 양택에는 나쁘고 음택에만 좋은 날짜는 자성(觜星), 귀성(鬼星), 익성(翼星)이다. 『대한민력』의 〈二十八宿〉의 란에 나타난 별들을 보며 위의 11개의 별자리를 표시한다. 병갑순에는 3일(觜),

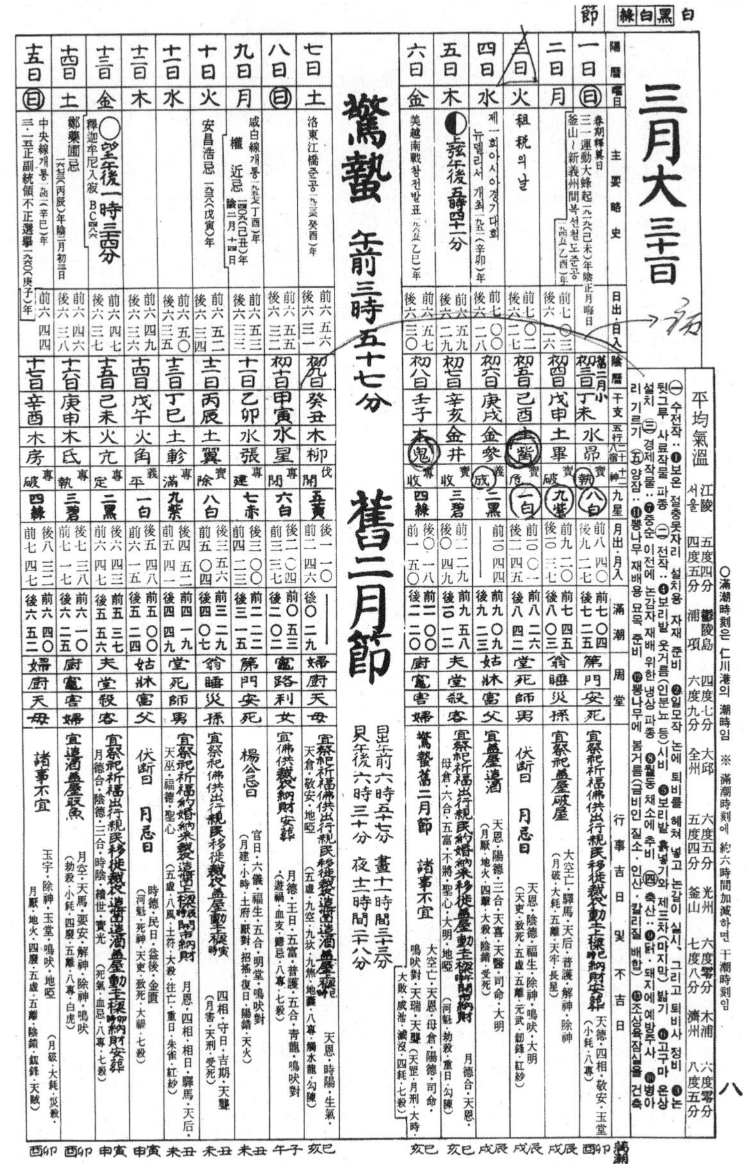

1998년 3월의 민력

6일(鬼)이 있고, 사갑순에는 18일(箕), 19일(斗), 24일(室), 25일(壁), 27일(婁)이 있고, 다시 병갑순으로 28일(胃), 31일(觜)이 있다.

다음으론 12신(十二神)으로 길흉을 판단하는데, 음택에 좋은 날짜는 4신(神)으로 〈표 2〉에서 보면 정일(定日), 집일(執日), 성일(成日) 폐일((閉日)이다. 이를 병갑순과 사갑순 중에서 차례로 표시하면 1일(執), 4일(成), 20일(閉), 25일(定), 26일(執), 29일(成)이다.

마지막으로 자백(紫白)을 따지는데, 자백은 우주의 흉신(凶神)을 멀리하고 상서로운 길신(吉神)이 모이는 것을 말한다. 9성(九星) 중에서 4가지 별, 즉 일백(一白), 육백(六白), 팔백(八白), 구자(九紫)를 택하며 음택에서는 사갑순과 병갑순의 구획 내에 국한된다. 『민력』의 구성(九星)란을 참고하면, 1일(八白), 2일(九紫), 3일(一白), 19일(八白), 20일(九紫), 21일(一白), 26일(六白), 28일(八白), 29일(九紫), 30일(一白)으로 표시를 해둔다.

이제는 장택일을 정하는 최후의 결정만 남았다. 우선은 사갑순에서, 28숙과 12신과 자백이 모두 좋은 날짜를 찾는다. 3월에는 그런 날짜가 없다. 그런 날짜가 없다면 다음으로 28숙과 자백이 겹치는 날짜가 좋은데 1차로 사갑순에서 찾고 없으면 병갑순에서 찾는다. 사갑순 내에서는 19일이고, 병갑순 내에서는 3일이다. 따라서 3월 중에 장택으로 가장 좋은 날짜는 3월 19일이다. 하지만 3월 초순에 돌아가셨다면 장택일인 19일이 너무 부담스러울 수가 있다.

이 경우는 28숙과 12신이 겹치는 날짜(25일)로 잡고, 그것도 어렵다면 마지막으로 12신과 자백이 겹치는 날짜(1일, 20일, 26일, 29일)로 정한다. 만약 이런 방법으로 장택일을 찾았으나 없다면 장사를 다음달로 넘기거나 혹은 사갑순과 병갑순 내에서 28숙이나 12신이나 자백이 한 개라도 있는 가까운 날짜로 잡는다.

우리 조상은 혼인·이사 날짜를 잡거나 혹은 이장할 날짜를 잡을 때면 아낙네까지도 이 원리를 이해하고 실천했다. 심지어 외출할 때도 좋은 날짜를 택하여 나들이하였을 정도다.

하지만 현실은 그렇지 못하다. 천문상으로 혼인하기 좋은 날보다는 주말이 더 선호되며, 시간을 맞추어 제사를 지내기보다는 귀가를 위해 이른 저녁에 해치워버린다. 이는 현대에 들어서 천문 자체가 무시된 채 편리성만 추구한 결과이다. 그러다 보니 으레 무슨무슨 날짜를 잡니 하면 역술인 혹은 무당이나 보는 것으로 치부하고 있는데, 이는 모두 자연의 섭리를 외면한 인간의 욕심이며 경우 있는 처사는 물론 아니다.

몇 시에 하관할 것인가
— 하관시

하관하는 시간은 관이나 유골이 땅에 닿는 순간을 말하며, 망자가 영면(永眠)을 위해 자리에 눕는 시간임으로 풍수에서는 매우 중요하게 여긴다. 하지만 하관 시를 정하는 원리는 오랜 풍습에 기인한 것으로 필자도 정확히 알지는 못한다. 다만 일상에서 적용하기 편리하도록 안내를 할 뿐이다.

하관시를 알려면 먼저 장사날의 간지(干支)를 보아야 한다. 1998년 3월 28일의 경우를 보자. 『대한민력』을 보면 갑술(甲戌)에 해당된다. 천간으로 시간을 정하는 것을 천을귀인(天乙貴人)이라 하고, 지지로 시간을 정하는 것을 황도시(黃道時)라 하는데, 두 개로 택한 시간이 운좋게 맞으면 그것을 하관시로 정한다.

하지만 계절과 거리상으로 보아 그 시간이 적당치 않을 경우는 천을귀인을 우선하여 시간을 정하고, 그것도 부족하면 황도시로 하관시를 정한다. 표를 참고하면 이해하기 쉬울 것이다.

3월 28일은 천간이 갑(甲)에 해당하니, 천을귀인은 미시(未時, 13

~15시)와 축시(丑時, 1~3시)이니 해가 있는 미시가 적당하다. 만약 미시를 택할 수 없다면 황도시를 보는데, 28일의 지지는 술(戌)이다. 그런데 황도시에는 6가지가 있으나 그 중에서 천덕황도(天德黃道)만은 취하지 않고 나머지 5황도에서 술자에 해당되는 시간을 택한다. 청룡황도(靑龍黃道)는 진(辰, 7~9시)이고, 명당황도(明堂黃道)는 사(巳, 9~11시)이고, 금궤황도(金匱黃道)는 신(申, 15~17시)이고, 옥당황도(玉堂黃道)는 해(亥, 21~23시)이고, 사명황도(司命黃道)는 인(寅, 3~5시)시이다. 따라서 황도시를 택한다면 사시(巳時)나 신시(申時)를 택하면 된다.

그 이외에 회도살(回到殺)을 피해야 한다. 회도살이란 하관하는 순간을 보면 산 사람이 화를 당한다고 하여, 보지 말라고 하는 것이다.

일부에서는 '호충'을 피하라고 한다. 3월 28일의 경우 간지로 갑술(甲戌)로 '회도살간지표(回到殺看知表)'를 보면 열(列)의 갑술과 행(行)의 ⑤자와 합쳐지는 란의 4자에 해당하는 정묘(丁卯, 12세·72세), 임오(壬午, 57세), 신묘(辛卯, 48세), 경자(庚子, 39세), 기유(己酉, 30세·90세), 무오(戊午, 21세·81세)는 보지 말라는 것이다. 장사 현장에서는 "토끼띠, 말띠, 쥐띠, 닭띠는 보지 마세요"라고 지관이 소리를 지른다. 이것까지 상세하게 설명하면 IMF 상황에서 시골 지관의 일자리를 뺐는 결과가 되니 생략한다. 이해해 주었으면 좋겠다.

장택법이란 본래 장사를 지내기에 좋은 명당을 찾은 연후에 좋은 때를 택하여 혈장에 시신을 안장하여 좋은 기맥과 천문이 서로 조화를 이루도록 하는 데서 출발한 장법이다.

하지만 장택에도 금기시 하는 법칙이 있다. 『장경』에서는 진혈에 들어갈 수 있는 조건을 두고, 세상을 살면서 쌓은 덕에 비례하여 자기가 묻힐 터가 정해져 있음을 경계하고 있다.

日干 / 時	甲	乙	丙	丁	戊	己	庚	辛	壬	癸
天乙貴人	未丑	申子	亥酉	亥酉	未丑	申子	未丑	午寅	巳卯	巳卯

천을귀인(天乙貴人)

黃道時 / 日辰	子	丑	寅	卯	辰	巳	午	未	申	酉	戌	亥
靑龍黃道	申	戌	子	寅	辰	午	申	戌	子	寅	辰	午
明堂黃道	酉	亥	丑	卯	巳	未	酉	亥	丑	卯	巳	未
金匱黃道	子	寅	辰	午	申	戌	子	寅	辰	午	申	戌
天德黃道	丑	卯	巳	未	酉	亥	丑	卯	巳	未	酉	亥
玉堂黃道	卯	巳	未	酉	亥	丑	卯	巳	未	酉	亥	丑
司命黃道	午	申	戌	子	寅	辰	午	申	戌	子	寅	辰

황도시(黃道時)

덕을 쌓지 않고 진혈을 차지하는 것은 천리에 역행하는 행위로 천재지변 등의 사고를 당할 수 있고, 타인의 명당을 빼앗아 자기의 조상을 묻으면 머지않아 우연한 사고를 당하며, 자기 조상을 모시기 위해 다른 사람의 묘를 파헤치면 음덕은 사라져버린다.

제6장

명당아, 어디에 있느냐

소문난 명당 터

―남연군 묘 / 한확 묘 / 이지함 묘 / 진묵대사 모친 묘

한국의 풍수는 오랜 역사를 통하여 민간 신앙이 될 만큼 일반화되었다. 이처럼 풍수가 기층 문화에 뿌리박게 된 데에는 불교의 영향이 큰데, 특히 스님들의 풍수 행각에서 많이 비롯되었다. 백성들의 존경과 신망을 받는 스님이라면 묘지를 선정하는 법술까지 터득한 사람으로 간주되었기 때문이다.

높은 벼슬을 지낸 분의 신도비(神道碑)를 보면, '대광보국숭록대부(大匡輔國崇祿大夫)'로 첫머리가 시작되는 경우가 많다. '대광보국숭록대부'란 벼슬아치의 품계로 정1품(正一品)에 해당된다. 신도비는 주로 묘에서 가까운 길가에 세우는데, 고인의 위업과 공훈 그리고 학문과 덕행을 자세하게 기록해놓은 석물이다. 고인의 전 인생을 담는 만큼 당대의 문장가에게 비문을 짓게 하거나, 명필을 초빙하여 글씨를 쓰게 했으며, 각(刻)도 매우 중요하게 여겼다. 따라서 조선시대에는 종 2품 이상 고관의 묘에만 설치가 허락되었다.

옛날 충청도에 한 노파가 떡 장사를 하며 아들과 가난하게 살고

있었다. 하루는 스님이 찾아와 시주를 요구하자 노파는 가진 식량을 모조리 퍼내어주었다. 그러자 스님은 아비의 무덤을 어느 어느 곳으로 옮기라고 하면서, 그 자리는 대광보국숭록대부가 나올 자리라고 일러주었다. 스님의 말을 '대광주리에 숭늉'으로 잘못 알아들은 노파는, 그 날부터 남편의 무덤에 갈 때마다 대광주리에 숭늉을 꼭 담아 가지고 가서 아들의 과거 급제를 빌었다. 지성이면 감천이라고 남보다 더욱 열심히 공부한 아들은 장원으로 과거에 급제하여, 훗날 대광보국숭록대부의 벼슬에 올랐다 한다.

이처럼 소문난 명당 터에 얽힌 이야기는 무수히 전해져온다. 그런 이야기 중에서 몇 가지를 소개하고자 한다. 단, 이기론적인 관점에서 재해석을 하였기 때문에 기존의 관점과는 다를 수도 있다.

① 2대에 걸쳐 황제가 날 남연군 묘

파락호 생활을 하던 흥선 대원군은 당대의 풍수가 정만인에게 앞일을 물어보았다. 그러자 그는 명당 터가 많은 예산의 가야산(伽倻山)을 지목하여 말했다.

"덕산 땅에 만대를 거쳐 영화를 누릴 곳과 2대에 걸쳐 황제가 나올 자리가 있습니다."

대원군은 서슴없이 2대에 걸쳐 황제가 나올 터를 택했다. 하지만 그 터에는 이미 가야사(伽耶寺)라는 절이 들어서 있고, 묘를 써야할 혈처에도 석탑이 세워져 있었다. 야심에 불탔던 대원군은 권세를 이용하여 절을 불태우고, 석탑을 부순 뒤에 연천에 있던 아버지 남연군의 묘를 그곳으로 이장하였다. 명당에 대한 대원군의 집념이 얼마나 대단했던가!

남연군(南延君, ?~1822)은 이름이 구(球)이고 인평대군의 6대손인 이병원(李秉源)의 아들이었으나 은신군(恩信君)에게 입양되며

남연군의 묘 / 수국의 자생향을 놓았으나 자연이 제대로 순환되지 않았다.

남연군에 봉해졌다. 어려서 부모를 여의고 기인 행세를 하던 대원군은 둘째 아들 명복(命福)을 1863년 고종(高宗)으로 등극시켰다. 그리고 1907년 헤이그 만국 평화 회의에 이준(李儁) 등을 밀사로 파견한 사건에 연루되면서 고종이 물러나자, 손자인 순종(純宗)이 이어서 황제로 등극하였다. 결국 아들과 손자가 2대에 걸쳐 황제에 오른 셈이다.

남연군의 묘는 예산의 상가리에 있는데, 묘에서 바라보면 덕산을 비롯한 삽교, 예산의 들판이 한눈에 들어와 가슴속이 시원해진다. 구릉 위에 높이 모신 묘는 둥글게 낮은 호석을 두르고 앞에는 장명등과 묘비를 두었는데 지극히 화려하다. 장명등은 서양 궁궐의 지붕 모양을 본뜬 옥개석으로 모양이 특이하고, 화창은 사방으로 둥글게 내었다. 무덤의 주변에는 군데군데 바위가 땅 속에 묻혀 있어 옛 절의 흔적이 역력히 남아 있다.

근처의 서원산 남쪽 기슭에는 보덕사(報德寺)란 절이 있다. 가야사가 황제를 낳게 한다는 풍수설에 의해 불태워지면서 대원군이 부친의 묘를 쓰자, 왕에 오른 고종이 그 은혜를 고맙게 여겨 새로 지어준 절이다.

남연군 묘를 감결한 풍수가 U씨는 다음과 같이 설명하며 찬사를 보냈다.

소백산을 조산으로 하여 속리산을 거쳐서 가야산이 만들어지고, 그 줄기는 북쪽으로 뻗다가 몸을 돌려 가야산을 다시 돌아보는 가운데 한 맥이 서쪽으로부터 내려와 만든 명당이다. 방향은 남동향(亥坐巳向)이고 물줄기는 동쪽에서 나와 남동쪽으로 막히니(卯得辰破), 혈로 들어오는 내용의 좌우에는 가야봉이 천을(天乙)이 되고 옥양봉이 태을(太乙)이 되어 각각 혈을 호위한다. 또한 백호는 목성의 산들이 연이어 뻗어 혈을 감싸고 수구를 막고 있는 반면, 청룡은 목성의 산들이 서로 이어져 역시 수구를 막아주고 있다. 이곳은 한마디로 용장호단(龍長虎短 : 청룡이 짧고 백호가 길다)의 형세로 앞산들은 마치 만조 백관이 절하는 모양 같으니 왕(王)의 자리이다. 그러나 몽둥이[杖] 같은 왼쪽 청룡이 묘를 향해 공격하는 듯 머리를 내밀고 있어 후손에게 피를 부르는 우환이 있을 것이고, 백호 쪽은 각각의 모습이 뛰어나 청룡을 압도하니 부인들의 주장이 드셀 것이다.

이미 지나간 역사를 풍수적으로 해석할 때는 해석하기 나름이 아닐까. 그 전에는 이러하였지만, 그 후에는 저러하였다고 한다면 객관성이 너무나 부족해 보인다. 하지만 이곳을 이기론으로 감결한다면 1800년대에 감결한 내용과 1900년대에 감결한 내용이 동일할 수밖에 없다. **이기론적인 해석은 사뭇 딱딱하고, 재미가 없다. 그러나 어디 흥미로워**

야만 풍수인가?

　이기론으론 감결하면, 묘는 패철 8층으로 건좌손향(乾坐巽向)으로 놓았으며, 진파(辰破)이니 수국(水局)이다. 내룡은 경유(庚酉) 방에서 입수하여 유신(酉辛) 방에서 휘어져 신술(辛戌) 방으로 입수하다 혈장은 건해목욕룡에 자리잡았다. 여기서 수국의 진자(辰字)로 소수하니, 건좌손향은 수국의 자생향(自生向)으로 부귀하고 장수할 좌향이다. 차남이 먼저 발복하지만 내룡과 산들이 좋으면 장자가 먼저 발달하는 경우도 있다. 하지만 이 묘는 내룡이 경유 임관룡이 아닌 목욕룡이고, 자연의 순환이 좌측에서 나와 혈을 감싸 안지 못한 채 그대로 좌측으로 빠지니, 곡식이 제때에 맺지 못하는 것과 같은 터이다.

　즉, 처음에는 발복하여 융성하지만 얼마 지나지 않아 가뭄이 들고 비바람이 몰아쳐 곡식이 여물지 못하듯이 후손의 영화가 곧 쇠락할 자리인 것이다.

② 모란반개형의 한확 묘

　한확(韓確, 1403～1456)은 조선 초기의 문신으로 본관은 청주(淸州)이고, 호는 간이재(簡易齋)이다. 그의 누나가 명나라에 들어가 성조(成祖)의 후궁이 되자, 그 역시 1417년 명나라에 가 소경(少卿)이란 벼슬을 받았다. 한확은 확고한 정치적 배경을 바탕으로 세종 때에는 경기도 관찰사를 거쳐 이조판서를 역임하고, 계유정난에 가담하여 1등 공신에 봉해지며 세조 때는 좌의정에 이르렀다. 1455년 한확은 세조의 왕위 찬탈을 '양위(讓位)'라는 명분으로 명나라를 설득시켰다. 그러나 귀국하는 도중 그만 사하포(沙河浦)에서 객사하고 말았다. 청주 한씨 가문이 확고한 기반 위에서 번성한 까닭은 한확의 묘가 명당에 위치하고, 또 그의 음덕이 컸기 때문이라고 후

한확의 묘 / 좌향이 임좌병향이라 이기론상으로도 완벽한 명당이다.

손들은 굳게 믿는다.

한확의 묘는 남양주시 능내리에 있는데, 양평으로 가다 보면 팔당댐을 조금 지나 오른쪽으로 신도비와 함께 위엄스럽게 자리잡고 있다. 물형론에서는 이를 모란반개형(牧丹半開形)의 명당으로 규정한다. 그래서 풍수를 배우는 사람이라면 누구나 현장 풍수를 익히기 위해 찾아가는 성지와도 같은 곳이다. 다음은 풍수 연구가 K씨의 설명을 들어보자.

산세가 마치 모란이 반쯤 핀 모양 같다고 해서 붙여진 이름으로 모란은 부귀영화를 상징하는 꽃이다. 그러나 꽃이 활짝 피면 부귀영화의 절정에 올라 다음부터는 시든다는 의미가 내포되어 있다. 그래서 영화가 계속 되려면 반쯤 핀 꽃을 더 선호한다. 이 묘는 반개한 형국의 중심부인 꽃 수술에 위치하고 있다.

　그런데 그곳의 산세를 지도로 그려보면 모란꽃이 피려는 형상의 산도 없고, 주변의 산들도 모란꽃 같은 형상으로 그려지지도 않는다. 또 묘 터가 꽃 수술 부분에 위치했다고 하지만 무덤에 서서 그곳을 꽃 수술로 느낀다면 세상 모든 것을 꽃으로 보는 마음씨 착한 사람일 것이다.

　이기론으로 감결하면 한확의 묘는 어떠할까. 예봉산(685m)에서 능내리로 뻗어가던 한 줄기의 용맥이 6번 도로를 만나며 생기를 멈추었다. 내룡은 산등성이에서 간인(艮寅)으로 내려뻗다가 혈 가까이에서 임자룡(壬子龍)으로 입수하였다. 수구는 정파(丁破)이니 목국에 임관룡(臨官龍)이다. 자연은 좌측의 제왕향에서 득수하여 우측인 목국의 묘향으로 빠지며, 청룡의 자락이 혈 앞을 활처럼 감싸 안으며 책을 펼쳐놓은 것과 같은 안산을 이루어놓았다. 하지만 백호는 짧은 형상으로 이 집안의 여자들은 복록이 크지 않을 것이다.

　이 경우 목국의 제왕향인 경좌갑향(庚坐甲向)을 놓으면 주위의 산과 조화를 이루지 못하므로, 목국의 자왕향(自旺向)인 임자병향(壬坐丙向)을 놓아야 후손이 발부발귀하는 자리이다. 앞에서도 이야기했듯이 명당에 위치한 묘일 지라도 좌향을 잘못 잡아 허사인 경우가 대부분인데 다행스럽게도 한확의 묘는 좌향마저도 임좌병향이라 이기론 상으로도 완벽한 명당임을 확인했다.

③ 맹호입산형의 이지함 묘

　예로부터 '만세토록 안녕을 보전한다'는 충남 보령시는 산이 높고 바다와 인접한 菡름다운 고장이다. 21번 국도에서 신대천을 안고 오른쪽으로 들어가면 비릿한 바다 냄새가 풍기는 포구가 보이며, 나지막한 야산들이 옹기종기 솟아 있는 고정리가 나온다. 그곳에는 기인이었던 이지함(李之菡, 1517~1578)의 묘와 그 가족들의 묘가 무려 13기나 다닥다닥 밀집된 한산 이씨의 선영이 있다. 이 묘역은 문화재 자료 제 319호로 지정되어 보호받고 있다.

내룡은 힘차게 내려오며, 좌청룡은 혈을 안듯이 감싸주고, 혈 앞에는 바닷물이 호수처럼 잔잔히 흐른다. 해안에서 7백여 미터 떨어진 안산에는 세 개의 봉우리가 균형을 이룬 채 나지막하게 솟아나 있다. 그러나 조산은 보이지 않는다. 겉으로 나타난 형상만을 언뜻 보아도 이곳의 묘는 대부분 황토가 벌겋게 드러난 홍분들이고, 묘비도 바닷바람에 훼손이 심하여 풍수적으로 좋은 자리로 보이지 않는다.

이지함은 호가 토정(土亭)으로 서경덕(徐敬德)의 문하에서 학문을 배웠다. 하루는 밤에 책을 읽는 도중에 기름이 똑 떨어졌다. 종을 시켜 기름을 보내달라고 하자, 장인은 토정이 몸을 상하면서까지 공부에 열중할까봐 기름을 보내지 않았다. 그러자 토정은 도끼를 들고 관솔을 따다가 주야로 일년 남짓 글을 읽어 고금시서에 통달하였다.

토정은 앞날을 내다보는 예지를 가져 많은 일화를 남기었다. 하루는 밖에서 돌아온 토정이 도포가 없어져 있었다. 거지 아이가 추위에 얼고 병든 것을 보고, 뜯어서 그 아이에게 나누어주었다는 것이다. 토정의 애민 정신을 엿볼 수 있는 일화이다. 그는 한강변의 토굴에 살면서 외출할 때는 쇠로 만든 관을 쓰고 다니다가 그것을 벗어서 밥을 지어먹기도 하고 씻어서 다시 관으로 쓰기도 하였다.

이이(李珥)와 막역하게 지낸 토정은 1573년 그의 천거로 포천 현감에 임명되었으나 그 이듬해 사직하였다. 벼슬을 탐하지 않았던 그의 성품이 나타난다.

친구의 도움으로 그가 아산 현감에 재임할 때였다. 백성들에게 민폐가 무엇이냐고 물으니 그들은 물고기를 기르는 연못이 고통스

이지함의 묘 / 내룡은 좋으나 향을 사향으로 놓아 자연이 올바로 순환하지 못했다.

럽다고 말했다. 그것은 현감마다 고을에서 키우는 붕어를 좋아하여 기르는 양보다 더 많은 붕어를 잡아들이도록 수탈하였기 때문이다. 그런 까닭에 백성들은 현감을 '붕어 무덤'이라고 비꼬아 부르며 원망하였다. 토정은 즉시 못을 메워 후환을 없애고, 또 걸인청(乞人廳)을 만들어 걸인들과 노약자를 구제하였다. 62세까지 아산 현감을 지내던 토정은 그곳에서 세상을 떠나 부친과 형제들의 묘가 있던 이곳에 묻혔다.

한산 이씨의 선영산도(先塋山圖)에는 이곳을 '날아다니는 고래가 물 속으로 들어가는 비경입수형(飛鯨入水形)'이라고 적고 있다. 그런데 풍수 연구가 C씨는 현장을 보면 아무리 보아도 물고기 모양을 한 산의 형태가 없다며 나름대로의 견해를 밝혔다.

이곳은 호랑이가 해안에서 산으로 들어가는 맹호입산형(猛虎入山形)

이다. 전체의 형국을 호랑이로 본 다음에 호랑이의 뒷부분을 자세히 보면 뒷발 사이로 꼬리가 보이며 꼬리에 해당하는 부분에 묘소들이 있다. 내룡은 호랑이의 척추에 해당하며, 용맥의 기복이 힘차게 내려오다가 엉덩이에 해당하는 국사봉에서 일단 멈추면서 산이 우뚝 솟았다. 여기에서 왼쪽으로 약간 틀면서 내려오고 도중에 자좌오향(子坐午向)으로 바다 쪽을 바라보며 묘들이 있다. 일반적으로 명당은 한 자리이나 이곳은 예외로 길게 늘어진 꼬리의 끝부분이 혈이 되기 때문에 여러 개의 혈이 생긴다. 이런 경우의 형국은 바둑판, 퉁소, 거문고 등이 있는데 혈이 5~9개 정도나 나온다.

C씨가 명당으로 예찬한 이곳을 이기론으로 감결하면 의외의 결과가 도출된다. 이기론은 다음과 같이 감결한다.

이곳은 묘소를 향해 뻗어온 내룡은 여섯 구비로 꿈틀대며 혈을 만들 기세를 취해 생기가 대단해 보이며, 정파(丁破)에 목국이다. 힘찬 기복으로 뻗어내린 내룡은 혈의 뒤쪽에서 일단 멈추며 국사봉(國師峯)으로 솟아나 주산이 되고, 그곳에서 왼쪽으로 약간 틀면서 임자(壬子) 방으로 입수하니 임관룡(臨官龍)이다.

안산이 되는 송학도(松鶴島)에는 세 개의 봉우리가 솟았으나, 그 사이로 자칫 바다가 보여 양기가 너무 셀 수가 있다. 청룡은 국자 모양으로 혈을 앞쪽까지 확실히 감싸 안았고, 또 외청룡도 안산 가까이 감쌌다. 반면 백호는 한 가닥으로 혈을 완전히 감싸지는 못한 채 조금 무정스럽다. 현재 묘의 향은 패철 4층으로 자좌오향(子坐午向)을 놓았으나, 백호의 중간쯤에 바다가 건너다 보이는 월수 상태이다. 자연은 백호의 끝이 아니라 월수된 곳으로 바람이 불어 치니, 월수를 기준으로 파를 다시 간지하면 절위(絶位)인 곤파(坤破)이니 곧 자왕향(自旺向)이 아닌 사향(死向)을 놓은 것이다.

따라서 이기론적으로 감결한 이지함의 묘는 불행하게도 때를 지나 곡식이 열리니 자연이 올바로 순환하지 못하였다. 남자는 목숨이 짧으며 가난할 것인데, 이것은 병사(病死)의 흉방을 범했기 때문이다. 하지만 내룡만은 이기상으로 좋은 임관룡이라 토질은 붉은 황토이다. 앞서서도 누차 이야기했듯 **아무리 천하에 좋은 내룡을 차지하고 있어도 향을 제대로 잡지 못하면 명당조차도 오히려 화를 불러들인다.**

④ 연화부수형의 진묵대사 모친 묘

한국의 풍수서적 가운데 가장 흔하게 명당으로 소개되는 곳이 김제군 율리 성모암 옆에 있는 진묵대사((震默大師, 1562~1633)의 어머니 묘 터이다. 이 묘는 유명한 가문의 시조 묘(始祖墓)도 아니고 또 왕릉도 아니지만 이상하게도 매일 참배 객이 줄을 잇는다. 향과 촛불이 천 년 동안이나 꺼지지 않을 터라 하여 보통 '천년향화지지(千年香火之地)'로 불린다. 반듯한 상석 위에는 제물이 정성껏 차려지고, 꽃병에는 국화꽃 향기가 은은하여 보통 묘가 아님을 느끼게 한다.

이곳을 물형론에서는 전형적인 연화부수형(蓮花浮水形)의 명당으로 지목하며, 낮은 주행산(20m)에 혈이 맺혔다고 주장한다. 묘 뒤편으로는 만경강 하류가 흐르고, 양옆에는 드넓은 만경평야가 펼쳐져 있어 마치 한 떨기 연꽃이 물위로 고개를 내민 물형이라고 설명한다. 연꽃은 꽃과 열매가 있는 꽃으로 수면에 뜰 때만 향기를 발산한다. 연화부수형은 자손이 모두 원만하고 고귀하고 또 화려한 생활을 한다는 터로, 혈은 꽃의 핵심인 꽃술에 맺힌다고 한다.

하지만 연화부수형은 주변이 물로 둘러싸여 있기 때문에 내룡이 약하거나 거의 찾아볼 수 없는 명당 터로 보통은 마을 터로 잡지 묘 터로 잡는 경우는 드물다. 풍수는 한 치만 높아도 산이요, 한 치만

진묵대사의 모친 묘 / 내룡에 생기가 없고, 향도 절파태향을 놓아 살인대황천을 범했다.

낮아도 물로 보는데 그곳의 논과 들판은 모두 물로 간주된다.

조선조 명종 때, 만경현의 불거촌에 마흔이 넘도록 아기가 없는 부부가 살고 있었다. 그 부부는 봉서사(鳳棲寺)에서 아기를 달라며 기도를 올렸는데, 하루는 어머니인 조의(調意)씨가 꿈을 꾸었다. 영롱한 구슬이 잠자는 베개 옆으로 뚝 떨어지더니 점차 변하여 마침내는 금빛 찬란한 부처의 모습이 되었다. 이때부터 태기가 있었고, 아들을 낳으니 그가 바로 일옥(一玉)이다. 일옥은 어려서부터 효심이 깊었고 특히 불법에 밝아 사람들은 '불거촌에 부처님이 났다'며 수군댔다.

일곱 살이 되었을 때 일옥은, "부처가 절에 있어야지 집에 있으면 안된다."라고 말하고는 출가하여 진묵대사가 되었다.

대사는 여러 신통력을 부린 것으로 유명하다. 하루는 길을 가는데 아이들이 냇가에서 물고기를 잡아 국을 끓이고 있었다.

"무고한 고기들이 매운탕이 되어 고생을 하는구나."

그러자 한 아이가 놀리며 말하였다.

"스님도 먹고 싶지 않으세요?"

그러자 대사는 "나도 잘 먹는다" 하면서 몽땅 먹어치웠다. 그리곤 냇가로 가 뒤를 보았다. 그 순간 기적이 일어났다. 항문에서 똥 대신 물고기가 나오더니 펄떡거리며 헤엄쳐 갔다는 것이다.

효성이 지극했던 대사는 어머니가 세상을 떠난 뒤에 제사를 지낼 일이 걱정되었다. 후손이 없으니 제사를 지낼 수 없었기 때문이다. 고민 끝에 자손이 없더라도 천 년 동안 향불이 끊이지 않을 대 명당을 잡아 장례를 치르기로 하고, 오늘날 성모암(聖母庵)의 옆자리에 모친의 묘를 쓴 것이다.

그 날 대사는 붓을 들어 현판에 이렇게 썼다.

이 묘는 만경현 불거촌에서 나와 중이 된 진묵 일옥의 어머니를 모셨는 바, 누구든지 풍년을 바라거나 질병 낫기를 바라거든 이 묘를 잘 받들어라. 만일 정성껏 받든 이가 영험을 받지 못했다면 진묵이 대신 결초보은하리라.

이 약속을 믿는 많은 사람들이 오늘날에도 묘를 찾아 몰려들고 있다. 풍수가 C씨는 이 묘 터를 다음과 같이 설명하였다.

이곳은 서해 불포(佛浦)가 서쪽으로 둘러싸고 있어 마치 연꽃이 물에 떠 있는 모양 같다는 연화부수형으로 보는 사람들이 있다. 그런데 볼포가 배 모양이라 행주형(行舟形)으로 보는 견해도 있다. 행주형으로 보는 사람은 묘에서 1킬로미터 정도 떨어진 창고를 안산으로 보는데, 창고에서 짐을 싣는 형국이니 풍요로울 수밖에 없다는 설명이다.

진묵대사 어머니 묘의 뒤로는 만경강의 하류가 흐르고 앞쪽에는 넓은 들판으로 이곳은 들판 가운데에 주행산이 낮게 솟아나 마치 섬과 같은 모양을 하고 있다. 묘 앞의 성모암(聖母庵)에서는 독경 소리가 들리고, 뒤쪽에는 진묵대사와 그 모친의 영정을 모신 진묵조사전(震默祖師殿)이 있다. 묘는 형태가 비교적 온전했지만, 자세히 살펴보니 주변에는 물이 들어 찬 증거인 물풀이 군데군데 깔려 있다.

내룡이 뚜렷하지 못한 이곳에 풍수 이론을 세심하게 적용하였다. 내룡은 곤신(坤申) 방에서 뻗어오다 결인처에서 두 갈래로 갈리며 신술(辛戌) 방에서 입수하였다. 자연은 우선수에 간파(艮破)이니 금국(金局)이고, 내룡은 양룡(養龍)이다. 청룡은 민가 건너편에서 묘를 감싸안은 형상인데 소나무가 빽빽이 들어서고, 백호는 진묵대사의 비 뒤쪽에서 형태만 남아 있다. 생기가 흐르는 내룡이라기보다는 평지에서는 한 치만 높아도 산으로 본다는 풍수의 원리에 따라 산으로 쳐주었다는 표현이 적당할 정도이다. 안산은 들판 너머로 엎드려 있으나 보잘 것 없고, 조산은 묘방(卯方)에서 흐릿하게 보인다.

현재 좌향은 패철 4층으로 보아 유좌묘향(酉坐卯向)으로 놓여 있다. 자연의 순환을 고려할 때 금국의 양향(養向)인 신좌을향(辛坐乙向)을 놓아야 되는데, 현재의 향은 절파 태향(絶破胎向)으로 살인대황천(殺人大黃泉)을 범하였다. 게다가 들판인 양기(陽氣)가 내룡의 음기에 비하여 지나치게 세어 음양이 조화롭지 못하다.

아마도 명당에 어머니 묘소를 정한다는 진묵대사의 깊은 뜻은 다른 곳(?)에 있었으리라 추측된다.

옛 비결에 이르기를
— 명당 간산기

'인걸은 지령(人傑地靈)'이란 말은 사람의 성품은 그가 태어난 고장의 산천형세를 닮는다는 말에서 비롯되었다. 산천이 맑고 수려하면 사람도 관대하고 용모가 아름다우며, 험준한 산을 바라보고 자라면 성질이 포악하고 거칠다고 한다.

우리나라는 백두산에서 뻗어온 백두대간이 지리산과 가야산, 그리고 문수산성으로 이어지면서 산세가 웅혼하며 골짜기가 깊어 사시사철 맑은 물이 흐르는 산자수명한 땅이다.

물 맑은 고장마다 도처에 명당이 숨어 있는데, 우리의 선인(先人)들은 오랜 세월 동안 그것을 찾아내어 비결이나 비망록을 만들어 은밀히 전했다. 이렇게 비전된 명당은 '만산도', '명산록'이란 제목으로 필사본이 시중에 나와 있다. 하지만 '어느 산에 어떠한 명당이 있다더라' 정도만 알 수 있을 뿐 현대에 와서 다시 그 정확한 위치를 찾기란 여간 어려운 작업이 아니다. 그런 애로점에도 불구하고 **이기론은 선인이 점지해놓은 큰 터를 정확한 방위로 즉, 내룡, 득수, 파로 기록만**

해놓았다면 지금도 되찾을 수 있다. 이기론만이 가능한 일이다.

비기로만 전해져오는 몇 군데를 필자가 어렵사리 찾았다. 비결에 기록된 모든 명당에 이기론적인 설명이 첨부되어 있는 것은 아니다. 개중에 이기론적 해석이 가능한 몇 군데를 추리고, 또 기록된 고장을 지도에서 찾는다. 물론 이때 보는 지도는 용맥의 흐름을 일일이 손으로 그려놓은 뒤이다. 그런 다음 비기에 기록된 용맥을 찾는다. 용맥을 찾으면, 지도상으로도 충분히 비기에 기록된 패철의 방향과 똑같은 혈을 잡아낼 수 있다. 그런 다음 패철과 지도와 비기를 가지고 실제 간산을 가서 직접 확인을 한다. 어지간히 힘들고, 까다로운 작업이다. 그런 복잡한 과정을 거쳐 되찾은 명당들의 간산기(看山記)를 여기에 싣는다.

① 연구소가 들어선 용인의 큰 터

명당이 많다는 용인에 비결로 전해지는 명당이 『만산도』란 책에 기록되어 있다.

> 경기도 용인의 우측에는 고총(古塚)의 땅이 있는데 묘입수(卯入首)에 묘좌(卯坐)이다. 병수신파(丙水辛破)인데 내룡의 기세가 매우 좋고 청룡과 백호가 뻗어내려 서로 만났으니 백대에 걸쳐 명재상이 끊이지 않을 땅이다.

먼저, 용인 지역이 나타난 2만 5천 분의 1 축척 지도를 구입한 뒤에 등선을 따라 용맥을 그렸다. 한 장의 지도에 완전히 용맥을 그리려면 약 5시간이 소요되는데 쉽지 않은 작업이다. 용맥이 완성되면 패철의 자북(磁北)과 지도의 북쪽을 일치시킨 다음 갑묘방에서 뻗어내린 내룡을 찾고, 그 중에서 백호의 끝이 신파(辛破)로 걸리는 지점을 찾는다. 오랜 숙련을 거쳐야 혈처를 제대로 찾을 수 있다. 그곳은 용인시 운학동 장재미 마을의 뒷산이었다. 혈을 찾았으면 내룡과 파를 감안하여 향까지 잡고서 직접 찾아 나선다.

용인은 법화산·부아산·백운산 등에 많은 명당 터가 있어 고관 대작들이 서로 다투어 조상의 묏자리를 잡아 '생거진천 사거용인(生居鎭川 死居龍仁)'이란 말이 생긴 고장이다. 이 말은 살기에는 진천이 좋고 죽어 묻히기는 용인이 좋다는 말로 용인에 명당이 많다는 얘기와 상통한다.

옛날에 효심이 지극한 두 형제가 있었는데, 형은 용인에 동생은 충북 진천에 살았다. 어찌나 효성이 지극하던지 서로가 홀로 된 어머니를 모시려고 다투며 싸웠다. 진천의 동생 집에서 살던 어머니를 그리워하던 형이 어느 날 진천의 원님을 찾아갔다.

"사또 나리, 저는 하루도 어머니를 뵙지 못하면 살아도 사는 것 같지 않아 부득이 어머니를 모셔 가야 되겠습니다."

그러자 동생도 지지 않고 항변하였다.

"저 역시 마찬가지입니다. 비록 어머니를 잘 모시지는 못하지만 그래도 정성껏 봉양하고 있습니다. 형님의 청을 물리쳐주십시오."

형제의 답변을 들은 원님은 뜻을 갸륵하게 여겨 명판정을 내렸다.

"부모를 모시는 두 가지 방법이 있다. 하나는 살아 생전 모시는 것이고, 다른 하나는 죽은 다음 제사를 지내는 것이다. 따라서 살아서는 진천의 아우가 정성을 다하여 모시고, 돌아가시거든 묘를 용인에 두고 형이 제사를 지내도록 하라."

용인 시내에서 우회전하여 304번 국도를 타고 백암 방면으로 가는 길은 경안천의 지류인 운학천의 맑고 시원한 물이 흘러내린다. 그런데 문제가 발생하였다. 용맥을 그린 지도는 1987년도에 편집하여 1992년에 수정한 것인데, 요즘의 도로와 주변 건축물과는 너무도

용인의 명당 터 / 화국의 자왕향의 명당이나, 현재는 진혈이 파헤쳐지고 그 옆에는 연구소 건물이 들어섰다.

달라 상전벽해(桑田碧海)라는 말이 실감났다. 별학 마을과 운학 초등학교 사이를 몇 번이고 왔다갔다 했으나 지도에서 그린 산줄기를 찾을 수가 없었다. 세상도 변하고 산천도 변한 것이다. 오기가 생겨 재차 찾아 나서 결국은 그 자리를 찾았다.

그곳을 이기론으로 감결하면, 먼저 수구가 신파(辛破)이니 화국의 묘방(墓方)으로 소수하였다. 병자(丙字)에서 득수하였다면 바로 제왕수(帝旺水)이고 현장을 답사하니 간인(艮寅) 방의 장생수(長生水)가 둥글게 혈을 돌아 흐르고 청룡과 백호가 역시 혈을 유정하게 감싸안았다. 자연의 흐름은 우선용에 좌선수로 왼쪽에서 오른쪽으로 향한다. 갑묘(甲卯) 방에서 내룡이 입수하였다면 임관룡(臨官龍)이고 내룡의 기맥은 속리산이 태조산이고, 안성의 칠현산이 중조산이고, 건지산(411m)이 소조산으로 독조봉을 걸쳐 형제봉(459m)이 주산을 이룬다. 용맥을 따라 흐르는 생기는 기운차고 왕성하였다. 이곳은 비전된 바대로 묘좌유향(卯坐酉向)을 하면 화국의 자왕향(自旺向)으로 법에 합당하니, 발부발귀하고 후손이 번창할 것이다.

그러나 혈처는 아쉽게도 완전히 파헤쳐져 넓은 공터로 변하고, 그 옆에는 한국통신(주) 연구소가 들어서 있다. 용인 내에 비결로 전해지는 명당들은 현대에 들어서 골프장이 들어서거나 도로가 나면서 용맥이 끊어져 있다. 심지어 어떤 경우는 아파트 공사 등으로 진혈이 완전히 파헤쳐진 경우도 있다. 옛날엔 교통 사정이 어렵고 먹고 살기 힘들어 명당찾기가 어려웠다면 요즘은 개발이라는 명목으로 명당이 깎이고 파헤쳐져 구하기 어렵다. 그러니까 명당은 옛날이나 현대나 똑같이 귀한 것이다.

② 기도원으로 변한 안성의 큰 터

안성은 동쪽으로부터 뻗어온 산맥으로 충북과 경계를 이루며, 그 지맥의 영향으로 칠현산·서운산·덕성산 등이 높게 솟아났다. 하지만 산맥이 갈라지면서 생긴 낮은 구릉으로 전체가 비산비야(非山非野)의 평야를 이룬 고장이다.

안성에는 세 가지가 유명하다. 첫째는 유기(鍮器)로 이는 청동기 시대부터 제작된 것으로 전해진다. 예로부터 '안성맞춤'이라는 말이 유래될 만큼 안성에서 만든 유기와 가죽 꽃신은 특상품으로 이름이 났다. 둘째는 포도인데, 다른 지방의 포도에 비하여 신맛이 덜하고, 껍질이 얇으며, 씨도 적어 최상품에 속한다. 마지막으로 '시끄럽기는 안성장 윗머리'라는 말이 있다. 예로부터 안성은 삼남(三南)의 농산물이 서울과 북쪽 지방으로 전해지는 교통의 요지로 상업이 크게 발달하였다.

구한말에 경복궁을 건립할 비용을 충당할 목적으로 '당오전(當五錢)'과 '당백전(當百錢)'이 발행되었다. 그런데 당시에 유통되던

돈에 비하여 '당오전'은 다섯 닢의 가치가 있고, '당백전'은 백 닢의 가치가 있는데, 그때의 상거래상으로는 획기적인 사건이었다.

지금은 만 원하면 천 원짜리 열 개에 해당하는 개념으로 쉽게 이해하지만 당시는 그런 셈이 없었다. 따라서 물건을 사고 팔면서 돈을 환전하는 시비가 자주 발생하였다. 당오전을 받은 사람은 적게 받은 것 같고, 또 당백전을 주는 사람은 많이 준 것 같아서 서로 많으니 적으니 하며 싸움이 잦았다. '시끄럽기는 안성장 윗머리'라는 말은, 시끄럽게 서로 다투는 광경에서 유래된 말이다.

또 안성하면 떠오르는 이야기가 있다. 안성의 땅이름 중에 일죽면·이죽면·삼죽면이 있다. 원래는 죽일면·죽이면·죽삼면이었는데, 아마도 대나무가 많아서 붙여진 이름일 것이다. 그런데 땅이름을 부를 때 가장 문제가 된 것이 죽일면의 면장이었다. 사람마다 죽일면의 면장을 '죽일 면장'으로 부르니 듣기에 따라서는 욕이다. 죽일 면장이 진정서를 내자, 1915년 세 면의 땅 이름을 거꾸로 일죽·이죽·삼죽으로 고쳐서 부르게 되었다 한다.

비전에 전하는 큰 터에 대한 설명을 몇 가지로 분류해보면 재미있다. 첫째는 후손의 번창하고 높은 벼슬아치가 되는 경우이다.

"백자천손(百子千孫)의 땅이다."

"이장 후에 30년이 지나면 나라를 보좌할 큰 인물이 배출된다."

둘째는 부자가 되는 것을 기대하는 것들이다.

"묘를 쓴 뒤 20년이 지나면 거부가 된다."

"석숭(石崇)과 같은 부자가 몇 대(代)로 이어진다."

반면에 큰 터지만 세상 사람들이 찾지 못하거나 버리는 경우를 안타깝게 여기는 것들도 있다.

"보통의 눈으로는 그곳을 알지 못한다."

"산 속이라고 버리니 애석하다."

『만산도』에는 안성에 비전된 명당 터가 여러 곳이 소개되어 있는데 그 중의 하나는 다음과 같다.

안성의 남쪽 십 리에 우선묘룡(右旋卯龍)에 갑좌(甲坐)이다. 오정수득(午丁水得)에 술파(戌破)이니 큰 터이다.

먼저 지도에 용맥을 그리고, 갑묘룡에 술파인 지점을 지도 상에서 찾았다. 이 터는 안성읍 보개면 상삼리의 뒷산이며 안성에서 이천으로 가는 38번 국도상의 오른쪽 산이다. 지도를 참고하면 혈 아래쪽에 두 개의 작은 저수지가 위아래로 있고 전체적으로 청량산에서 뻗어내린 내룡이 안성천을 만나며 생기를 응집한 곳이다.

이기론으로 감결하면, 먼저 수구가 술파(戌破)이니 화국의 묘파이다. 오정(午丁)자에서 득수하였다면 바로 제왕수(帝旺水)와 쇠수(衰水)이고, 내당의 자연의 흐름은 우선용에 좌선수로 왼쪽에서 오른쪽으로 향한다. 갑묘(甲卯) 방에서 내룡이 입수하였다면 임관룡(臨官龍)이고 내룡의 기맥은 칠현산(516m)이 중조산이고, 청량산이 주산으로 병풍을 치듯이 38번 국도를 따라 산줄기가 뻗어 나갔다. 이곳에 비전된 바대로 갑좌경향(甲坐庚向)을 놓으면 화국의 자왕향(自旺向)으로 법에 합당하니 발부발귀하며 후손이 번창할 것이다.

현재 이 터에는 모 기도원이 들어서 일반인은 접근할 수가 없다. 이 기도원은 몇 년 전에 수십 명이 집단자살해 사회에 큰 물의를 일으킨 종교단체의 것이다. 근처에서 공사를 하고 있던 인부 J씨의 말에 의하면 그곳 사람들은 헬기를 타고 이동한다고 한다. 만약 들어가려면 청량산의 뒤쪽으로 난 길로 올라가야 하는데 철조망이 전체를 에워싸고 있어서 함부로 들어갈 수 없다며 입을 가린 채 손을 내저었다.

아직도 명당은 살아 있다
— 큰 터 찾기

　편지를 쓰되 내용이 없는 편지를 그대로 보내는 것을 백간(白簡)이라 한다. 유행가의 가사처럼 사연을 차마 쓸 수 없을 때 상대방이 자신의 심정을 헤아려 달라는 뜻에서 보내는 것이다.

　조선 정조 때 영의정을 지낸 김익(金　)에게 김재찬(金載瓚)이라는 아들이 있었다. 김재찬이 어렸을 때이다. 훈련 대장이 그를 불러서 병졸로 삼고자 하였다. 지위고하를 막론하고 훈련 대장이 부르면 가야 하는데, 그는 아버지의 힘을 믿고서 가지 않았다. 당시는 명령을 거역하면 인정 사정 없이 사형에 처했다. 김재찬은 자신를 잡으러온 병졸을 보고 아비에게 매달렸다. 그러자 김익은, "내가 정승이지 너는 아니다"라며 호되게 꾸짖었다.

　끌려가는 아들을 보며 김익은 병졸에게 편지 한 통을 넘겨주었다. 아무것도 쓰여 있지 않은 백지였다. 자식을 살려 달라고 쓰면 국법을 어기는 일이요, 자식이 죽는 것은 아비로서 큰 슬픔이기 때문에 차마 글로 쓸 수가 없었던 것이다. 편지를 한참 들여다본 훈련 대장은 곤장만 때리고는 훈방하였다.

그 후 김재찬은 아비의 깊은 뜻을 헤아려 학문에 매진하였고, 훗날에는 영의정에 올랐다.

편지에만 백지가 있는 게 아니다. 묘비는 보통 무덤의 정면이나 혹은 오른쪽에 세우는 석물로 망자의 행적을 간략하게 글로 새긴다. 그런데 묘비를 세우되 글자를 새기지 않는 경우가 있다. 이런 비석을 백비(白碑)라고 한다. 벼슬을 했으나 뚜렷한 업적이 없거나, 일찍이 죽어 기록할 공적이 없거나, 남존여비 사상에 근거하여 여자의 것일 때가 많다.

중국 위나라의 조조는 죽으면서 유언하기를, 무덤을 72개나 만들어 훗날 자기 묘가 훼손되는 일을 막으려 하였다. 이것은 살아생전 억울한 죽음을 당한 사람들이 세상이 바뀌면 자기의 묘를 파헤칠 것을 염려한 유언이다.

아무런 기록도 없는 명당을 찾겠다고 집을 나서는 일 또한 백지나 백비를 보듯이 깜깜하기는 마찬가지이다. 보아도 보이지 않으니 뜻을 세운 다음에 보아야 한다. 산 속 어디에 숨어 있을 명당이 '나 여기 있소'라고 대답할 만큼 다정스럽지도 않다. 명당은 미모만큼이나 사람을 쌀쌀맞게 대한다. 하늘의 정기를 타고 태어난 명당이라 땅이 신비하게 숨겨두었기 때문이다.

그렇다고 명당이 옛날 사람만 좋아하여 보이고, 현대인은 싫어하여 보이지 않는다고 말 할 수는 없다. '행복은 찾고 발견하는 사람의 몫'이듯이 명당을 찾는 잣대만 정확하게 세우고 찾으면 모습을 내밀 것이다. 우리의 산천에는 아직도 많은 명당 터가 그 주인을 기다리고 있다. **세상이 혼탁하면 혼탁할수록 사람들의 맥박이 흐려지면 흐려질수록 이 나라를 이끌 위대한 인물을 배출할 큰 터를 찾아 아낌없이 후손에게 선사해야 한다.**

그것이 이 시대의 명 풍수가들이 해야 할 일이다.

① 돈이 몰려오는 큰 터

충북 괴산(槐山)은 산 높고 물 맑은 곳으로 아직도 개발의 손길이 더디어 자연 환경을 수려하게 간직한 고장이다. 괴산에 들어서면 무엇보다 선비의 체취가 물씬 풍기는 정자(亭子)가 곳곳에 널려 있어 놀란다. 노송이 굽어보는 높은 대(臺)에는 어김없이 풍류를 알던 선비가 정자를 짓고 마음을 쉬었다. 솔바람이 시원스레 불어오고, 아래로는 맑은 물이 흘러 번거로운 일상에서 잠시나마 벗어날 수 있다.

산세가 웅장하고 물이 맑고 풍부하게 흘러 선비들이 마음을 쉬었던 곳이 많으면 그곳 어딘가에는 분명히 위대한 인물을 배출한 큰 터가 있다. 그래서 괴산의 지도에 용맥을 그리고 패철로 이기론에 맞추어 자리를 찾았다. 매우 복잡하고 정교한 단계를 여러 번 거치니, 칠성면 두천리에 부자가 되고 후손은 번창하면서 장수까지 한다는 자리가 나왔다.

그곳은 옥녀봉(玉女峰, 604m)과 군자산(君子山, 948m)이 높이 솟아 험준한 산악지대를 이루며, 명당은 성불산(成佛山)에서 급하게 뻗어내린 내룡이 몸통을 길게 드리우다 쌍천을 만나며 생기를 응집한 곳이었다. 성불산은 혈장을 향해 부는 바람을 막아줄 뿐만 아니라 아늑하고도 든든한 분위기를 준다. 산 정상 부근에는 도덕사(道德寺)가 있으며 골짜기마다 두천리, 갈읍리, 검승리 등 살기 좋은 마을을 여럿 만들어놓아 말 그대로 자비로운 부처님 같은 산이다. 즉시 현장을 찾아갔더니, 그곳은 벌목 후에 자라난 떡갈나무와 잡목들이 듬성듬성 자란 야산으로 앞쪽에는 군자산이 수려하게 보였다.

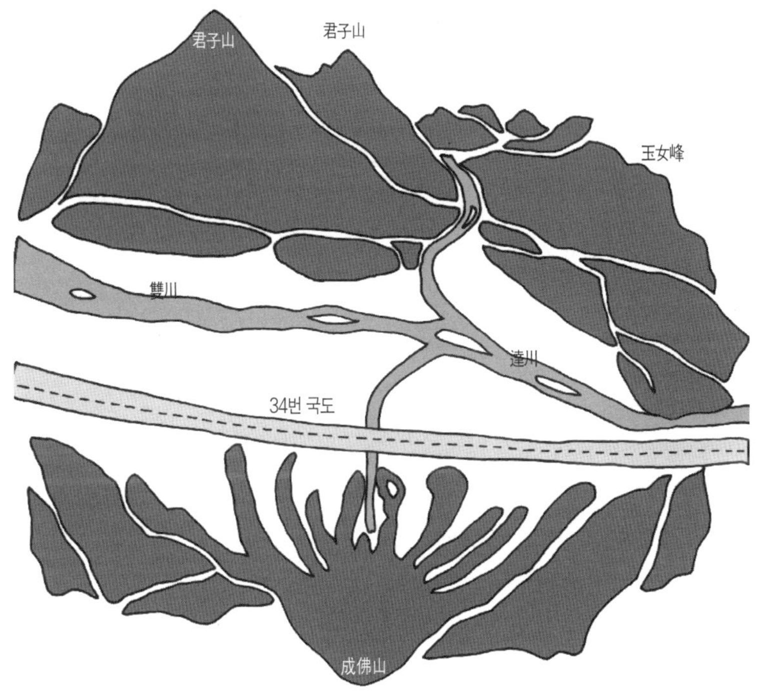

큰 돈을 벌 터 / 충북 괴산군 칠성면의 성불산 아래쪽에 있다.

군자산은 속리산의 줄기로 예로부터 영산으로 이름난 산이다. 이 산에 기도를 드리면 귀한 자식을 얻는다는 전설이 전해지며, 또 산 중턱에는 원효대사가 도를 닦았다는 원효 굴이 있어 기도를 들이고 약수를 마시면 소원성취한다고 전해진다. 또 옥녀봉은 구름 산의 형상으로 매우 오묘하게 에워 쌓였는데 '솔바위'에 얽힌 전설이 전해진다. 옛날 솔바위에서 매일 한 잔의 감로주(甘露酒)가 나왔는데, 어느 욕심 많은 스님이 한 잔을 더 먹고 싶어 지팡이로 술 나오는 구멍을 뚫었더니 그 뒤로는 감로주가 나오지 않았다고 한다.

이 터는 책에 이르기를 '丁坤終時萬斯籍(정향을 하고 곤방으로 물이 나간다면 큰 부자가 된다)' 이란 큰 터이다. 혈장에서 보면, 수구는 목국의 곤파(坤破)로 자연은 좌방의 갑방(甲方)의 제왕수에서 득수하여 정면으로 들어오는 역수(逆水)와 합쳐져 우방으로 흐르고, 계축(癸丑) 방에서 내려뻗은 내룡은 관대룡(冠帶龍)으로 청년기에 해당하여 생기가 발랄하고 튼튼하다. 특히 정면으로 들어오는 큰물은 재물이 흘러 들어오는 것으로 보아 길격이다.

이곳은 자연이 좌선수이고 곤방 절파(坤方絶破)에 내룡이 관대룡이니, 목국의 묘향(墓向)인 계좌정향(癸坐丁向)을 놓으면 삼합연주(三合聯珠)의 명당으로 정면에 군자산을 바라본다. 혈장의 흙은 짙은 황색으로 윤기가 넘친다.

쌍천(雙川) 건너편에 있는 안산은 허리 아래로 나지막하게 드러누운 형상인데, 뒤쪽에는 율원리(栗院里)가 중심이 되어 들판이 넓게 펼쳐져 있다. 또 곤방(坤方)으로 옥녀봉에서 뻗어 내린 산자락이 있는데, 정면으로 흘러오는 강물과 쌍천이 만나는 지점에서 뭉툭하게 솟아 강으로 내려앉았다. 이 물은 속리산에서 발원한 물로 일단 칠성 저수지에 모였다가 강 아래쪽의 사은리(沙隱里) 등 여러 마을을 달리며 혈 앞에서 쌍천과 합쳐져 달천(達川)으로 흐른다.

성불산에서 뻗어내린 내룡과 나란히 내려온 청룡은 인삼밭이 들어서 있고, 34번 국도와 접한다. 형세는 편평한 구릉을 이루고 끝지점에 벼락 바위가 있다. 백호보다는 장대해 보여 남자쪽 자손이 발복하고 존귀해질 형상이다. 백호는 현재 전투경찰 부대가 자리잡아 건물이 보인다. 결인을 지나며 우측으로 돌아서 혈을 감싸는 모양이다. 진혈은 우주의 중심으로 임금과 같이 존귀하다. 혈을 중심으로 보면 왼쪽에는 임금이 먹을 인삼을 재배하고, 오른쪽에는 임금을 지킬 군대가 포진했으니 금상첨화이다. 혈 아래로는 국도가 있어 교통도 편리하고 강에는 물고기들이 비늘을 번뜩이며 뛰어 노니, 가히 한 나라의 임금이 머물 만한 큰 터이다.

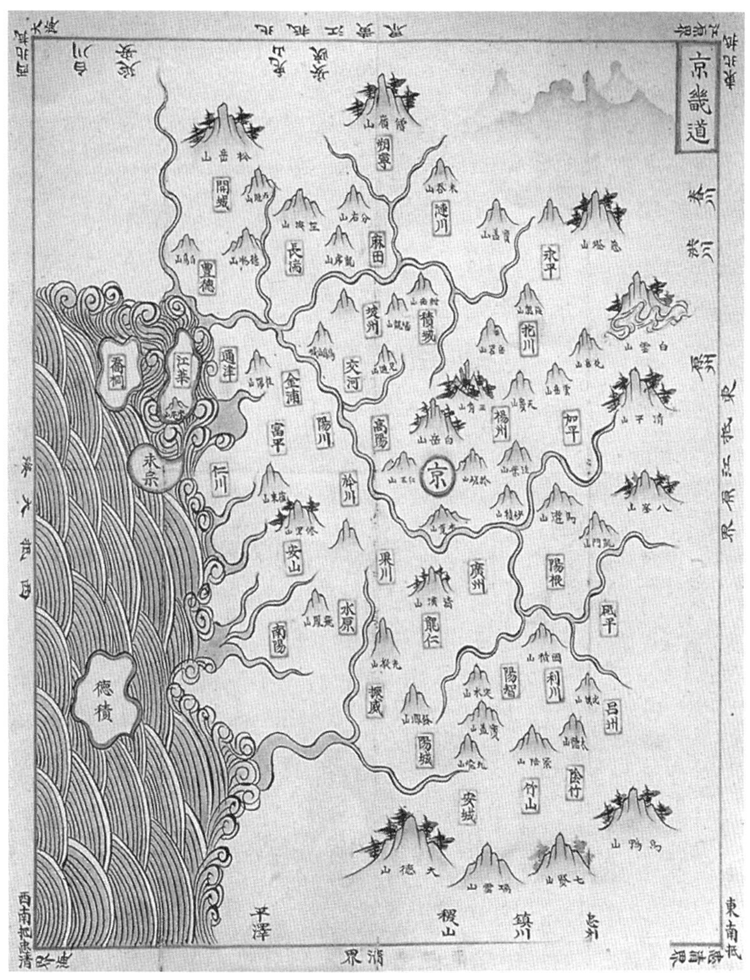

수원 부근의 산수도 / 『대동여지도』 참고.

② 선박 왕이 날 자리

서울은 그 자체도 천하의 명당이지만 주변에도 수려한 산들이 에워싼 좋은 터들이 많다. 그것은 백두대간의 힘찬 정기가 대간룡(大

幹龍)으로 굽이쳐 내륙으로 뻗다가 속리산에서 일단의 머리를 높이 쳐들고 그 정기는 다시 안성의 칠현산에서 한남정맥을 이루며 북쪽으로 뻗어 올랐기 때문이다. 수원의 광교산(582m)은 경기 남부의 중조산에 해당하며 생기가 충만한 명산이다.

비결에 전하는 명당을 되찾고자 지도에 용맥을 그리다 보니 용인시 수지읍 신봉리에 책에 이르기를 '貴人祿馬上御街(귀인이 말이 끄는 대궐로 들어간다'라는 풍수에서 가장 대길하다는 명당 터가 숨겨져 있음을 알았다. 광교산의 한 용맥이 동쪽으로 뻗어내려 수지읍으로 흘러내리다 남쪽으로 지룡을 뻗어 풍덕천(豊德川)을 만나며 생기를 응결시킨 곳이다. 그곳은 후손과 재물이 왕성하고 자손은 모두 공명현달하며 발복은 오래도록 이어지며, 아들마다 출세하지만 딸들도 모두 뛰어나게 아름답다는 큰 터이다.

형제봉에서 동쪽으로 뻗어내린 내룡이 벌의 허리 같은 과협(過峽)을 이루고 재차 생기를 내뿜으며 힘차되 토성을 이루니 안산으론 제격이며 또 손을 뻗으면 잡을 듯이 보이니 재물이 두둑이 쌓일 것이다. 정방(丁方)에 있는 매와 닮은 응봉(鷹峰, 236m)은 모양이 수려하고 얌전하여 마치 혈을 향해 예를 취하는 듯하다. 중손 고개에서 고개를 쳐든 용맥이 좌측으로 길게 뻗어내려 풍덕천으로 빠지면서 홍천 마을의 뒤쪽을 병풍으로 막은 것처럼 생기발랄한 청룡을 이루었다. 그리고 중손 고개에서 우측으로 여러 갈래가 뻗어내렸는데, 내백호는 전원주택을 지으며 잘려 나갔고 외백호는 상홍천 마을의 뒤쪽을 막아섰다. 이곳은 자연이 우선수이고 손방 절파(巽方絶破)에 계축 방에서 내려뻗은 양룡(養龍)이니 수국의 양향(養向)인 계좌정향(癸坐丁向)을 놓으며 제격이다.

혈장의 흙은 누런 기운이 짙고, 진혈에는 산 짐승이 새끼를 나았는지 털이 수북이 쌓여 있다. 짐승이 새끼를 낳은 곳은 수맥이 흐르

조종천 / 가평의 험준한 산에서 흘러내린 물로 북한강으로 흘러들어간다.

는 찬 땅이 아니고, 바람이 잠자고, 햇볕이 따스한 곳으로 짐승이 본능으로 찾아낸 명당이다. 음양이 조화로운 대단한 혈이며 형제봉은 대통령의 비서관이, 광교산은 항공, 선박, 자동차 등 교통과 연관해 사업을 크게 일으키는 사업가가 날 좋은 산이다.

③ 명의(名醫)를 배출할 자리

어느 시인은 경기도 가평 땅을 밟으며 그곳의 산천을 아름답게 노래하였다.

가평은 경기도 동북 방에 위치한 산자수명한 고장으로 군내에는 화악산을 비롯하여 해발 일천 미터에 가까운 산들이 깎아지른 듯한 절벽과 많은 폭포를 빚어 경관이 수려하기가 견줄 데가 없다. 포천으로 가다 현리 방향으로 바꾸니 한 가락 길이 깊은 골을 뚫고 가는데 곁에는 조종천이 햇볕에 일렁거려 가닥진 여러 봉우리가 천가지 모습 만가지 형상으로 마음까지 시원하여 이미 이 고장 사람의 순박함을 알 것이다. 사람은

자연을 닮는다.

가평군 상면 덕현리에는, 책에 이르기를 '貴人祿馬上御街'라는 풍수에서 대길하다는 명당 터가 있다. 백두대간이 경기 북부로 들어오며 한북정맥을 이루고 명지산(1267m)에서 가평군의 험준한 용맥을 분출하였다. 생기 왕성한 용맥이 중심으로 출맥하여 대금산으로 솟구치고 청우산(619m)이 소조산을 이루며 그 중 한 줄기 내룡이 덕현리로 뻗어 조종천을 만나며 생기를 멈춘 곳이다. 그곳에 묘를 쓰면 후손과 재물이 왕성하고 자손은 모두 공명현달하며 발복은 오래도록 이어진다. 또 충효현량한 자손이 나고 남녀 모두 장수하며, 아들마다 출세하지만 특히 셋째가 더욱 이름을 날리고, 딸들도 모두 뛰어나게 아름답다고 한다.

혈장에서 보면, 수구는 수국의 손파(巽破)로 자연은 우측에서 나온 물이 혈 앞을 금성수로 감싸 안으며 흐른다. 계축 방에서 내려뻗은 내룡은 양룡(養龍)으로 하나의 생명이 이루어져 큰 포부에 부푼 상태로 길하다. 자연이 우선수이고 손방 절파(巽方絶破)에 내룡이 양룡이니 수국의 양향(養向)인 계좌정향(癸坐丁向)을 놓으면 제격이다. 혈장의 흙은 누런 기운이 밝고 혈장에는 일체의 잡목이나 잡풀이 없으며 20~30년 된 잣나무가 울창하다.

안산은 축령산(879m)에서 뻗어내린 용맥이 조종천과 만나며 뭉툭하게 생기를 멈추며 마치 책을 펼쳐놓은 듯 보이며, 정방(丁方)에 있는 깃대봉(623m)은 모양이 매우 수려하고 얌전하여 혈에 대해 공손한 예를 취하고 있다. 청룡은 청우산에서 뻗어내린 용맥이 조종천으로 빠지며 덕현마을을 감싸안으며 생기발랄한 청룡을 이루고, 백호 역시 청우산에서 덕현리로 뻗은 용맥이다. 음양이 대단한 혈이며 또 정방에 깃대봉이 우뚝 솟았으니 이 집안은 명의가 줄줄이 배출될 것이다.

④ 석숭 같은 큰 부자가 되고파

남양주시의 운길산(雲吉山, 610m)에는 조선조의 세조와 인연이 있는 수종사(水鐘寺)란 절이 있다. 하루는 금강산을 다녀오던 세조가 근처를 지나다가 날이 저물어 자게 되었다. 그런데 한밤중이 되니 어디서 종소리가 은은히 들려왔다. 신기한 생각이 들어 신하를 시켜 알아보게 했더니, 운길산에 있는 한 동굴에서 물이 떨어지는 소리가 마치 종이 울리는 소리처럼 들려왔다. 그러자 세조는 그곳에 절을 짓고 '수종사'라 하였다. 현재는 동굴 앞쪽으로 약사전이 있고 그 아래로 물길을 터 물을 마시게 수도를 설치하였다.

정상이 가까운 곳에서 그처럼 많은 물이 솟아나니 그저 신비한 생각이 앞선다. 대개의 경우 높은 산에 묘를 쓰면 무덤 안에 물이 고이지 않을 것이라 생각하지만 그렇지가 않다. 백두산의 천지를 보면 물이 아래로 흐르는 것이 아니라 수맥을 타고 위로 치솟는다. 따라서 산이 높아 물이 없는 것이 아니라 수맥이 없어야 물이 없는 길지가 된다.

남양주시 와부읍 팔당리에는, 책에 이르기를 '三合聯珠貴無價(귀함을 값으로 칠 수 없다)'라며 생방, 왕방, 묘방의 물이 삼합을 이루는 큰 터가 있다. 그곳에 묘를 쓰면 대부대귀하고 후손이 번창하며 충효현량이 난다. 또 남녀 모두 오래 살고 자식마다 발복이 오래오래 이어진다.

백두대간이 강원도를 걸쳐 경기 북부로 들어오며 한북정맥을 이루더니 운악산(936m)으로 치솟았고, 다시 남서방와 남방으로 갈라져 험준한 용맥을 분출하며 뻗더니 남방의 용맥은 한강을 만나며 예봉산(638m)으로 고개를 들었다. 그 중의 한 용맥이 중심으로 출맥하며 한강을 만나 왕성한 생기를 응결시켰다. 예봉산은 수풀이 무성하고 골짜기마다 절경을 이룬 산으로 조선 시대에는 한양과 수도권 일대에 땔감을 공급하였고 멀리는 천마산과 연이어졌고 운길산과도 이웃해 있다. 그럼으로 이곳의 내룡은 백두산에서 뻗어내린 대간룡이 한반도의 뼈대를 이루며 굽이쳐 흘러오다가 운악산에서 일단 숨을 고르니 중조산이요 재차 남쪽으로 뻗어 치솟으니 예봉산이 소조산이다. 내룡은 한강의 큰 양기에 어울리도록 생기가 왕성하다.

혈장에서 보면, 수구는 화국의 신파(辛破)로 자연은 좌측에서 나와 둥근 모양으로 혈을 감싸안은 금성수법이라 복록이 대단하다. 간인(艮寅) 방에서 내려뻗은 내룡은 제왕룡으로 사람이 장성하여 가장 부귀영화를 누리는 전성기이다.

안산은 검단산(382m)에서 북방으로 뻗어내린 산줄기가 자연스럽게 이루고, 조산은 병방(丙方)에 우뚝 솟은 검단산이 매우 수려하다. 예봉산에서 뻗어내린 용맥이 한강으로 빠지며 팔당리 마을을 감싸안으며 생기발랄한 청룡을 이루고, 역시 예봉산에서 팔당리로 뻗은 용맥이 백호를 이루었다.

이곳은 자연이 좌선수이고 신방 묘파(辛方墓破)에 내룡이 제왕룡이니 화국의 제왕향인 임좌병향(壬坐丙向)을 놓으며 바로 검단산의 정상을 바라본다. 혈장의 흙은 홍황(紅黃)이 밝으며 주위에는 진혈임을 증명하는 표석(標石: 바위)이 널려 있다. 옛 말에 병방에 산이 비만하여 통실하고 왕방수가 모여들면 중국의 큰 부자였던 석숭 같은 부자가 된다고 했는데 이곳은 병방에 검단산이 우뚝 솟아 있다. 특히 병사(丙砂)는 태미(太薇)로 과학기술과 관련된 산이니 길한 날을 택해 이곳에 조상을 모시면 그 생기의 발복으로 자손 중에 과학자나 발명가가 태어나 이 나라의 과학 문명과 국부를 위해 큰 일을 할 것이다.

제7장

답사유정

죽은 자는 말이 없다
— 죽음론 1

사람은 누구나 오래 살고 싶어한다. 아니다. 기필코 불로초(不老草)라도 구해 먹고 죽지 않기를 바란다. 중국의 진시황 역시 죽기가 싫었다. 그래서 서복(徐福)이라는 신선을 동해 바다의 삼신산으로 보내 불로초를 구해 오도록 하였다. 서복은 동남동녀(童男童女) 5백 명을 이끌고 떠났다. 하지만 그도 결국은 돌아오지 않았다. 왜일까? 그 역시 죽었기 때문이다. 이처럼 죽음은 누구에게나 예외 없이 공평하다.

세상을 사는 동안에는 물질의 노예가 되어 백만 년, 천만 년을 살 것 같이 발버둥치지만 결국 백 년도 못 살고 가는 것이 인생이다. 결국 떠나야 될 순간에는 피땀 흘려 모은 재산마저도 무겁고 힘든 보따리처럼 마음의 짐일 뿐이다. 어차피 빈손으로 가야 할 바에는 가지고 산 것이 적을수록 홀가분하다. 지혜와 총명을 계시받아 부귀영화를 누렸던 솔로몬 왕도 결국 빈손으로 가고 말았다.

"헛되고 헛되며 헛되고 헛되니 모든 것이 헛되도다. 사람이 해 아래서 수고하는 모든 수고가 자기에게 무엇이 유익한고. 한 세대가 가고 한 세대가 오되 땅은 영원히 있도다."

그렇지만 사람마다 자기의 죽음에 대하여 진지하게 고민하지 않는다. 죽음뿐만 아니라 늙어간다는 사실조차도 인정하려 들지 않는다. 그러다가 어느 날 갑자기 깨닫게 된다. 자기를 에워싸고 있던 모든 것들을 아득한 세월 속에 묻어버리고 자기 또한 가야만 한다는 사실을 말이다.

사람은 자기가 죽게 될 것임을 인지하는 유일한 동물이 아니다. 다만 동물과 다른 점이 있다면 죽은 사람을 매장하는 유일한 동물일 뿐이다.

겨울 햇살이 인색하게 내려쪼이는 날이다. 인적 하나 없는 공원 묘지는 조용하기만 하다. 무덤가 응달진 곳에는 눈이 채 녹지 못해 희끗희끗하게 남아 있다. 키 낮은 무덤들은 마치 운동장 조회라도 하듯이 이름표를 달고 줄을 맞춰 나란히 누워 있다. 곳곳에는 잔디가 헐어 황토가 드러난 곳도 있고, 잡풀이 삐쭉 솟아올라 찬바람에 파르르 떠는 곳도 있고, 석물이 격식을 갖춘 봉분 앞에 말라비틀어진 국화 몇 송이가 꽃병에 꽂혀 있는 곳도 있다.

죽은 사람이 사는 집이다. 작고 초라하지만 영면을 쉬는 그들만의 거처이기도 하다. 시공(時空)을 초월하면 나와 똑같이 삶을 버거워하며 살았을 것이나, 그를 모른다는 이유 하나로 그냥 지나쳐버렸다. 그렇다고 반갑게 맞이할 만큼 망자(亡者)도 다정스럽지 않다. 끊임없이 무언가를 설명하고 변명해야 하는 강박에서 이미 홀가분히 벗어난 그들이기 때문이다.

다만 우리는 죽음을 통하여 그가 세상에 남긴 삶의 의미를 반추해볼 수 있을 뿐이다. 1998년 4월, 금세기 최고의 흉악범 폴 포트가 당그렉 산맥의 호젓한 오두막에서 죽었다. 그는 캄보디아 재건이라는 목표 아래 백만 명이 넘는 동족을 죽음으로 몰아넣은 전범이다. 반대파의 부인과 아이들은 사지를 찢어 죽이고, 임산부는 배를 가르고, 탄약이 떨어지면 사람을 벌판에 일렬로 세워놓고 뒤통수를 가격하여 죽였다.

그런데 솜으로 틀어막은 코, 약간 벌려진 입, 그리고 두 눈을 꼭 감고 있는 그의 시신을 사진으로 보면 그런 짓을 저지른 사람이라는 것이 믿어지지 않는다. 그가 캄보디아에 남긴 것은 재건이 아니라 박물관이나 기념관마다 산더미처럼 쌓인 두개골들뿐이다. 폴 포트는 죽으면서까지 끝까지 자기의 행동을 후회하지 않았다.

"내가 한 일은 모두 조국을 위해서였다."

그의 시신은 포름알데히드로 방부처리됐으나 고약한 냄새를 풍겼고, 죽은 지 사흘만에 장작더미와 폐 타이어 위에서 화장되고 말았다.

악인의 비참한 죽음과는 달리 테레사 수녀의 죽음은 전세계가 애도하였다. 그는 아픈 사람들을 정성으로 돌본 천사였고, 고아를 키워준 인자한 어머니였고, 부랑자들을 돌보아준 다정한 이웃이었다. 주검을 보면 생전의 모습처럼 평화스러워 보여 꼭 다시 일어날 것만 같다.

어지간히 남의 무덤을 찾아다닌 세월이다. 어떤 이는 내 행동을 훌륭한 일이라고 칭찬을 하고, 어떤 이는 가정과 회사에나 충실하지 엉뚱한 짓을 한다며 괴짜라고 부른다. 그러나 300여 기가 넘는 무덤을 헤매고 다닌 세월을 후회하지 않는다. 왜냐하면 떠나는 자만이 새로운 것을 찾을 수 있기 때문이다.

빗길에 미끄러져 흙범벅이 된 일도, 눈에 미끄러져 허리를 다쳤던 일도, 한여름 무성히 자란 풀숲을 헤치며 땀범벅이 된 일도 무덤을 보며 인생을 반추한 의미에 비하면 아무것도 아니다. 언제나 무덤 앞에 서면 뭔지 모르지만 절박한 의욕이 솟아났다. 왜일까? 사람은 누구나 흙으로 돌아가나 일상에선 쉽게 깨닫지 못하고, 어느 날 무덤을 찾고서야 문득 깨닫기 때문이다. 비록 무덤 주인의 얼굴도, 업적도, 삶의 애환도, 또 어떻게 죽어 그곳에 묻혔는지도 알지 못하나, 무덤은 나 또한 예외가 아님을 확인시켜주니, 무덤을 찾는 순간만은 자기 성찰의 시간이다.

하지만 무턱대고 무덤을 찾아 헤맨 것은 아니다. 낯설음이 새로움으로 변하기 위해서는 떠남의 목적이 확실해야 한다. 전국에 산재한 수많은 역사 인물의 묘 중에서 어떤 기준으로 찾아갈 곳을 선택하느냐는 문제가 가장 어려웠다. 생전에 지냈던 벼슬의 경중을 따를 것인가, 아니면 역사의 중심에 서서 어려움을 참고 견딘 분을 찾아갈 것인가? 그러나 대답은 항상 후자였다. 어떤 분이 '판서를 지냈다. 영의정을 지냈다. 대제학을 지냈다' 하는 것만으로는 답사할 감흥을 주지 못했다. 그 집안의 자랑으로만 치부되었다.

비록 초야에 묻혀 살았지만 학문과 덕행이 후세에 귀감이 되고 역사에 영향력을 끼친 분이 좋았고, 노류장화의 천민이었으나 님을 그리며 지은 시 한 수가 있는 기생을 찾고 싶었다. 또 많은 분들 중에는 생전에 빛을 보지 못한 채 유배를 당했거나 아니면 사약을 받아 죽은 인물들도 있다. 당시의 지배 논리와 사회적 편견으로 보면 철저하게 소외된 계층이다. 그래도 꿋꿋한 의절이 있었다면 내 발을 잡아끌었다.

명당을 찾아다닐 때도 마찬가지였다. 처음에는 세상이 명당이라고 추켜세운 곳을 하나도 빠뜨리지 않고 찾아갔다. 그런데 곧 싫증을 느꼈다. 어느 집에서 재상이 나왔다면 그의 노력보다는 명당에 묻혔기 때문이라는 사실만을 강조하여, 그것을 돈벌이로 이용하려

이중선의 묘 / 그의 죽음이 알려지자 나라 안의 명기·명창들이 소복 차림으로 달려와 너나없이 상여 채를 메고 소리를 불렀다.

는 현장이 많았기 때문이다. 즉, '어느 집안은 누구의 묘가 명당이라 훌륭한 인물이 줄줄이 나오더라' 라는 식이다.

그래서 기존의 터보다는 비결에 전해지는 명당이나 아직 세상에 밝혀지지 않은 명당을 찾아 헤매었다. 묘로 오르는 길은 대개가 잡풀이 뒤엉켜 몸을 할퀴거나, 뱀이 있을까봐 발을 풀숲으로 옮기기도 꺼림칙했다. 숨이 찰 때까지 헉헉거리고 오르면 이미 묘를 쓴 선영이 나오거나, 어떤 경우는 황토만이 벌건 무덤이 섬뜩하게 다가섰다. 그런 헤매임을 수없이 반복한 끝에 드디어 큰 터를 발견하게 된다. 마치 신부가 신랑을 맞이하듯 풀에 가려 수줍게 모습을 내비친다. 그런 곳에서는 오래도록 지친 다리를 쉬었다. 바람은 소슬하게 불어오고, 햇볕은 밝으면서도 깔끔하여 포근하고 편안하다는 느낌이 들어 떠나기가 싫었다.

무덤을 찾다 보면 모근이 송연할 정도로 무서움이 드는 장소도 있다. 무당들이 당신으로 모시는 인물의 묘를 찾아갈 때가 특히 그랬다. 우리의 무속 신앙 중에서 한을 품은 채 억울하게 죽은 사람을 당신(堂神)으로 모시는 경우가 있다. 한을 품고 죽으면 저승으로 가지 못하고 이승을 떠돌며 남을 해코지한다고 하니, 그 원혼을 위로하여 보살핌으로써 산 사람의 소원을 들어주도록 하는 원혼 사상(冤魂思想)이 바로 그것이다.

고양시에 있는 최영(崔瑩) 장군의 묘는 향로석이 촛불에 그을려 검게 변하였다. 이성계에 의해 억울하게 죽은 넋을 위로하기 위해 최 장군을 당신으로 모신 무당들이 한 짓이다. 호젓한 계단을 내려올 때에 누군가 목덜미를 잡아당기는 기분이 들어 걸음이 저절로 휘청거렸다.

충주에 있는 임경업(林慶業) 장군의 묘를 찾았을 때는 비까지 구슬프게 내려 자박자박하는 소리가 뒤를 따라왔다. 임 장군은 나라에 충성하고 곧은 마음으로 임금을 섬기었으나, 혼란한 국제 정세의 희생 양이 된 인물이다. 죽을 때는 하늘을 바라보고 피눈물을 흘렸다고 한다. 그 역시 구천을 맴돌자, 무당들이 잡귀를 몰아내는 당신으로 모신 것이다.

양지바르고 산이 나지막하면 어느 곳이나 무덤들이 있다. 그 중에는 석물로 위엄 있게 치장한 것도 있고, 어느 무덤은 억새풀이 사람 키만큼 자란 것도 있다. 부귀영화를 누린 분도 있고, 바보처럼 속고만 산 사람도 있을 것이다. 그런데 문제는 백 년, 이백 년이 지난 다음에 어느 무덤이 그때까지 세상에 남아 사람들이 참배할까 하는 점이다.

일제 때에 홍타령과 육자백이를 부르며 전국을 떠돌던 한 많은 여자가 있었다. '춘향가' 중에서 사랑 대목을 잘 부른 당대의 명창

이화중선(李花中仙)의 동생인 이중선(李中仙)이다. 그녀는 1920년대 실의에 빠진 겨레 혼을 소리로 달래고 가락으로 부추기며 몸과 마음을 한바탕 불사르다가 홀연 갓 서른을 넘은 꽃다운 나이에 부안의 한 골방에서 한 방울의 이슬처럼 사라졌다. 그의 죽음이 알려지자 나라 안의 명기·명창들이 소복 차림으로 달려 와 너나없이 상여 채를 메고 소리를 부르며 애도했다고 한다. 지금도 이중선의 묘는 잘 가꾸어져 명창들이 찾아온다.

하지만 근처에 있던 내노라 하던 사람들의 묘는 도시 개발에 밀려 다른 곳으로 이사를 갔다. 세상이 변하니 죽어서도 이삿짐을 싸야 하는 것이다. 그런데 저승에서 이사를 가는 경우는 결코 살았을 때의 권력과 부귀가 기준이 아니다. **자기의 삶을 소중히 살아서 후세에 귀감이 되는가 혹은 되지 않았는가가 기준이다.** 기준에 맞으면 죽어서도 예우를 받아 손님이 찾아들고, 맞지 않으면 유골조차 정처없이 이사를 다녀야 한다. 죽음을 삶의 일부분으로 포용하고, 언젠가 다가올 자기의 죽음에 대비하는 자세가 필요하다.

죽음은 사랑마저도 원점으로 돌린다
— 죽음론 2

아리에스는 『죽음 앞에 선 인간』이라는 저서를 통해 죽음은 모든 것들과 이별이라는 종착점과 고통과 근심으로부터 해방된 새로운 출발점이라는 모순적인 감정을 인간에게 선사한다고 했다.

사랑을 다룬 많은 영화나 소설이 우리들 가슴에 애잔히 다가오는 이유는 조금은 잔인하지만 이별을 소재로 삼았기 때문이다. 사랑하는 연인 사이의 가장 슬프고 비극적인 이별은 죽음으로 인한 영원한 결별이다.

이별을 이미 감내하고 말없이 누워 있는 무덤의 주인들이야말로 산 자에겐 많은 이야기를 해주는 것은 아닌가. 그러나 아무리 죽음이 모든 것의 끝이라 하지만 끝끝내 못 다한 그리움은 남는 모양이다. 무덤 가에 호롯이 핀 한 송이 패랭이꽃이 바람에 흔들리며 눈물을 떨군다.

그런데 웃어야 될 이야기인지, 아니면 울어야 될 이야기인지는 모르나 그런 무덤 앞에서 사랑의 행각을 벌이는 사람이 있다고 한

매창의 묘 / 여인의 무덤에는 겨울에도 꽃이 핀다. 미인은 죽어서도 얼굴을 가꾸나?

다. 일명 명당(?)을 골라 다니는 차 데이트 족들이다. 그들은 인적 드문 공원, 대학가 등을 찾아다니다 급기야는 공동묘지까지 진출하였다. 승용차가 심하게 흔들리거나 유리창에 뿌옇게 이슬이 맺힌 차들은 영락없는 데이트 족의 차라고 한다. 차 안에서 농도 짙은 행위를 벌이는 그들이 뿜어내는 뜨거운 열기는 공동묘지의 으스스한 분위기로도 식히지 못하는가 보다. 그들은 사랑에(?) 열중하느라 여러 무덤들 중에서 혹시 끝없이 사랑에 몸부림치다 생을 마친 사람이 있을 것이란 생각은 하지 못했을 것이다.

전북 부안에 '매창의 등'이라는 공원 묘지가 있다. 그곳엔 조선 시대의 여류 시기(詩妓) 매창(梅窓) 이계생의 무덤이 있다.
매창은 노류장화(路柳墻花)의 몸으로 세상을 천대 속에 살았지만, 가슴속에 아로새긴 그리움을 정갈한 시로 엮어내어 만인의 애인이 되었다. 해는 어느 덧 변산의 푸른 산을 붉게 물들이는데, 낮은 야산에는 영웅 호걸과 천하를 주무르던 고관대작 그리고 질경이처럼 삶을 이어온 민초들의 무덤들로 총총하다.

개중에 그녀의 무덤은 언제 보아도 소담하니 예쁘다. 제물을 올리자, 봉분에 피어 있던 패랭이꽃들이 일제히 향기를 뿜어냈다. 일찍이 부모님을 여의고 기생이 된 매창은 노류장화의 신세를 한탄하던 중 스무 살에 유희경을 만나 사랑을 나누게 되었다. 다정다감했던 시인과 오십 객의 풍류가는 세월을 초월해 정겹게 어울렸다. 시와 거문고로 사랑을 아낌없이 쏟아놓으니, 무궁한 정취에 밤은 짧기만 했다. 머무는 곳마다 주안상이 펼쳐지고, 연정이 불타오르면 시를 써 주고받았다. 그러나 만남에는 반드시 헤어짐이 따르는 법이다. 임진왜란이 일어나자 유희경은 급히 상경을 서둘렀다.

곧 끝날 것 같던 전쟁이 칠 년이나 지속되고, 임은 편지 한 장 없자 원망하는 마음이 절로 솟구쳤다. 때론 보고 싶고, 때론 잊지나 않았나 의심도 들고, 때론 걷잡을 수 없는 슬픔에 뜬눈으로 밤을 새웠다. 피골이 상접하고 눈까지 휑하니 들어가 파릇파릇한 젊음이 일시에 삭아 들어가는 기분이 들었다.

이제 매창은 유희경 없는 세상은 상상할 수도 없었다. 특히 임이 떠난 자리에 그대로 놓인 원앙금침을 바라보면 혼자라는 생각에 외로움이 뼈까지 시려왔다. 사랑할 때는 무심코 지나쳤던 일상들이 이별 후에는 사람을 예민하게 만들고, 떨어지는 꽃잎을 보아도 뒹구는 낙엽만 보아도 한숨에 눈물뿐이었다. 매창은 텅 빈 방안에서 긴긴 밤을 거문고만 뜯으며 하얗게 새웠다.

유희경은 십 년의 세월이 지난 뒤에 매창을 찾아왔고, 매창도 서른 살이 되었다. 그녀는 유희경을 기다리며 산사에 몸을 의탁하고 있었다. '계랑아, 계랑이 있느냐' 백발 노인의 굵직한 목소리가 산사에 울려퍼졌다. 매창은 복받치는 흥분을 억제한 채 덤덤히 앉아 백발 낭군을 바라보았다. 눈에선 두 줄기의 눈물이 끊임없이 흘러 내렸다.

'다시 만나 뵙게 되니 진정 반갑습니다.'

'백 년을 못 만난들 변할 수가 있겠느냐. 십 년의 세월이 너무나 길었구나.'

매창은 유희경의 고매한 인품에 휩싸여 가장 행복한 시절을 보냈다. 그러나 호사다마라고 서울 생활 삼 년만에 해수병이 도져 부안으로 다시 되돌아왔다. 그리고는 서해가 바라다 보이는 높은 산 속에 움막을 짓고 날마다 거문고와 시로 세월을 보냈다.

독수공방 외로움에 병든 이 몸은
기나긴 40년이 춥고도 배고팠소
묻노니 인생은 몇 년이나 사는가
가슴에 한이 서러 안 운 날이 없소

운명을 예측할 수 없으니 가슴에 맺힌 한은 그래서 더욱 길고도 슬펐다. 매창의 병은 차츰 깊어갔고, 유희경은 선조의 국상과 광해군의 대례식 때문에 매창의 임종마저도 지켜보지 못했다고 한다.

이처럼 죽음 때문에 비롯된 이별을 슬퍼한 사람이 있는 반면에 사랑의 고통을 감내하지 못하고 죽음으로써 그 종지부를 찍으려 한 사람도 있다. 김우진과 윤심덕의 현해탄에서의 정사(情死)가 그것이다. 동경 유학을 한 미모의 성악가 윤심덕은 자신의 죽음을 예언하였던지, 직접 '사(死)의 찬미'라는 노랫말을 썼다. 조국은 그녀가 꿈꾸었던 예술을 실현시키기엔 너무나 낙후되고, 유교적인 인습은 그녀를 못 견디게 만들었다. 게다가 유부남 김우진과의 사랑은 진보적인 도덕관을 지닌 그녀를 더욱 궁지로 몰아갔다.

그녀의 애인이자 극작가인 김우진은 목포 대부호의 아들로 태어나 식민지 젊은이의 비애를 온몸으로 토해낸 천재였다. 그는 예술혼을 좌절당한 고뇌와 방황의 세월을 집필과 독서와 통음(通飮)으로 보냈다. 절망과 사랑이 그들을 끝내 현해탄을 건너는 연락선 위에서 시퍼런 바다로 몸을 던지게 만들었다. 깊고 시린 현해탄의 하얀 포말이 단숨에 그들을 삼켜버렸다.

그들의 정사(情死)는 식민지 시대에 지진 같은 파문을 불러일으켜 그들을 따라 조선 청년의 음산한 자살이 잇따랐다.『젊은 베르테르의 슬픔』이 독일에 던진 파문 이상이었다고 한다. 사랑에 울고, 조국의 암울한 현실에 울던 두 사람을 삼킨 현해탄은 오늘도 아무 일 없었던 듯이 거세게 굽이쳐 흐른다.

죽음을 통해 사랑을 승화시키려 했던 그들을 우리는 어떻게 받아들일까. 죽음은 한 인간이 살아온 모든 것을, 특히 사랑마저도 원점으로 되돌린다는 사실이 너무도 슬프고 괴로울 뿐이다.

효자와 시묘살이
― 시묘살이

　화성에 있는 용주사(龍珠寺)는 사도세자의 넋을 위로하기 위해 정조대왕이 창건한 절이다. 천보루에는 부모의 은혜를 생각케 하는 글귀가 새겨져 있다.

　어머니는 연세가 백 살인데도

　항상 팔십 먹은 자식 걱정이네

　부모의 자식 사랑 끊어짐을 알려면

　생명이나 다 해야 떨어지려나

　母年一百歲 常懷八十兒

　欲知恩愛斷 命盡始分離

　부모가 돌아가셨을 때, 무덤의 서쪽에 움막을 짓고 3년 동안 조석으로 예를 올리는 것을 시묘(侍墓)살이라 한다. 이유는 묘를 짐승으로부터 지키기 위한 것과 아이가 태어나서 밥을 먹기까지의 시간을 감안한 것이라 한다. 시신의 살이 완전히 흙으로 돌아가려면 3년의 기간이 필요하고, 살이 없어지면 짐승을 걱정하지 않아도 된다. 또 아기가 자라는 동안에는 보살핌이 필요하니, 부모가 돌아가시면 그 기간만큼을 보답해야 한다는 반포지효(反哺之孝)의 사상에서 비롯된 것이다.

우리나라에서 시묘 제도가 시작된 것은 고려말의 정몽주에 의해서이다. 당시는 불교의 영향으로 상제(喪制)가 문란했으나 효심이 지극하던 정몽주는 가례(家禮)에 따라 시묘살이를 하였다. 조정이 효자문을 내리자, 백성들도 사당을 세우고 신주를 만들어 제사를 지내는 풍습이 생겨 조선시대를 거쳐 일반화되었다.

1997년 5월, 13개월째 모친의 묘소에서 시묘살이를 하는 박상근(65세) 씨에 대한 기사가 모 일간지에 실렸다. 제천시 공전 3리의 뒷산에 움막을 마련한 그는 비가 오나 눈이 오나 새벽 5시가 되면 어김없이 묘에 올라 문안인사를 드린다. 게다가 하루 세 끼도 부족하여 오전·오후에 새참까지 상식(上食)으로 올린다니 아마도 20세기에 마지막 남은 효자라 하여도 과언이 아닐 것이다.

모친을 장사 지내던 날이었다. 장지까지 따라온 문상객들은 '호상(好喪)'이라며 봉분이 만들어지자마자 하산을 서둘렀다. 그런데 늙은 박씨는 시묘살이를 하겠다며 우두커니 비를 맞고 서 있었다. 일가친척들이 간곡히 말렸다.

"요즘에 시묘하는 사람이 어디 있습니까. 그냥 내려가시죠."

박씨의 아들과 며느리도 한사코 말리며 매달렸다.

"아버지, 감기 드시겠어요. 저희한테 효도할 기회를 주셔야죠."

그러나 날이 어둑어둑해지자 박씨는 혼자서 움막을 짓기 시작하

시묘살이 / 박상근씨가 모친의 무덤 앞에서 곡을 하는 모습이다.

였다. 말뚝을 땅에 박은 다음 슬레이트로 지붕을 만들고, 가마니로 사방을 둘렀다. 움막이 완성되자, 그 안에 모친의 영정과 혼백(魂帛)을 들여놓더니 제삿상을 차리는 것이 아닌가. 장지는 또 한번 울음바다로 변했다. 그 뒤 해가 바뀌고 계절이 바뀌어도 박씨는 여전히 그곳에 있다.

그는 술과 담배를 완전히 끊고 고기와 젓갈류도 일체 먹지 않는다고 한다. 어머니를 여읜 죄인이 어떻게 즐거움을 좇을 수가 있느냐며 오히려 반문한다. 제사 상 위에는 모친이 쓰던 돋보기가 놓여 있고, 들고 다니던 지팡이는 벽에 걸려 있다. 수시(收屍)하면서 앞니가 하나도 없는 모친을 보고 박씨는 설움이 복받쳤다고 한다. 틀니를 못해 드린 것이 그토록 큰 불효가 될 줄은 몰랐다. 돈이 없다는 핑계로 하루이틀 미루다가 정작 돈이 생기자 틀니를 할 수 없을 정도로 모친의 이가 상했기 때문이다.

박씨가 이토록 효심이 강한 것은 집안 내력이다. 어린 시절 그는 부친이 조부의 묘소에서 시묘하는 것을 보고 자랐다. 그런 그이기에 부친이 위독하자 손가락을 깨물어 그 피를 입에 넣어 드렸다. 일명 단지(斷指)라 하는 것으로 효험이 있었다. 부친은 한 달을 더 사시면서, "형제간에 우애하고 어머니를 잘 모셔라"는 유언을 남기고 세상을 떠나셨다. 박씨는 그때도 3년간이나 아버지 묘소에서 시묘살이를 하였다. 효자는 효자를 낳으니, 박씨의 아들 또한 동네에서 소문난 효자다. 박씨는 어려운 형편에도 1주일에 한 번씩은 꼭 고기 반찬을 해서 모친의 상에 올렸다고 하는데, 이를 본받아 울산에 사는 아들 내외도 한 달에 한 번씩은 쌀과 반찬을 싸들고 제천을 찾는다고 한다.

움막에는 전기도 들어오지 않으며 박씨는 모친에게 혼잣말로 전하는 문안인사를 빼고는 말을 전혀 하지 않는다. 사람을 만나지 않으니 자꾸만 말을 잊어먹는다고 한다. 상복을 입은 육순의 아들이 제사 상 앞에 섰다.

"어머니, 점심 드셔야죠.'

메(밥)을 상에 올리고서 절을 마친 박씨는 이내 상장(喪杖)을 짚고 선다. 어느덧 눈은 벌겋게 젖어들며 효자의 낮은 곡소리는 끊어질듯 이어지며 산골짜기 아래로 흘러내린다.

"아이고, 아이고…… 아이고.'

시묘살이는 조선조에 들어 유교의 조상숭배사상과 효의 가르침이 널리 보급되면서 일반화되었다. 특히 예와 효를 숭상하는 사대부들에게 시묘는 죽은 부모에 대한 가장 효성스런 행위로 간주되었다. 부모의 상을 당하면 양반들은 즉시 벼슬을 사직한 뒤에 시묘살이를 했으며, 임금까지도 궁궐 안에 여막(盧幕)이라는 것을 지어 부모에 대한 효를 다하였다. 시묘살이는 단순히 묘를 지키기 위한 목적보다는 끝까지 자식의 도리를 다한다는 사회 통념에 더 큰 비중이 실렸다. 물론 젊은 자식의 입장에서 6년간이나 하는 일없이 묘를 지키기는 매우 어려웠을 것이고, 국정 운영에도 막대한 차질이 빚어졌을 것이다. 그런데도 이 풍습이 전해진 것은 또 다른 순기능이 있었기 때문이다. 즉 자기 성찰을 통해 학문적 발전을 꾀하는 시간으로 활용할 수 있었기 때문이다.

양반집 아들로 태어나면 누구나 엄한 스승 밑에서 사서삼경을 외우며, 오로지 가문의 법통을 잇고자 과거급제에만 전념하며 어린 시절을 보낸다. 농사나 장사 일에는 종사할 수 없으니 급제하여 벼슬에 오르는 길밖에는 달리 할 일도 없었다. 그런데 밤을 잊으며 배운 것은 보다 높은 인생의 경지를 추구하기 위한 학문이 아니라 급제를 위한 수험서에 불과했다. 자연히 입신양명의 속기(俗氣)에 물들고, 나름대로의 학문적 발전을 꾀하기는 어려웠다. 그리고 벼슬길에 오르면 그 즉시 권력의 달콤함에 녹아들거나, 목민관으로 부임해 번잡한 관무에 시달리니 스스로를 돌아볼 여유가 없었다.

하지만 부모가 돌아가시면 주위의 눈을 의식해서라도 시묘살이를 위해 낙향을 했다. 처음에는 고기나 비릿내 나는 생선을 비롯하여 술까지 입에 댈 수가 없으니 무척이나 불편하고 짜증스러웠다. 밤마다 친구들과 어울려 먹고 마시던 술과 안주가 간절하기도 하였다. 그런데 차츰 움막 생활에 익숙해지면서 그런 호사스런 생각보다는 보다 근본적인 문제를 화두로 끌어당겨 호연지기(浩然之氣)를 키웠다. 그때까지 배운 껍데기 학문보다는 보다 높게 인생을 성찰할 수 있는 나름대로의 학문적 체계를 잡는 것이다.

조선의 성리학을 이끌었던 이이(李珥, 1536~1584)는 16세(1551년)에 신사임당(申師任堂)을 여의었다. 그는 여막을 짓고 3년 동안이나 조석으로 예를 올렸으며 상복도 벗지 않은 채 손수 제물을 마련하였다. 그릇을 씻는 따위의 하찮은 일도 종들에게 시키지 않더니, 탈상을 하고서도 모친을 애모하는 마음을 이기지 못하고 밤낮으로 슬퍼하였다.

하루는 봉은사(奉恩寺)를 갔다가, 그곳에 있는 불경을 우연히 접한 이이는 불교의 생사설에 깊은 감명을 받았다. 경사(經史)에는 없는 인생에 대한 심오한 철학이 담겨 있었기 때문이다. 그 길로 금강산으로 들어간 그는 그곳의 승려들과 두루 교류하며 불경을 공부하였고, 나중에는 조선 최고의 대학자가 될 수 있었다.

또 다른 사람은 조선 초기의 명재상인 맹사성(孟思誠, 1360~1438) 선생을 들 수 있다. 효심이 지극하였던 맹사성은 모친이 돌아가시자 7일 동안이나 음식을 먹지 않았고, 장사를 지낸 후도 여막을 짓고서 3년간이나 예를 올렸다. 이때 돼지가 묘 앞에 심은 잣나무를 비벼 대어 죽이자, 그는 돼지를 호랑이 밥으로 주었다. 이를 두고 사람들은 그가 효 있는 사람이라고 말하였다. 아버지가 병으로 눕자 또 다시 사직을 원하니 임금도 할 수 없이 그를 충청도 관찰사로 삼아 아버지를 곁에서 봉양하게 하였다.

현대인은 치열한 경쟁에서 살아 남기 위해 마치 꼬리에 불붙은 망아지처럼 바쁘게 산다. 입시 지옥이다 취직 전쟁이다 하여 앞으로 내닫기만 할 뿐 정작 자기를 돌아볼 여유를 갖지 못한다. 어느 한 분야에 많은 지식을 쌓고 업무 처리 능력을 갖춘 사람을 세상은 전문가라며 우대하지만, 전문가라고 모두 교양인은 아니다. 오히려 전문적인 지식만 쌓았을 뿐 다른 면이 더욱 부족한 줄도 모른다. 왜냐하면 교양은 어떤 책이나 매스컴, 그리고 교육을 통해 얻어지는 것이 아니라, 철저한 자기 성찰을 통해서 얻어지기 때문이다.

기계문명으로 인해 인간미도, 도덕성도 모두 사라져버린 요즘. 그런 현대인에게 인간성을 되찾아주려면 스스로를 되돌아볼 수 있는 휴식의 시간이 주어져야 한다. 눈앞의 먹이보다는 더 멀리 더 높이 날기 위해서라도 자기 성찰의 시간은 필요하다. 그런 뜻에서 시묘살이는 사람이 사람답게 살아갈 올바른 생각을 할 여유를 준다. 현대인이 물질뿐만 아니라 정신적으로도 좀더 알찬 삶을 살아갈 수 있도록 시묘살이를 권한다면 어찌 이를 구태의연한 발상이라 치부할는가!

유전 명당 무전 화장
— 매장과 화장

　1998년 8월, 수도권 일원에 집중호우가 쏟아져 파주시 용미리의 서울시립묘지와 양주 등의 공원묘지에 있는 분묘 4,000여 기가 유실되고 일부 매장된 주검이 물에 떠내려간 것이 연일 신문과 TV를 통해 보도되었다. 산사태에 휩쓸리면서 묘지들이 벌겋게 속살을 드러냈으며, 그 속에서 밀려나온 유골들은 처참하게 뒤엉켜 아수라장으로 변했다. 묘역의 군데군데에는 움푹 패어 묘가 흔적도 없이 사라졌고, 흙더미와 밑동이 뿌리째 뽑힌 나무들로 뒤덮여 심하게 훼손된 묘도 즐비하다. 특히 기습 폭우로 1,000여 기의 묘가 훼손된 용미리 제 1구역의 경우는 현장이 전부 유실되고, 그로 인해 유골이 뒤죽박죽 섞여서 분별하기조차 어려운 상태다.

　공원묘지를 관리하는 서울시의 장묘사업자측은, "묘지에서 떠내려온 시신을 한 곳에 수습해두었지만 솔직히 우리도 분간하기 힘들다. 분묘 조사를 마친 뒤에 유족들에게 치아 형태나 머리 모습으로 식별하도록 하겠다"라고 말했다. 하지만 유골이 서로 떨어져 흩어진 상태에서 치아와 머리를 제외한 나머지 부분들을 어떻게 수습할 것인지는 전혀 대책이 없다는 것이다. 유가족의 주검 확인 소동이 빚어질 것이 뻔한 일이다.

"한가위도 다가오는데 어머니 묘가 제발 무사해야 할 텐데……."

집중호우가 일시 소강 상태로 접어들자, 손에 삽과 낫 등을 챙겨 든 유가족들이 걱정 어린 표정으로 버스터미널로 몰려들었다. 하지만 새벽같이 묘지로 향한 유가족들은 도로가 유실되면서 차량 진입조차도 통제 당하자 군인들과 거칠게 몸싸움을 벌였다. 묘지의 안전 여부를 전화로 확인했으나 장묘사업소측은, "현장 사정으로 피해 여부 확인에 2~3일 이상 걸린다"라는 응답만 되풀이하였다.

현재 시립묘지에 주검을 모시려면 약 240만 원을 내고 그 이외에 벌초와 묘지 관리비 명목으로 1년에 10만 원을 내야 한다. 하지만 서울시 시설관리공단 쪽은 천재지변을 들어 법적인 책임은 전혀 지지 않을 작정이다.

"용미 1리 묘지와 벽제동 묘지는 서울시가 묘지 사용료만 받았기 때문에 법적관리책임은 전적으로 묘지 연고자들에게 있다. 다만 용미 2리 일대에 산을 깎아 조성한 일부 묘지의 사용과 관리 책임만 서울시에 있다."

하지만 유가족들은 수해 대책을 소홀히 한 관리사무소가 원상 복구를 할 책임이 있다며 목소리를 높힌다. 좀더 관리에 신경을 썼더라면 비가 와도 피해는 덜했을 거라는 주장이다. 이에 대해 서울시 관계자는 여유 공간에 이장하여 평장(平葬)을 하거나 화장을 유도하겠지만 봉분이 있는 묘는 새로 조성하기 어렵다고 말했다. 또 묘지로 통하는 다리와 도로가 유실되고, 묘지를 관리하던 인근 주민들마저 수해를 입어 복구에 많은 시간이 걸릴 것으로 보인다.

우리 국민의 매장 선호는 신앙에 가까울 정도로 뿌리가 깊다. 모사설공원묘지가 이북에 고향을 둔 실향민을 대상으로 묘지를 분양했더니 3평에 2백만 원이란 만만치 않은 가격에도 불구하고 1년만에 예약이 끝났다고 한다. 묘지에 대한 무한한 애착을 보여주는 예로, 해마다 여의도 면적만한 국토가 묘지로 잠식당하고 머지 않아 공급도 한계에 이를 것이라 한다. 이는 국토의 효율적인 이용의 측면에서도 꼭 시정되어야 한다. 그래서 정부도 장묘제도와 관행을 바꾸기 위하여「매장, 묘지 등에 관한 법률」의 개정을 서두르고 있다. 법 제정의 주요 골격은 다음과 같다.

첫째는 묘지의 면적을 축소하는 방안이다.

공원묘지 내의 분묘 1기당 면적을 현행 9평에서 3평 이내로, 개인묘지는 24평에서 9평 이내로 대폭 축소하며, 기준을 초과할 때는 시정할 때까지 5백만 원의 이행강제금을 부과, 징수한다는 방침이다. 그리고 공원묘지 사업자측이 법령을 위반할 경우에도 과징금을 물린다는 것이다.

하지만 이 법규를 개정하려면 먼저 사회에 위화감을 조성한 국립묘지 내의 신분 차별법부터 없애야 옳다고 생각한다. 현재 국립묘지는 죽은 자의 신분에 따라 대통령은 80평, 장성급 군인은 8평, 대령 이하 장교와 사병은 화장을 한 후에 1평으로 묘지 면적에 큰 차등을 두고 있다.

미국의 ‘알링톤(Allington)국립묘지’의 경우는 우리와 다르다. 계급보다는 공적과 사망한 순서에 따라 안장되며, 다만 비석과 장식물만 유족의 능력과 희망에 따라 개성 있게 꾸밀 수 있다. 파나마 운하를 1914년에 건설한 책임자는 미국의 공병 대령 조지 게탈스(George Gethals)이다. 영웅적인 칭호를 받은 그가 죽자, 일개 대령의 신분임에도 불구하고 그의 묘소는 케네디 대통령과 나란히 모셔져 있다.

공원묘지의 전경 / 많은 무덤들이 물구덩이나 생기가 없는 흉지에 모셔져 있다.

둘째는 매장 기간의 축소를 유도하는 방안이다.

공·사설 묘지의 기본 사용 기간을 30년 이내로 하고 3회까지만 15년씩 연장을 허용해 75년 이상은 사용할 수 없다는 것이다. 즉 75년이 지나면 납골당의 형태로 모시거나 화장을 한 후에 산천에 뿌리라는 경고이다.

하지만 이 법규는 사회 지도층이나 부유 계층이 솔선 수범하지 않고는 정착되기가 어렵다. 시한을 법으로 규정한다고 해도 장례를 막을 수도 없을 것이고, 훼손된 자연을 원상 복구하기는 힘들 것이다. 고작 법률 위반을 들이대며 벌금을 물리는 정도에 그칠 것이다. 또 우리의 장묘문화에 비추어볼 때 가진 자들만 선산을 구입하여 조상을 모시는 결과를 초래해 위화감만 더욱 조장될 것이다. 가진 자들은 몇 푼의 벌금 때문에 불법과 탈법을 범하는 것을 두려워하지 않기 때문이다.

셋째는 전국 묘지 중 70퍼센트에 달하는 무연고 묘지를 정비하는 방안이다.

현재까지는 남의 땅이나 국가 땅을 불법 점유하였더라도 점유 기간이 20년 이상이 될 경우 기득권을 인정받아 행정기관이 철거 또는 이장할 수가 없었다(대법원 판례). 하지만 개정될 법규는 앞으로 5년간에 걸쳐서 신고를 받아 불법 분묘라도 종전의 규정에 적합하면 양성화하고, 후손이 전혀 돌보지 않는 무연고 분묘는 과감히 정비한다는 계획이다. 또 공익 목적일 경우는 국가나 지방자치단체가 묘지를 강제로 이장할 수 있으며, 20년이 넘는 분묘는 기득권을 없애고 이장 명령을 내린다는 계획이다.

넷째는 개인묘지보다는 집단묘지를 확장하는 방안이다.

정부는 묘지로 인한 국토의 잠식을 방지하기 위하여 납골당이나 집단묘지를 적극 권장하고 있다. 하지만 효과는 미지수이다. 지방자치제가 실시되면서 공동묘지를 설치 · 확장하려면 군의회의 승인과 주민 공청회를 거쳐야 하는데, 주민들의 반발이 특히 거세다.

"공원묘지는 산림과 자연경관의 훼손으로 쾌적한 주거 환경을 파괴시키고, 운구차와 유가족의 차로 인해 교통 체증이 극심하며, 지역의 이미지를 손상시켜 부동산 가격이 하락하는 등 막대한 피해를 주고 있다."

또 다른 문제는 공원묘지 내에 있는 묘들도 약 40~70퍼센트는 무연고 분묘로 방치된 상태라는 것이다. 실제로 관리비를 내고 정기적으로 찾아오거나 가끔씩이라도 친지들이 찾아오는 경우는 전체의 3분의 1에도 못 미친다. 기를 쓰고 매장을 하고서는 이내 무관심해 버리는 한심한 세상이다.

한국의 장례 문화가 가진 문제들은 먼저 국민의 정서를 고려한 장기적인 대책만이 성공을 거둘 수 있다. 모 학자는 화장을 장려하기 위해서 고가(高價)의 묘지 정책을 추진해야 한다고 주장한다. 하지만 이 역시 국민적 합의를 도출하기가 어렵다. 법보다는 관습과 풍습을 중요하게 여겨 국민들이 호응하지 않는 한 법 개정은 아무런 소용이 없기 때문이다. 과거 '가정의례준칙'을 시행한 것이 현재에 와 어떻게 정착되었는가를 살펴보면 명백해진다.

우리의 묘지 문제를 해결하기 위해서는 풍수가 나서야 한다. 묘지를 잘 쓰면 후손이 복을 받는다는 풍수 사상 때문에 전통적으로 매장이 선호되어왔다. 그런데 **현대의 매장 문화로는 복을 받기는커녕 오히려 화만 입는다고 풍수가 사실적으로 설명하면 매장은 줄어들 것이다.**

우선 공원묘지를 보자.

폭우로 유실된 분묘의 대부분은 생기가 흐르는 산등성이 아니라 생기를 받쳐주는 산비탈이나 혹은 계곡에 축대를 쌓고 쓴 경우가 대부분이다. 풍수로 보면 땅 속에 물이 꽉 차 있어 지반이 약한 곳이거나 수맥이 지나가는 곳일 가능성이 많다. 따라서 이런 흉지에 부모를 모신다면 생기를 받을 수 없고 후손에게 나쁜 기운만 전해주는 물구덩이다. 모 학자의 말을 빌리면 땅이 그 주검을 받아들이지 않은 곳이다. 따라서 유전자 감식으로 유골을 되찾아 다시 제자리에 모셔도 또 다른 산사태로 인해 유실될 가능성이 크다.

이런 경우는 길지를 택하여 이장을 하거나 과감히 유골을 화장하여 사후 처리하라고 풍수는 말한다. 그 동안 물구덩이에 들어가 고생을 했을 주검을 위해서도 그렇고, 또 주검에서 발한 나쁜 기운 때문에 겪지 않아도 될 고생을 한 후손을 위해서도 그렇다. 특히 유골의 전부를 찾지 못할 바에는 모아놓은 유골들을 한꺼번에 화장하여 초혼 탑에 봉안하는 방법이 최선이 아닐까 생각한다.

좋은 영향을 받는 명당은 찾았다고 다 되는 것은 아니다. 자연의 순환에 맞는 좌향을 제대로 잡아야 발복을 기대할 수 있다. 그런데 한국의 실정을 볼 때 풍수 이론에도 밝고 현장 풍수에도 경험이 많은 풍수가를 구하기 매우 어렵다. 따라서 우리의 장묘문화는 어설픈 기대에서 벗어나 비록 좋은 영향을 받지 못할지라도 나쁜 영향은 일체 받지 않는 화장으로 정착됨이 바람직하다.

그런데 화장을 한 후에 유골을 산천에 뿌리고 나면 나중에 섭섭한 마음이 든다는 사람이 많다. 이 경우라면 납골당에 모셔 항상 추모할 여지를 남겨두거나 혹은 조그마한 땅을 장만해 묻으면 좋을 것 같다.

풍수 용어 해설

풍수 용어 해설

간룡(幹龍)　사람의 척추와 같이 산맥의 큰 산에서 혈을 향해 뻗어내
린 산줄기의 중심 용맥을 말한다. 용(龍)이란 산줄기를 가리키며
일어섰다 엎드렸다 하는 산줄기를 용이 꿈틀거리며 달려가는 모
습으로 본 것이다.

간룡법(看龍法)　풍수의 형기론에서 산세의 모양새를 가지고 형세와
혈의 길흉을 살피는 방법이다. 생기발랄하고 힘차게 꿈틀거려야
좋은 용으로 친다.

간산(看山)　생기가 모인 혈(명당)을 찾으러 산에 오르는 것을 말한다.
레저와 심신수련을 위해 산을 오르는 등산과 비교되는 용어이다.

감결(監訣)　현장의 용(龍), 혈(穴), 사(砂), 수(水)가 풍수 이론에 맞추
어 길(吉)한지 혹은 흉(凶)한지를 세심하게 관찰하는 것을 말한다.

개장(開帳)　'장막을 연다'는 뜻으로 산줄기가 마치 새가 날개를 편
듯이 혹은 병풍을 펼친 듯이 좌우로 겹겹이 뻗어내린 형세를 가리
킨다. 개장이 좋으면 내룡의 생기가 건강한 것으로 본다.

개혈(開穴) '혈을 연다'는 뜻으로 보통은 시신을 안장하기 위해 땅을 파는 행위를 가리킨다. 개혈하면 땅 속으로 바람이 들어가 생기가 흩어진다.

거문수(巨門水) 이기론에서 각 국의 쇠방(衰方)에서 물이 흘러들어 혈 앞에 이르는 것을 가리킨다. 즉 쇠방수(衰方水)이다.

거수(去水) 물이 빠져 나가는 것을 가리킨다. 일명 소수(消水)라고도 한다.

격정(格定) 내룡이 어느 방위에서 오고, 또 물의 파(破)는 어느 방위로 빠졌는가를 패철을 이용해 재는 행위를 말한다.

결인(結咽) 내룡의 기운이 혈 앞에서 뭉쳐 톡 튀어나오기 직전의 낮은 곳을 가리킨다. 쉽게 '목'이라 부른다.

겸혈(鉗穴) 형기론에서 혈장의 모양을 가리키는 용어로, 와혈(窩穴)처럼 전체적인 생김새가 가운데 쪽으로 오목(凹)하게 들어간 음혈(陰穴)이다. 일명 '개각혈(開脚穴)'이라 하며 두 개의 지각(支脚)이 다리를 벌리고 다리 사이에 혈장을 받쳐든 형상이다.

경락(經絡) 경맥(經脈)과 낙맥(絡脈)으로 나뉘어지며, 사람의 몸에 거미줄처럼 엉켜져 기(氣)가 순행하는 통로이다. 보통 침을 놓는 자리로 경맥은 기가 흘러다니는 주요 통로고, 낙맥은 경맥을 상호 연결시키는 통로이다. 풍수에서는 간룡(幹龍)과 지룡(枝龍)의 관계로 설명된다.

고궤사(庫櫃砂) 산의 모양이 장방형의 토산(土山) 같은 것을 말하며, 풍수는 곡식을 가득히 쌓아놓은 산이라 하여 부자가 난다고 한다.

과교(過交) 때가 지나버린 것을 말한다. 서리는 8~9월에 와야 곡식이 잘 익는데 10~11월에 와 곡식이 제때에 결실을 맺지 못하는 상태이다. 이기론상으로 물이 제 방위를 지나서 소수하니 자연이 올바로 순환되지 못한 상태이다.

과산(過山) 내룡을 타고 흐르는 생기가 멈추거나 응결되지 못한 채 그냥 흘러가는 산을 말한다.

과협(過峽) 산과 산을 잇는 산줄기 부분에 벌의 허리와 학의 무릎처럼 잘록한 부분을 가리키며 보통 '○○고개'라고 부르는 곳이다. 과협은 산과 산 사이의 생기를 이어주며, 과협이 좋아야 내룡의 생기가 충만하다고 본다. 과일의 꼭지와 같은 역할을 한다.

관대(冠帶) 12포태법상에서 성년을 향해 자라나는 길한 상태이다. 사람의 일생 가운데 글도 배우고 문장도 익히는 청소년기에 해당한다.

관쇄(關鎖) 청룡과 백호가 좌우에서 서로 끝 부분을 맞잡거나 한쪽이 다른 쪽을 감싸안아 물이 빠지는 곳이 좁아진 상태를 말한다. 배 한 척이 지나가지 못할 정도로 관쇄가 되면 매우 길하다고 본다.

광중(壙中) 시신을 묻는 구덩이를 가리키며, 보통은 무덤 속을 말한다.

괴혈(怪穴) 명당이 갖추어야 할 제반 자연조건을 갖추지 않았음에도 불구하고 생기가 응결된 장소이다. 주로 돌로 이루어진 악산에 사람 한 구를 묻을 만한 흙이 있거나, 깊은 산 속에 물이 고인 늪이 있으면 그 위에 괴혈이 있다고 한다. 괴혈은 발복이 빠르고 강력하여 어떤 풍수가는 괴혈만 찾아 산 속을 헤맨다.

교여불급(交如不及) 수구(水口)가 포태법상 묘방(墓方)까지 가지 못하니, 열매가 제철이 되기 전에 익어버리는 상태이다. 후손이 각종 질병에 시달리며 남자의 목숨이 짧아 과부가 한집안에 세 명꼴은 되고, 세월이 흐르면 먼저 셋째 아들이 다음은 둘째가 그 다음은 장남의 후손이 끊어진다.

구곡수(九曲水) 혈의 앞쪽에서 마치 뱀이 지나가듯 곡곡으로 굽어서 지나가는 모양새이다. 돈이 남아돌고 의식이 풍부해진다. 일명 수성수(水星水)라고 한다.

국(局) 혈을 둘러싼 자연 형세를 하나의 우주로 본 것이고, 혈은 그 우주의 중심에 해당한다.

귀룡(貴龍) 용맥이 겹겹으로 가지치며 흘러 뻗고, 내룡이 웅장하면서 생동감 있게 꿈틀거리는 형상을 말한다.

귀인(貴人) 산의 봉우리들을 말한다.

규봉(窺峰) 일명 월견(越肩)이라 하며, 청룡과 백호 건너편에서 혈을 향해 언뜻언뜻 넘겨다보는 산으로 마치 구경꾼이 담장을 넘어 방 안을 들여다보는 형상이다. 후손 중에 도둑질을 당하거나 소송 등으로 재물을 잃는다.

금국(金局) 음양오행상 수구가 패철의 계축(癸丑), 간인(艮寅), 갑묘(甲卯) 방, 즉 북동방에 있는 경우이다. 가을에 해당하고 색깔은 백색이다.

금성(禽星) 수구 부분에 날짐승 모양의 바위들이 막고 선 것을 가리킨다. 금성이 수구를 막아 서 있으면 문관(文官)이나 문인(文人)이 난다.

금성수(金星水) 혈 앞쪽을 마치 요대를 허리에 찬 것처럼 둥글게 감싸안으며 흐르는 물줄기를 말한다. 물로써 가장 귀하며, 부귀하고 세상의 존경을 받고 충효현랑(忠孝賢郎)하며 의(義)로운 인물과 호남아(好男兒)가 난다.

금어수(金魚水) 물이 혈의 양쪽 골짜기에서 흘러나와 한곳에서 합쳐 흘러가는 것을 말한다.

낙산(樂山) 내룡이 방향을 90도로 바꾸는 회룡입수(回龍入首)를 할 때에 내룡의 뒤쪽에서 내룡의 생기를 받쳐주는 산이다. 회룡입수일 때에는 꼭 낙산이 있어야 한다.

납골당(納骨堂) 시체를 화장하여 그 유골을 모셔두는 장소. 보통 뼈만을 추려서 모시거나 뼛가루를 그릇에 담아 안치한다.

내당(內堂) 혈장을 감싼 국(局)을 가리키며, 이기론상 자연의 흐름을 파악하기 위해 자주 사용한다.

내룡(來龍) 혈로 내려오는 산줄기로 생기를 품고 있다. 입수가 있기 전까지의 산줄기를 말한다.

내반정침(內盤正針) 일명 지반정침(地盤正針)이라 부르며 패철 4층을 가리킨다. 음택론에서 내룡의 이기를 격정하고, 양택론에서 주택의 방향까지 격정한다.

다비(茶毘) 스님이 입적하면 뜰에 장작을 쌓아놓고 그 위에 시신을 얹어 불태우는 화장의 일종이다. 불가(佛家)에서는 더러운 육체를 불로 깨끗이 태워 영혼이 다시 태어나도록 도와준다고 본다.

단산(斷山) 산줄기가 이어지지 않고 도로나 공사 등으로 끊어진 산을 말한다. 생기가 이어지지 않아 흉하다.

단청룡(單靑龍) 좌우로 산이 뻗지 않고 오로지 한 줄기 산이 그대로 뻗은 것이다. 못 쓰는 땅이다.

대공망(大空亡) 패철 5층의 천산 72룡(穿山七十二龍)을 보면 중간에 빈 칸이 있는데 이 칸이 대공망이다. 이 칸으로 들어오는 내룡과 맥을 쓰지 않고, 중국에서는 '정(正)' 자가 표시되어 있다.

도선국사(道詵國師, 827~898) 전남 영암에서 출생했으며, 호가 옥룡자(玉龍子)이다. 고려 왕건(王建)의 탄생과 고려 건국을 예언했으며 중국의 일행선사(一行禪師)에게서 풍수지리학을 배웠다. 한국 풍수지리학의 시조(始祖)이다.

도선비기(道詵秘記) 도선국사가 저술한 책으로 고려의 정치 사회에 많은 영향을 끼쳤으며, 조선으로부터 오늘날에 이르기까지 일상생활과 불가분의 관계를 맺어왔다.

도안(道眼) 풍수가가 산천지형을 보는 실력을 나타낸 말로, 법에만 의존하지 않고 얼핏 산을 보면 대세를 짐작하고 대세를 보면 진룡(眞龍)을 발견하고 그 중에서 생기가 응집된 혈을 바로 찾아내는 수준이다.

도참설(圖讖說) 이인(異人)이나 선지자(先知者)들이 미래의 길흉을 예언한 책이나 소문 따위를 가리킨다.

도화수(桃花水) 목욕수(沐浴水)라 하며, 이기론상 각 국의 목욕방에서 흘러들어온 물이다. 도화수가 혈 앞으로 흘러들면 여자들이 음란하고 강물에 투신하여 자살하는 일이 생기고 꾐에 빠져 재물을 잃는다고 한다.

독산(獨山) 산줄기가 이어지지 않고 홀로 떨어져 솟은 산이다. 주로 바닷가에 많으며 물형론에서는 연화부수형으로 부른다.

독양(獨陽) 자연은 음양이 조화를 이루어야 생명이 탄생하는데, 산세에 비해 물과 바람의 기운이 지나치게 강한 곳을 가리킨다. 보통 바닷가나 저수지 혹은 강물을 바라보고 쓴 묘를 말하며 홀아비가 사는 것과 같다.

독음(獨陰) 자연은 음양이 조화를 이루어야 생명이 탄생하는데, 물과 바람에 비해 산세의 기운이 지나치게 강한 곳을 가리킨다. 보통 깊은 산 속에 있는 묘를 말하며 과부가 혼자 사는 것과 같다.

돌혈(突穴) 형기론에서 혈장의 모양이 돌출된 상태이다. 돌혈은 평지에도 나타나는데 논이나 밭에 유별나게 도드라진 곳이 돌혈이다.

동기감응론(同氣感應論) 뼈를 구성하는 원소는 생체 에너지와 독특한 진동 파장을 가지는데 시신의 유골이 산화될 때 발하는 전자 파장이 동일한 기를 가진 후손과 서로 감응을 일으킴을 말한다.

동산(童山) 돌과 암석으로 이루어져 초목이 자라지 않는 산이다.

두뇌(頭腦) 일명 만두(巒頭) 혹은 승금(乘金)이라 하며, 무덤의 뒤쪽 중앙을 가리킨다. 보통은 무덤을 감싼 성벽(城壁)의 중심이며 위치가 가장 높다.

득수(得水)　혈에서 보아 혈 앞으로 흐르는 물이 처음 시작되는 곳이나 물줄기를 말한다.

득수론(得水論)　이기론의 다른 표현으로 물을 중시하기 때문에 붙은 이름이다. 이기론은 물 자체보다는 물의 흘러들고 흘러 나가는 방위를 중시하는데 이는 물의 양기(陽氣)가 음기(陰氣)인 땅을 변화시키는 주체이기 때문이다.

만두형세(巒頭形勢)　기묘하게 흐르고 솟구친 산천의 형세를 말한다.

맥(脈)　산 혹은 산줄기를 말하며, 생기 에너지가 흘러가는 통로이다.

명당(明堂)　혈을 포함한 주변의 편평한 땅으로 생기가 응결된 지점이다. 즉 혈이나 혈장보다는 좀더 넓은 개념으로 쓰인다.

명당수(明堂水)　산이 흘러내려온 방향과 반대방향으로 물이 흐르는 것이며, 일명 '역수(逆水)'라고 한다. 즉 혈을 향해 몰려오는 물길이다.

명사(明師)　풍수가 중에서 학문과 인격이 최고의 경지에 오른 사람을 일컫는다.

목국(木局)　음양오행상 수구가 패철의 정미(丁未), 곤신(坤申), 경유(庚酉) 방, 즉 남서방에 있는 경우이다. 봄에 해당하고 색깔은 청색이다.

목산(木山)　형태가 삼각형을 이루나 정상이 모나지 않고 편평한 산이다. 형기론에서 목산은 덕성, 관운이나 발전에 관여하는 산으로 여긴다.

목성수(木星水)　혈 앞을 'ㅡ'처럼 곧게 흘러가는 물의 형상을 말한다. 성품이 강한 자손이 대대로 이어진다.

목욕(沐浴)　12포태법상에서 태어나 보니 지저분한 것도 있는 유아기를 말한다. 음란함을 뜻한다.

목욕룡(沐浴龍) 물이 가득 찬 내룡으로 무덤에는 잔디 대신 억새풀이나 물풀이 가득 들어 찬다. 수국은 건해룡(乾亥龍), 목국은 간인룡(艮寅龍), 금국은 곤신룡(坤申龍), 화국은 손사룡(巽巳龍)이 목욕룡에 해당한다. 형기론에서 명당으로 착각하는 경우가 많은 산천형세를 가졌다.

묘(墓) 장(藏), 고(庫)라고도 하며, 12포태법상에서 모든 활동이 중지되고 다시 자연으로 돌아간 상태이다.

문필사(文筆砂) 붓과 같이 뾰족한 산으로 후손 중에 문장가가 태어난다.

물풀 무덤에 물이 들었을 경우 봉분의 표면에 생기는 이끼를 말한다.

박환(剝換) 암석이 물과 바람에 의해 기계적 풍화가 되거나 화학적 풍화 등으로 흙으로 변해가는 것을 가리킨다. 박환이 잘 된 내룡이어야 생기가 왕성한 것으로 본다.

반궁수(反弓水) 물이 둥글게 흐를 경우 그 바깥쪽을 말한다. 즉, 물이 직접 흘러드는 곳으로 땅 속은 물이 가득 차고, 이런 곳에 마을이 들어서면 집집마다 패절한다.

배합(配合) 내룡이 뻗어온 방향을 패철로 격정할 때, 내룡의 중심선이 간지의 중심선상에 놓인 것을 말한다. 예를 들어 내룡의 중심선이 임(壬) 자와 자(子) 자 사이에 놓이면 배합되었다고 말한다.

백두대간(白頭大幹) 국토를 산줄기와 물줄기를 근간으로 질서와 체계를 가지고 해석한 한국 고유의 지리 사상이다.

백보전란(百步轉欄) 향의 135미터 앞에서 물이 전방으로 곧게 빠지지 말고 굽어서 빠지는 물길이 더 이상 보이지 않아야 한다.

백호(白虎) 혈의 우측으로 뻗어내려 혈을 감싸는 산줄기로 혈의 생기를 보호하고 바람을 막아준다.

범안(凡眼) 풍수가의 실력이 산수의 형세를 매우 상식적으로 이해하는 단계이다.

법안(法眼)　내룡이 뻗어온 산세를 일일이 짚어보고 용맥의 꿈틀거림의 정도와 방위를 풍수 이론에 맞추어서 혈을 잡는 수준이다.

병(病)　12포태법상에서 기운이 쇠하여 병이 든 것으로 젊은 날의 기상은 없어지고 죽을 날만 기다리니 흉하다.

병기맥(病氣脈)　내룡을 다섯 구획으로 구분할 때 우측의 두 번째 구획을 말한다. 중심은 쇠기맥(衰氣脈)이고 그곳에서 각각 70~90센티미터씩 떨어뜨려 좌측으로 생기맥(生氣脈), 사기맥(死氣脈)이며, 우측으론 왕기맥(旺氣脈)과 병기맥이다.

복응천(卜應天)　당나라 때의 유명한 풍수가로 풍수 경전인 『설심부(雪心賦)』를 지었다.

봉요학슬(蜂腰鶴膝)　과협의 형태가 벌의 허리처럼 잘록하고, 학의 무릎처럼 매듭진 것을 제일로 친다.

봉침분금(縫針分金)　패철 9층을 말하며, 시신이 생기를 받을 수 있도록 마지막으로 시신의 좌향을 잡는 데 사용한다.

부룡(富龍)　용맥이 웅장하면서 살이 찐 듯 통통하고 곁가지를 겹겹으로 뻗어 생기가 왕성한 내룡이다.

부모(父母)　주산을 가리킨다. 형기론은 주산에서 혈까지 이어지는 내룡의 모양새, 즉 부모 → 태(胎) → 식(息) → 잉(孕) → 육(育)의 첫번째이다.

불배합(不配合)　내룡이 뻗어온 방향을 패철로 격정할 때, 내룡의 중심선이 간지(干支)의 중심선상에 놓이지 않은 상태이다. 예를 들어 내룡의 중심선이 해(亥)와 임(壬), 혹은 자(子)와 계(癸) 자 사이에 놓이면 불배합으로 잠룡(潛龍)이라 한다.

비기(秘記)　이인(異人)이나 선지자(先知者)들이 장래의 길흉을 예언한 기록들이다.

비보풍수(裨補風水)　비보방살(裨補防殺)이라 하여 우리의 전통적인 지리 사상이다. 즉 국토가 허하고 병이 들면 그곳에 절을 짓거나 탑을 세웠고, 바람을 막기 위해 방풍림을 심었다.

빈룡(貧龍)　용맥이 곁가지가 없이 밋밋하게 뻗은 모양이다.

사(死)　12포태법상에서 기운이 다하여 죽음에 이른 상태이다.

사(砂)　혈을 에워싼 주변의 산봉우리를 가리킨다. 사사(四砂)라 하면 현무(玄武), 주작(朱雀), 청룡, 백호이다.

사기맥(死氣脈)　내룡을 다섯 구획으로 구분할 때 좌측의 두 번째 구획을 말한다.

사루하전(辭樓下殿)　용맥이 산줄기의 중심으로 뻗어나오되 일어서고 엎드리며 겹겹으로 곁가지를 펼치며 전진하는 형세이다.

사리(舍利)　다비를 한 후에 스님의 유골에서 추린 녹두알만한 영롱한 구슬들. 도를 닦는 과정에서 스님의 몸에 응결된 정수(精髓)로서 영혼이 깃든 것으로 본다.

사모사(紗帽砂)　산의 모양이 토성(土星)으로 관운이 있다고 본다.

사유팔간(四維八干)　패철 24방위 중에서 천간(天干)을 구성하는 요소들로, 건(乾) 곤(坤) 간(艮) 손(巽)은 사유(四維)이고, 임(壬) 계(癸) 갑(甲) 을(乙) 병(丙) 정(丁) 경(庚) 신(辛)은 팔간(八干)이다. 이것은 하늘의 기운으로 양(陽)이고, 태양이고, 남자이고, 변화를 일으키는 주체에 해당한다

산경표(山經表)　신경준(申景濬)이 옛 지도에 나타난 산맥을 문헌으로 정리한 책이다. 전국의 산맥을 하나의 대간(大幹), 하나의 정간(正幹), 그리고 13개의 정맥(正脈)으로 규정하고, 여기에서 다시 가지처럼 뻗은 기맥(岐脈)까지 족보책을 엮듯이 상세하게 기록하였다.

살(殺·煞)　사람이나 물건 등을 해치는 독한 기운.

삼재(三才)　천(天)·지(地)·인(人)을 말하며, 풍수에서는 천문, 지리, 그리고 사람에 관한 모든 것이 조화를 이루도록 터와 시간을 잡는 것을 말한다. 풍수가를 '삼재를 터득한 사람'이라 부르기도 한다.

삼합오행(三合五行)　이기론의 12포태법에서 각국의 생(生), 왕(旺), 묘(墓)가 서로 조화를 이룬 상태를 말한다.

삽천(插天)　산의 형상이 하늘을 찌르는 것과 같은 것을 말한다

상극(相剋)　자연이 수 → 화 → 금 → 목 → 토로 역행하여 모든 생명체가 멸망하는 것이다. 문명의 산물들은 모두 상극의 원리에 따라 발명되어 사람의 삶에 도움을 준다. 즉 물로 불을 끄고, 불로 쇠를 녹여 철물을 만들고, 쇠로 나무를 자르고, 나무로 흙을 파내어 사람에게 이롭게 이용한다.

상부(相符)　청룡과 백호가 혈장을 가운데 두고 나란히 뻗은 것을 가리킨다. 후손간에 우애가 없고 다툼이 잦다고 본다.

상생(相生)　자연이 봄 → 여름 → 가을 → 겨울로 순환하듯이 오행도 목 → 화 → 토 → 금 → 수로 순행하는 것을 말한다. 상생의 원리는 나무로 불을 만들고, 불이 타면 흙(재)이 되고, 흙에서 쇠를 캐고, 쇠가 녹으면 물이 되는 이치이다.

생기(生氣)　우주와 자연을 변화시키고, 천지 만물을 창조하고 생육하는 빛, 산소, 물, 영양분, 온도 등이 복합된 기운이다. 자연의 상태에선 흙 속에 머문다.

생기맥(生氣脈)　내룡을 다섯 구획으로 구분할 때 좌측의 첫번째 구획을 말한다.

생토(生土)　산의 표면을 덮고 있는 흙을 걷어내면 돌도 흙도 아닌 상태가 나오는데, 보기에는 돌 같으나 만지면 흙처럼 곱게 바스러진다. 바로 생기가 응집되거나 흘러가는 통로로 홍황자윤(紅黃滋

潤)해야 좋다.

석산(石山) 박환이 덜 이루어져 아직 토질이 암석이나 돌로 된 산이
다. 생기를 품지 못한 산이다.

석숭(石崇) 중국의 전설적인 부자의 이름이다.

선익(蟬翼) 입수 지점부터 좌우로 뻗어 혈장을 감싸는 부분인데, 그
모양이 매미의 날개를 닮았다고 해서 생긴 말이다. 좌측의 선익을
청룡 선익, 우측의 선익을 백호 선익이라 부른다. 형기론에선 진
혈임을 입증하는 증거로 삼아 선익이 있어야 명당이라 한다.

선저수(漩渚水) 일명 진응수(眞應水)라 부르며 본래부터 혈장 앞에
넘치듯이 고여 있는 샘이나 연못을 가리킨다. 산세가 극히 왕성한
증거이며 맑고 수려하다면 재복(財福)이 크다고 한다.

소수(消水) 물이 빠져 나가는 것을 가리킨다.

소조산(小祖山) 생기 에너지를 응결시키는 입수가 있기 직전에 생기
가 집합된 산으로 주산(主山) 혹은 현무라 부른다.

쇠(衰) 12포태법상에서 노년기에 접어든 시기이다. 비록 기운은 쇠
하였으나 쌓인 경륜이 있어 후학을 지도하는 상태이다.

쇠기맥(衰氣脈) 내룡의 다섯 구획 중에서 중앙에 위치한다. 생기가
흐르지 않는 통로이나 보통의 묘들은 대개가 쇠기맥에 안장되어
잘못되었다.

수구(水口) 혈에서 보아 물이 최종적으로 빠지는 지점을 가리킨다.

수국(水局) 음양오행상 수구가 패철의 을진(乙辰), 손사(巽巳), 병
오(丙午) 방 즉, 동남방에 있는 경우이다. 겨울에 해당하고 색깔
은 흑색이다.

수두(首頭) 산의 형상이 머리를 숙인 것과 같은 모양을 말한다.

수맥파(水脈波) 수맥이 흙 또는 암반에 부딪칠 때 발생하는 일종의
에너지 파장이다.

수성(獸星) 수구 부분에 짐승의 모양을 한 바위들이 막고 선 것을 가리킨다. 수성이 수구를 막아 서 있으면 무관(武官)이 난다.

수성수(水星水) 혈의 앞쪽에서 마치 뱀이 지나가듯 곡곡으로 굽어서 지나가는 모양새이다. 돈이 남아돌고 의식이 풍부해진다. 일명 구곡수(九曲水)라 한다.

시호(諡號) 죽은 뒤에 망자의 공덕을 칭송하여 추증(追贈)하는 칭호. 일본에서는 절에서 시호를 지어받는 데 67만 엔이 든다고 한다.

식(息) 태(胎) 아래로 흐르면서 생기가 잠시 묶여 있는 곳이다. 형기론은 주산에서 혈까지 이어지는 내룡의 모양새, 즉 부모 → 태(胎) → 식(息) → 잉(孕) → 육(育)의 세 번째이다.

신안(神眼) 신령한 힘으로 멀리서도 생기가 응집된 혈을 정확히 잡아내는 풍수가의 실력이다.

십이운성(十二運星) 십이포태(十二胞胎)라 부르며, 생명체나 우주가 생성되어 멸망해가는 순환의 법칙이다. 자연이 춘·하·추·동으로 순환하는 것처럼 사람 역시 태어나고, 자라고, 왕성해지고, 쇠해져서, 병들고, 죽어가는 과정을 12운성으로 정하였다. 용(龍), 혈(穴), 사(砂), 수(水), 향(向)의 이기까지 12운성을 이용해 체계적으로 설명한 만고불변의 법칙이다.

아미사(蛾眉砂) 안산(案山)의 모양이 나비의 눈썹 같은 모양을 말하며, 여자 후손 중에 왕비가 난다고 한다.

안대(案對) 전라도에서 무덤의 방향을 잡을 때 안산이나 조산의 봉우리와 무덤의 방향을 일치시키는 좌향법이다.

안산(案山) 이것은 혈 앞에 낮게 엎드린 산으로 주인이 손님과 마주 앉은 책상과 같은 역할을 한다. 높으면 눈썹 정도고 낮으면 심장의 위치여야 좋다.

암장(暗葬) 남의 땅에 몰래 장사를 지내거나, 남의 묘를 파내고 자기 조상의 시신을 묻는 경우를 말한다.

압혈(壓穴) 안산이나 조산이 혈보다 지나치게 높으면서 가까이 있으면 혈의 생기를 눌러 흉하다.

양(養) 12포태법상에서 생명을 다 이루어놓고 출생만 기다리는 상태이다. 기대에 부풀어 있다.

양균송(楊筠松) 당나라 때의 풍수가로 호가 구빈(救貧)이다. 『청낭서(靑囊序)』와 『청낭오어(靑囊奧語)』를 저술하여 이기론의 시조로 불린다.

양기(陽氣) 자연을 변화시키는 주체로 물과 바람을 가리킨다. 풍수에서는 물과 바람을 같은 개념으로 본다.

양기론(陽基論) 사람들이 집단적으로 거주하는 마을이나 도읍지를 정하는 지표로 삼는 풍수의 이론이다.

양택론(陽宅論) 산 사람에게 보다 쾌적한 생활 환경을 제공하는 주거지를 결정하는 풍수의 이론이다.

양풍(陽風) 계곡에서 자연적으로 생기는 음풍(陰風)과 대비되는 바람으로 자연 상태에서 부는 바람이다.

역수(逆水) 물길이 혈을 향해 들어오는 형상으로 풍수는 재물이 몰려온다고 해석하여 귀하게 본다. '명당수'라고도 한다.

옥인(玉印) 묘 주위에 있는 암반(큰 바위), 건물 등을 말한다.

와혈(窩穴) 형기론에서 혈장의 모양을 부르는 말로, 일명 '소쿠리 명당'으로 불린다. 외형이 소쿠리나 쟁반처럼 오목(凹)하게 되어 있으며, 혈장의 한쪽 부분이 다른 한쪽보다 길게 혈장을 감싸고 있다.

왕기맥(旺氣脈) 내룡의 다섯 구획 중에서 우측의 첫번째에 위치한다.

외당(外堂) 혈장 밖의 자연을 감싼 국(局)을 가리키며, 이기론상 자연의 흐름을 파악하기 위해 자주 사용한다.

외반봉침(外盤縫針) 패철 8층을 가리키며, 물의 득파와 향을 잡는 데 사용한다.

요도(橈棹) 내룡의 좌우나 전후에 붙어서 내룡의 방향을 변화시키는 지각(枝脚)이다.

용(龍) 산줄기를 가리키며 일어섰다 엎드렸다 하는 산줄기를 용이 꿈틀거리며 달려가는 모습으로 본 것이다.

용맥(龍脈) 생기를 품고 흘러가는 에너지 통로를 가리키며, 보통은 산줄기나 산맥을 말한다.

용상팔살(龍上八殺) 무덤 속으로 살기가 스며드는 것을 가리키며 패철 1층에 방향이 표시되어 있다. 묘 중에서 잔디를 심어도 뿌리를 내리지 못하거나 벌건 황토가 드러나면 용상팔살에 걸린 경우가 많다.

우득우파(右得右破) 물이 우측에서 득수하여 혈을 감싸안고 흐르지 못한 채 무정하게 우측으로 빠져버리는 모습이다. 자연이 올바로 순환하지 못하는 흉지이다.

우선룡(右旋龍) 산이 물과 바람의 영향을 받아 우측에서 좌측으로 휘어진 모양새를 말한다. 좌선룡은 내룡이 좌측에서 우측으로 휘어진 모양이다.

월견(越肩) 일명 '규봉(窺峰)'이라 하며 청룡과 백호 건너편에서 혈을 향해 언뜻언뜻 넘겨다보는 산으로 마치 구경꾼이 담장을 넘어 방 안을 들여다보는 형상이다.

월수(越水) 청룡과 백호의 중간으로 건너편의 들판이나 물길이 바라다 보이는 것으로 그곳으로 바람이 불어오므로 매우 흉하다. 월수에 달빛이 비추어 그 반사빛이 묘에 이르면 후손이 큰 재앙을 당한다고 한다.

유혈(乳穴) 혈장의 핵심인 혈심을 향해 봉긋하게 도드라진 형상이며, 여자의 유방과 같다고 해서 붙여진 이름이다.

육(育) 내룡의 생기가 응집된 혈을 뜻하며 즉 부모 → 태(胎)→ 식

(息) → 잉(孕) → 육(育)의 마지막 단계이다.

육탈(肉脫) 시신을 땅에 묻으면 피와 살은 곧 썩어 흙으로 돌아가는 것을 가리킨다.

음택론(陰宅論) 죽은 사람의 기(氣)가 후손의 기와 감응하여 복이나 화를 미친다는 풍수설로 보통은 묘터를 잡거나 장사를 지내는 무덤 풍수를 가리킨다.

음풍(陰風) 산세가 험준할 경우 깊은 골짜기에서 자연적으로 생기는 찬바람이다. 음풍은 혈 주변의 산들이나 입수, 묘 앞쪽의 전순까지 손상시키거나 허약하게 만든다.

이기론(理氣論) 패철(나경)로 측정한 수구(水口)의 방향으로 혈의 국(局)을 정한 다음 국에 따라 내룡과 수구의 이기를 격정해 좌향을 잡는 풍수 이론이다. 자연 과학적인 접근으로 일명 득수론, 좌향론이라고 부른다.

인반중침(人盤中針) 패철 6층을 가리키며, 혈 주변의 사봉들이 혈에 대해 도움을 주는지 혹은 해를 주는지를 감결한다.

인정(人丁) 풍수에서는 후손, 특히 대를 이을 남자 후손을 가리킨다.

인합사(印盒砂) 혈 주변에 도장처럼 생긴 바위를 보통 일컬으며 귀인사가 있으면 벼슬을 한다거나 혹은 옥쇄라 하여 임금이나 대통령이 태어난다고 해석한다. 인주와 같이 붉은색을 띠면 더욱 좋다고 한다.

임관(臨官) 12포태법상에서 청년기에 해당하며, 장원으로 과거에 급제하고 결혼하는 시기이다. 젊은 기상이 한껏 부풀어오른 상태이다.

입수(入首) 혈을 만들기 위해 최종적으로 생기 에너지를 응결시켜 전달하는 곳이다

잉(孕) 식(息)을 지나 산줄기가 다시 살짝 솟아올라 하나의 정점을 이룬 곳. 즉 부모 → 태(胎) → 식(息) → 잉(孕) → 육(育)의 네

번째 단계이다.

자연 황천(自然黃泉)　자연의 흐름이 거꾸로 순환하는 경우로 외당이 좌선수인데 내당이 우선수이든가, 외당이 우선수인데 내당이 좌선수인 경우이다. 자연황천에 걸린 내룡은 물이 차거나 바람이 침입하여 흉지가 된다.

잠룡(潛龍)　내룡이 뻗어온 방향을 패철로 격정할 때, 내룡의 중심선이 간지(干支)의 중심선상에 놓이지 않은 상태이다. 예를 들어 내룡의 중심선이 해(亥)와 임(壬), 혹은 자(子)와 계(癸) 자 사이에 놓여 불배합된 상태이다.

장막(帳幕)　산세의 흐름이 마치 병풍을 펼쳐놓은 듯이 좌우로 겹겹으로 가지를 친 모양세이다.

장생(長生)　12포태법상에서 드디어 한 생명이 태어나는 것이다. 경사스럽고 기쁜 일이다.

장택법(葬擇法)　시신에게 영향을 미치는 천문의 이기에 따른 매장의 일시, 고인과 후손들의 사주(四柱) 등 천문·지리·인사가 서로 완벽한 조화를 이루도록 장사 지내는 절차나 과정이다.

장풍법(藏風法)　혈의 생기가 흩어지지 않도록 주변의 산봉우리가 혈장을 감싸준 곳을 찾는 풍수의 술법이다.

전순(氈脣)　혈장의 바로 앞에 맞닿아 있으면서 혈장의 생기를 보호하고 지탱해주는 역할을 담당한다. 보통 암석으로 이루어져 있다.

절(絶)　12포태법상에서 모든 형체가 절멸된 채 기조차도 쉬고 있다. 사람으로 말하면 아직 임신되지 않은 상태다.

정혈(定穴)　생기가 응집된 곳을 정하는 방법으로 형기론에서는 간룡법, 장풍법, 정혈법이 있고, 이기론에서는 득수법, 좌향법이 있다.

정혈법(定穴法)　형기론에서 혈을 정하는 방법으로 내룡에서 혈까지 내려온 산세의 모양이 부모 → 태(胎) → 식(息) → 잉(孕) → 육

(育) 형태로 이루어져야 하고, 혈장 주변의 산세는 입수, 선익, 전
순, 토색들이 명당의 조건을 갖추어야 한다. 또 혈 자체의 모양도
와, 겸, 유, 돌의 형상을 갖추어야 한다.

제왕(帝旺)　12포태법상에서 벼슬도 높아지고 재물도 많아지는 때이
며, 인생의 최고 전성기이다.

조산(朝山)　혈 앞쪽의 안산 너머로 높고 웅장하게 서 있는 산으로
보통 주작이라 한다. 모양은 마치 새가 날개를 펼치고 날아가듯이
우아하고 수려한 것을 제일로 친다.

조정동(趙廷棟)　생몰년 미상의 풍수가로『지리오결(地理五訣)』을 저
술하였다. 용, 혈, 사, 수에 향법(向法)까지 추가하여 오결이라 명
명하였다.

족장(族葬)　한 내룡에 여러 명의 조상을 위에서 아래쪽으로 나란히
모시는 장법(葬法)으로 조선시대에 와 생긴 매장풍습이다.

좌득좌파(左得左破)　물이 좌측에서 득수하여 혈을 감싸안고 흐르지
못한 채 무정하게 좌측으로 빠져버리는 모습이다. 자연이 올바로
순환하지 못하는 흉지이다.

좌선수(左旋水)　물의 흐름이 왼쪽에서 시작하여 오른쪽으로 흘러 빠
지는 경우를 말한다.

좌향(坐向)　좌는 시신의 머리 방향이고, 향은 발의 방향을 가리킨다.

좌향론(坐向論)　향법을 강조하는 이기론을 다르게 부르는 말이다.

주산(主山)　혈을 맺게 해주는 혈 뒤쪽에 높게 솟은 산을 일컫는다. 마
을이나 도읍지를 보는 양기론 풍수에서는 진산(鎭山)이라 부른다.

주작(朱雀)　혈의 앞쪽에 높게 솟은 산을 가리키며 보통 조산(朝山)
과 같은 개념이다. 모양은 마치 새가 날개를 펼치고 날아가듯이
우아하고 수려한 것을 제일로 친다.

중조산(中祖山)　태조산에서 뻗어내린 산줄기가 혈 쪽으로 내려오면

서 다음으로 웅장함을 갖춘 산이다. 국립공원이 들어선 명산은 대개가 중조산에 해당한다.

지각(枝脚) 내룡의 몸체에 짧게 붙어 내룡이나 지룡의 몸체를 지탱하거나 내룡의 방향까지도 변화시킨다.

지관(地官) 음양과를 합격한 풍수가 중에서 왕족의 묘터를 잡기 위해 선별된 사람이다. 국상 때만 임명된 임시직이었으나 한번 지관으로 임명되면 당대 최고의 풍수가로 인정받아 퇴임 후에도 그대로 벼슬명을 붙여 불렀다.

지룡(枝龍) 내룡보다 적은 규모로 내룡을 따라 가지처럼 뻗어내린 용이다. 일명 방룡(傍龍)이라 한다.

지반정침(地盤正針) 일명 내반정침(內盤正針)이라 부르며 패철 4층을 가리킨다. 음택론에서 내룡의 이기를 격정하고, 양택론에서 주택의 방향까지 격정한다.

지지(地支) 60갑자의 아래 단위를 이루는 요소들로, 자(子) 축(丑) 인(寅) 묘(卯) 진(辰) 사(巳) 오(午) 미(未) 신(申) 유(酉) 술(戌) 해(亥)이다. 땅의 기운으로 음(陰)이고, 달이고, 여자여서 양의 기운을 받아 만물을 낳고 기르는 역할을 담당한다.

진응수(眞應水) 일명 선저수(漩渚水)라 부르며 본래부터 혈장 앞에 넘치듯이 고여 있는 샘이나 연못을 가리킨다. 산세가 극히 왕성한 증거이며 맑고 수려하다면 재복(財福)이 크다고 한다.

진혈(眞穴) 혈임이 증명된 혈을 말한다. 형기론은 매우 까다롭게 혈의 증명을 따지며 하나라도 결격 사유가 있으면 진혈이 아니라고 주장한다.

차고(借庫) 자생향과 자왕향의 경우에 용은 본국 예를 들면 수국의 용을 그대로 쓰되, 물은 본국이 아닌 타국의 수를 빌리는 것을 말한다. 즉 어떤 여자가 약혼을 했는데 갑자기 남자가 죽었을 경우

할 수 없이 다른 남자를 택하여 결혼을 하는 것과 같은 이치이다

천간(天干) 60갑자의 위단위를 이루는 요소들로, 갑(甲) 을(乙) 병(丙) 정(丁) 무(戊) 기(己) 경(庚) 신(辛) 임(壬) 계(癸)이다. 이것은 하늘의 기운으로 양(陽)이고, 태양이고, 남자이고, 변화를 일으키는 주체에 해당한다

천광(穿壙) 시신을 묻을 무덤 자리를 판다. 개혈(開穴)이라고도 한다.

천룡(賤龍) 내룡의 모양새가 꿈틀거림 없이 죽은 벌레처럼 밋밋하거나, 곁가지 없이 단신으로 흘러 뻗은 산세를 말한다.

천마사(天馬砂) 하늘로 오르는 계단처럼 산봉우리가 연이어 높이 솟은 산을 가리키며 복을 빨리 가져온다고 한다. 특히 화국에서 오(午) 자에 천마가 있으면 과거에 장원으로 급제한다고 한다.

천심십도(天心十道) 사방이 산으로 둘러싸여 네 개의 산을 선으로 그었을 때 그 십자의 중앙에 혈이 있다고 본다. 유명 사찰의 경우가 이에 해당한다.

천심(穿心) 개장의 중심을 뚫고 흐르는 산줄기이다.

천장지비(天藏地秘) 하늘이 감춰두고 땅이 비밀스럽게 숨겨준 곳이란 뜻으로 보통 명당을 말한다.

청룡(青龍) 혈의 좌측으로 뻗어내려 혈을 감싸는 산줄기로 혈의 생기를 보호하고 바람을 막아준다.

청오자(青鳥子) 『청오경(青鳥經)』을 저술한 중국 한(漢) 나라 때의 풍수가이다. 그는 음양술서에 정통해 풍수의 시조로 추앙받으며, 『청오경』은 음양과의 수험서로 채택된 풍수의 원전이다.

탁산(托山) 외백호와 외청룡이 관쇄(關鎖)가 되도록 끝 부분을 밀어 방향을 변화시켜주는 산이다. 혈장을 보호하고 기맥의 손실을 막아주는 역할도 한다.

태(胎) 12포태법상에서 생명의 기운은 받고 있으나 외부적으론 형

태가 없는 상태이다.

태조산(太祖山) 혈의 발원이 되며 혈에서 가장 멀리 떨어져서 위용이 빼어난 산이다. 한국의 태조산은 백두산이다.

파(破) 물이 빠지는 곳을 패철로 감결한 말이다. 천간 자로 빠지면 천간파(天干破)이고 지지 자로 빠지면 지지파(地支破)이다.

팔요풍(八曜風) 무덤 속으로 침입하는 바람을 말하며, 패철 2층에 살을 받는 방위가 표시되어 있다.

패철(佩鐵) 일명 나경(羅經)이라 하며 자연의 신비한 순환 원리가 층층이 담겨 있어 단순히 동서남북의 방위만 보는 나침반과는 크게 다른 물건이다. 풍수가들이 시신의 분금을 보는 데 사용하나 본래는 이기론에서만 소용되는 물건이다.

표석(標石) 진혈을 증명하는 바위나 돌 등을 가리킨다. 명당에는 꼭 표석들이 있다.

현무(玄武) 주산을 말하며, 거북처럼 원만한 산세로 혈을 향해 예를 표하듯이 고개를 숙인 것을 제일로 친다.

혈(穴) 생기가 응집된 명당 중에서 생기 에너지가 최대한도로 응집된 지점을 말한다. 혈장(穴場)과 같은 의미로 쓰인다.

협산(峽山) 야산(野山)을 말한다

형국론(形局論) 물형론(物形論)을 가리키며, 산천형세를 사람과 동물 등의 형상에 빗대어 당(堂)의 이름을 정한 뒤에 혈을 정하는 풍수 술법으로 전통 풍수 이론은 아니다.

형기론(形氣論) 산세의 모양이나 형세상의 아름다움을 유추하여 생기가 응결된 혈을 찾는 풍수 이론이다.

호순신(胡舜申) 『지리신법(地理新法)』을 저술한 중국 명나라 때의 풍수가이다. 현재 이기론의 토대가 되는 오행의 12포태법을 완성하였다.

홍황자윤(紅黃滋潤)　진혈의 흙 색깔은 붉고 노란빛이 밝게 감돌아야 좋다.

화국(火局)　음양오행상 수구가 패철의 신술(辛戌), 건해(乾亥), 임자(壬子) 방, 즉 서북방에 있는 경우이다. 여름에 해당하고 색깔은 적색이다.

황금분할(黃金分割)　어떤 사물은 그를 구성하는 각 부분과 부분이 상호 일정한 질서를 가지고 있는데, 이를 합법적 관계라고 한다. 전체와 부분의 양(量) 쪽 비율이 1:0.618의 비율로 나누어질 때 가장 아름다운 조화를 가지며, 이 비율을 황금분할(Golden Section)이라 부른다.

황천수(黃泉水)　혈에 응집된 생기를 파괴하는 바람과 물이며, 각국에 따라 패철로 간지한다.

회도살(回到殺)　하관하는 순간을 보면 산 사람이 화를 당한다고 한다. 일부에서는 '호충'을 피하라고 하며, 하관하는 전후 3분만 보지 않는다.

회두극좌(回頭剋坐)　죽은 자의 생년(生年)이 중궁(中宮)에서 갑자(甲子)를 일으켜 순행하며 도궁(到宮)되는 좌향을 놓지 않는 것을 뜻한다. 사람은 태어난 해에 따라 24방위 중에서 3방위가 흉하니 피해야 한다.

횡룡입수(橫龍入首)　내룡이 진행 방향에서 90도를 회전하여 입수되는 경우이며, 이때는 반드시 혈장 뒤에서 혈장의 생기를 보호하는 낙산(樂山)이 있어야 한다.

쉽게 하는 풍수공부

글쓴이 | 고제희
펴낸이 | 유재영
펴낸곳 | 동학사

1판 1쇄 | 1998년 12월 5일
1판 11쇄 | 2020년 2월 28일
출판등록 | 1987년 11월 27일 제10-149

주소 | 04083 서울 마포구 토정로 53 (합정동)
전화 | 324-6130, 324-6131 · 팩스 | 324-6135
E-메일 | dhsbook@hanmail.net
홈페이지 | www.donghaksa.co.kr
www.green-home.co.kr